北京大學《儒藏》編纂與研究中心 編

《儒藏》精華編選刊

書傳
書疑
尚書表注

〔北宋〕蘇 軾 撰
夏保國 校點

〔南宋〕王 柏 撰
曹書傑 校點

〔元〕金履祥 撰
蘇 勇 校點

北京大學出版社
PEKING UNIVERSITY PRESS

圖書在版編目(CIP)數據

書傳 / （北宋）蘇軾撰；北京大學《儒藏》編纂與研究中心編. 書疑 / （南宋）王柏撰；北京大學《儒藏》編纂與研究中心編. 尚書表注 / （元）金履祥撰；北京大學《儒藏》編纂與研究中心編. --北京：北京大學出版社，2024. 6. --（《儒藏》精華編選刊）.
ISBN 978-7-301-35287-8

Ⅰ. K221.04

中國國家版本館CIP數據核字第20247SZ827號

書　　名	書傳　書疑　尚書表注 SHU ZHUAN　SHU YI　SHANGSHU BIAOZHU
著作責任者	〔北宋〕蘇軾撰，夏保國校點；〔南宋〕王柏撰，曹書傑校點； 〔元〕金履祥撰，蘇勇校點 北京大學《儒藏》編纂與研究中心 編
策劃統籌	馬辛民
責任編輯	周　粟　王　應
標準書號	ISBN 978-7-301-35287-8
出版發行	北京大學出版社
地　　址	北京市海淀區成府路205號　100871
網　　址	http://www.pup.cn　新浪微博：@北京大學出版社
電子郵箱	編輯部 dj@pup.cn　總編室 zpup@pup.cn
電　　話	郵購部 010-62752015　發行部 010-62750672 編輯部 010-62756449
印 刷 者	三河市北燕印裝有限公司
經 銷 者	新華書店 650毫米×980毫米　16開本　33印張　317千字 2024年6月第1版　2024年6月第1次印刷
定　　價	120.00元

目録

書傳

目録

尚書表注

目録

書傳

〔北宋〕蘇軾 撰
夏保國 校點

校點說明

《書傳》二十卷，北宋蘇軾撰。

蘇軾（一〇三七—一一〇一），字子瞻，號東坡居士，眉州眉山（今屬四川）人。宋仁宗嘉祐二年（一〇五七）進士。神宗時曾任祠部員外郎，知密州、徐州、湖州，因上書力言王安石新法之弊並作詩刺之而下御史獄，貶謫黄州。哲宗時官翰林學士、禮部尚書，後知杭州，又貶謫惠州、儋州（海南）。徽宗建中靖國元年病逝於常州。追謚文忠。

蘇軾在經學研究方面成就斐然。除卻青年時代與蘇轍曾就「五經」分别作過論述之外，其一生中自視極高者爲《易傳》、《書傳》、《論語説》三部著作。《易傳》，乃蘇氏父子三人合力爲之，故稱《蘇氏易傳》，因蘇軾總其成，也稱《東坡易傳》或《東坡先生易傳》；《論語説》和《書傳》則係蘇軾獨力完成。《書傳》題名爲《東坡書傳》、《蘇軾書傳》或《東坡先生書傳》，蓋後人以著者繫之，以别於各家《尚書》傳解。

蘇軾撰寫《書傳》，始於初貶黄州時期，曾於惠州重訂，最終完成於貶居海南儋州的四年間。《宋史》東坡先生本傳述其「後居海南，作《書傳》」；蘇轍《亡兄子瞻端明墓誌銘》亦稱其兄「最後居海南，作《書傳》，推明上古之絶學，多先儒所未達。既成三書，撫之歎曰：今世要未能信，後有君子，當知我矣」（《欒城後集》卷二二）。蘇軾臨終前將三部傳解託付給好友錢濟明，説「某前在海外，了得《易》、《書》、《論語》三書，今盡以付子，願勿以示人，三十年後會有知者」（何薳《春渚紀聞》卷六）。

蘇軾撰寫《書傳》乃有感於自神宗熙寧以後，説解《尚書》等經學專尚王安石之説，開科取士唯以此爲標準，遂以自己對《尚書》的見解，駁斥王説。誠如《四庫提要》所云，蘇軾解經究心於經世之學，明於事勢，長於議論，對治亂興亡之道，剖析深刻，説理明暢。就《書傳》而言，蘇軾解經重在通貫，故多不採舊注，常引述《春秋》經傳等傳達自己的理解，甚或援引漢唐興衰事以質證，時有别開生面的獨創發明，亦不無對當世的諷諫。這實際上打破了唐五代以來「寧道周孔誤，諱言鄭服非」、不敢越注疏的風氣，對宋代經學研究有很大的影響。《朱子語録》載，朱熹稱蘇氏説解甚合於理，爲當時學者所重。《書傳》説解善於懷疑，但有時也不免失之武斷。如釋《禹貢》「三江」，定爲南江、中江、北江，即未嘗詳審經文、攷覈水道而附益以味别之説，乃啓後人之譏。

《書傳》的版本情況大致清晰。蘇軾臨終前將其書稿「盡以付」錢濟明，南宋及元代的《書》學著作中即已多有稱引《東坡書傳》者，且今傳本均避宋欽宗趙桓諱，表明宋元時當有刻本。目前所見最早的刻本是明代萬曆年間的《兩蘇經解》本（簡稱經解本），刊刻時間和主事者有兩説：一説爲萬曆三十八年（一六一〇）顧氏刊於豫章，焦竑爲之序（張海鵬《學津討源》序、耿文光《萬卷精華樓藏書記》）；一説爲萬曆二十五年（一五九七）「畢侍郎合刊《兩蘇經解》」，也有焦序（周中孚《鄭堂讀書記·補遺》卷一）。舒大剛先生分析認爲兩者或爲二人二刻，未必同一（參見語文出版社《三蘇全書·東坡書傳》敘録，二〇〇一年）。這個版本成爲後來書坊藉以翻刻的重要祖本。今存第二個重要版本是「明朱墨套印本」，題名《東坡書傳》，淩濛初刻（簡稱淩本）。《中國古籍善本書目》著録爲「明淩濛初刻朱墨套印本」，淩氏刻序至今尚存。該本輯有諸家就經文大旨和蔡沈《書集傳》所發評議，除二三則直接涉及《東坡書傳》外，餘皆無關蘇氏學術要旨。其三爲清代《四庫全書》抄本（簡稱四庫本），《四庫全書總目》稱據「内府藏本」。根據其文字異同等情況判斷，大概是根據經解本校録而成。《四庫全書薈要》亦收入《書傳》，兩者僅有個别異文。其四爲清代嘉慶十年（一八〇五）張海鵬照曠閣輯刊《學津討源》本（簡稱學津本）。張於跋語中交代係據淩本「詳校付梓」，内容多寡與之同。此外，據《四庫全書簡明目録·續録》，尚有「清順治刊本」；據《北京圖書館善本書目録》，《書傳》還有名目繁多的明清抄本；台灣《「中央圖書館」善本題跋真跡》亦見傅山手寫於清順治乙未（十二年，一六五五）的《尚書蘇軾傳》書影兩頁。考諸各本，經解本和四庫本當爲一個系統，四庫本以經解本校録入庫，校録精審，後出轉精，只是内容仍有脱落，尤以《多士》一篇爲甚。凌本和學津本則爲同一系統，凌本雜以各家評語，甚爲累贅繁複。兩本《多士》一篇脱誤亦劇。總體而言，四庫本仍屬最佳。

《書傳》的卷數，蘇軾自稱「草得《書傳》十三卷」（《蘇軾文集》卷五六《與鄭靖老書》），《宋史·藝文志》等書亦載「《蘇軾書傳》十三卷」，但今傳明清刻本和《四庫全書》抄本均爲二十卷。

此次校點《書傳》的底本爲《文淵閣四庫全書》影印本，取自浙江大學圖書館「高等學校中英文圖書數字化國際合作計劃」（CADAL）網絡系統，校本爲《學津討源》本（簡稱學津本）。曾棗莊、舒大剛主編的《三蘇全書·東坡書傳》標點本，即以學津本爲底本，考證、索引與附録十分完備，足以探幽發微，爲本次校點工作提供了重要的參照比對資料；參校本爲吉林人民出版社一九九七年影印《摛藻堂四庫全書薈要》本（簡稱四庫薈要本）。

校點中需要説明幾點：一、校點《書傳》本經時儘管參考了《尚書》各本經文，但主要依據蘇氏傳文揭示的文理來處理，例如《大誥》「用寧王遺我大寶龜」之「用」字屬下，即與一般理解不同。《書傳》中經文的個别誤字、漏字依據阮刻本《尚書注疏》（北京大學出版社《十三經注疏》本，一九九九年）作了校改。傳文中個别誤字、漏字參校他書，如史浩《尚書講義》、陳大猷《書集傳或問》、林之奇《尚書全解》和朱鶴齡《尚書埤傳》（以上四著均據上海人民出版社《文淵閣四庫全書》電子版，一九九九年）以及《左傳》、《禮記》、《三國志》等。避諱字底本缺末筆，學津本改字，如「玄」作「元」，「弘」作「宏」，今一律回改。二、《書傳》本没有對《尚書》本經劃分段落，校點中也没有再就本經劃分段落，如勉强爲之，或許反增傳文之誤。三、本次校點還將《四庫全書總目》卷一一《東坡書傳》提要、《四庫全書》《書傳》提要、畢刻《兩蘇經解》焦竑序和凌濛初《東坡書傳序》收爲附録，以備參考。

限於本人水平，儘管勉力爲之，亦難免固陋，特祈指正。

校點者　夏保國

書傳卷一❶　虞書

宋　蘇軾撰

堯典第一

昔在帝堯，聰明文思，

「聰」者，無所不聞。「明」者，無所不見。「文」者，其法度也。「思」者，其智慮也。

光宅天下。

聖人之德如日月之光，貞一而無所不及也。

將遜于位，

遜，遁也。

讓于虞舜，作《堯典》。

言常道也。

❶「書傳卷一」，學津本卷端作「東坡書傳卷幾」或「東坡書傳卷第幾」，卷末作「東坡書傳卷幾終」。

曰若稽古帝堯，曰：放勳，欽明文思安安，

若，順也。稽，考也。放，法也。有功而可法曰放勳，猶孔子曰：「巍巍乎，其有成功。」此論其德之辭也。自孟子、太史公，咸以「放勳」、「重華」、「文命」爲堯、舜、禹之名。然有不可者。以類求之，則皋陶爲名「允迪」乎？欽，敬也。或言其聰，或言其敬，初無異義。而學者因是以爲説，則不勝異説矣。凡若此者皆不取。欽明文思，才之絶人者也。以絶人之才而安於無事，此德之盛也。夫惟天下之至仁，爲能安其安。

允恭克讓。光被四表，格于上下。

允，信也。克，能也。表，外也。格，至也。上下，天地也。恭有僞，讓有不克，故以允克爲賢。

克明俊德，以親九族。

明，揚也。俊，傑也。堯之政以舉賢爲首，親親爲次。九族，高祖、玄孫之族也。

九族既睦，平章百姓。

平，和也。章，顯用其賢者也。百姓，凡國之大族，民之望也。大族予之，民莫不予也。方是時，上世帝皇之子孫，其得姓者蓋百餘族而已，故曰百姓。

百姓昭明，協和萬邦。黎民於變時雍。

協，合也。黎，衆也。變，化也。雍，和也。

乃命羲和，欽若昊天，曆象日月星辰，敬授民時。

昊，廣大也。曆者，其書也。象者，其器也，璿璣、玉衡之類是也。星，四方中星也。辰，日月所會也。或曰：星，五星；辰，三辰，心、伐、北辰也。重黎之後，羲氏、和氏，世掌天地四時之官，故堯以是命之。

分命羲仲，宅嵎夷，曰暘谷。

《禹貢》：嵎夷在青州。又曰暘谷，則其地近日而先明，當在東方海上。以此推之，則昧谷當在西極，朔方、幽都當在幽州，而南交爲交趾明矣。春曰宅嵎夷，夏曰宅南交，冬曰宅朔方，而秋獨曰宅西。徐廣曰：「西，今天水之西縣也。」羲、和之任亦重矣。堯都於冀州，而其所重任之臣乃在四極萬里之外，理或不然。當是致日景以定分、至，然後曆可起也。故使往驗於四極，非常宅也。

寅賓出日，平秩東作。

寅，敬也。賓，導也。秩，次序也。東作，春作也。西成，秋成也。春夏欲民早起，故先日出而作，是謂「寅賓出日」。秋冬寒，不能早起，故令民候日入而息，是謂「寅餞納日」。二叔不言餞者，因仲之辭。

日中星鳥，以殷仲春。

「日中」者，晝夜平也。二分皆晝夜平，而春言日中、秋言宵中者，互相備也。春分，朱鳥七宿昏見於南方，夏至則青龍，秋分則玄武，冬至則白虎。而夏、秋、冬獨舉一宿者，舉其中也。殷，當也，《書》曰：「九江孔殷。」

厥民析，

冬寒無事，民入室處。春事既起，丁壯就田，其民老壯分析。見《漢志》。

鳥獸孳尾。

乳化曰孳，交接曰尾。

申命羲叔，

申，重也。

宅南交。平秩南訛，敬致。

訛，化也。敘南方化育之事，以敬致其功。

日永星火，以正仲夏。

永，長也。火，心也。

厥民因，

老弱畢作，因就在田之丁壯也。

鳥獸希革。

其羽毛希少而革易也。

分命和仲，宅西，曰昧谷。寅餞納日，

餞，送也。

平秩西成，宵中星虚，以殷仲秋。厥民夷，
　夷，平也。農事至秋稍緩，可以漸休，故曰夷。
鳥獸毛毨。
　毨，理也。毛更生整理。
申命和叔，宅朔方，曰幽都。平在朔易。
　在，察也。朔易，歲於此改易也。禮，十二月，天子與公卿大夫共飭國典，論時令以待來歲之宜。
日短星昴，以正仲冬。厥民隩，
　隩，室也。民老幼皆入室。
鳥獸氄毛。
　氄，軟厚也。
帝曰：「咨！汝羲暨和。朞三百有六旬有六日，以閏月定四時成歲。
　暨，與也。周四時曰朞，朞當三百六十五日四分日之一，而云六日，舉其全也。歲止得三百五十四日，故以閏月定而正之。有，讀爲又，古有、又通。
「允釐百工，庶績咸熙。」
　釐，理。工，官也。績，功也。熙，光明也。
帝曰：「疇咨若時登庸？」

疇，誰也。咨，嗟也。時，是也。猶曰：時乎嗟哉，❶能順是者，我登進而用之。

放齊曰：「胤子朱啓明。」❷帝曰：「吁！嚚訟可乎？」

放齊，臣名。胤，國。子，爵。朱，名。《書》有「胤侯」。吁，疑怪之辭也。口不道忠信之言，爲嚚。

或曰：太史公曰：嗣子丹朱開明。

帝曰：「疇咨若予采？」

采，事也。

驩兜曰：「都！共工方鳩僝功。」

驩兜，臣名。都，於，歎美之辭也。共工，其先爲是官者，因以氏也。方，類也。鳩，聚也。僝，布也。言共工能類聚而布其功也。

帝曰：「吁！靜言庸違，象恭滔天。」

靜則能言，用則違之，貌象恭敬，而實滅其天理。滔，滅也。

帝曰：「咨！四岳。」

孔安國以「四岳」爲羲和四子，而太史公以羲和爲司馬之先，以「四岳」爲齊太公之祖，則「四岳」非

---

❶「時」，據文義當作「誰」。

❷「胤」，原缺末筆，係避清雍正帝胤禛諱，今改回。以下皆同。

羲和也。當以《史》爲正。

「湯湯洪水方割，蕩蕩懷山襄陵，浩浩滔天。

湯湯、蕩蕩、浩浩，皆水之狀也。割，害也。懷，包也。襄，上也，水逆流曰襄。

「下民其咨，有能俾乂？」

俾，使也。乂，治也。

僉曰：「於，鯀哉！」

僉，皆也。鯀，崇伯之名。

帝曰：「吁，咈哉！方命圮族。」

咈，戾也。方命，負命也。族，類也。圮族，敗類也。

岳曰：「异哉！試可乃已。」

异，舉也。時未有賢於鯀者，故岳曰舉而試之，可以治水則已，無求其他。

帝曰：「往欽哉！」九載，績用弗成。

載，年也。九年三考而功不成。

帝曰：「咨！四岳，朕在位七十載，

堯年十六以唐侯爲天子，在位七十年，時年八十六。

「汝能庸命，巽朕位？」岳曰：「否德忝帝位。」

巽，受也。否，不也。忝，辱也。

曰：「明明揚側陋。」

明其高明者，揚其側陋者，言不擇貴賤也。

師錫帝曰：「有鰥在下，曰虞舜。」

師，衆也。錫，予也。無妻曰鰥。舉舜而言其鰥者，欲帝妻之也。帝知岳不足禪而禪之，岳知舜可禪而不舉，何也？以天下予庶人，古無是道也。故必先自岳始，岳必不敢當也。岳不敢當而後及其餘，曰吾不擇貴賤也，而衆乃敢舉舜，理勢然也。堯之知舜至矣，而天下不足以盡知之，故將授之天下，使其事發於衆不發於堯，故舜受之也安。

帝曰：「俞，予聞，如何？」

俞，然也。曰：然，予亦聞之，其德果何如哉？

岳曰：「瞽子。父頑，母嚚，象傲，克諧以孝，烝烝乂，不格姦。」

瞽，舜父名也，其字瞍。心不則德義之經，爲頑。象，舜弟也。諧，和也。烝，進也。姦，亂也。舜能以孝和諧父母、昆弟，使進於德，不及於亂。而孟子、太史公皆言象日以殺舜爲事，塗廩、浚井，僅脱於死。至欲室其二嫂，其爲格姦也，甚矣！故凡言舜之事，不告而娶，避堯之子於南河之南，舉皆齊東野人之語，而二子不察也。

帝曰：「我其試哉！女于時，觀厥刑于二女。」釐降二女于嬀汭，嬪于虞。帝曰：「欽哉！」

刑，法也。釐，理也。嬀，水名也。婦敬曰嬪。虞，其族也。舜能以理下二女於嬀水之陽，耕稼陶漁之地，使二女不獨敬其親，而通敬其族。舜之所謂諸難，無難於此者也，雖付之天下可也。堯以是信之矣，而人未足以信之，❶故復試之以五典、❷百揆、四門、大麓之事。

❶「之」下，學津本有「矣」字。
❷「復」，學津本作「更」。

書傳卷二　虞書

宋　蘇軾撰

舜典第二

虞舜側微，堯聞之聰明，將使嗣位，歷試諸難，作《舜典》。

曰若稽古帝舜，曰：重華，協于帝。

重，襲也；華，文也。襲堯之文也。

濬哲文明，温恭允塞，

濬，深也。哲，智也。塞，實也。《書》曰「剛而塞」，《詩》曰「秉心塞淵」。

玄德升聞，

玄，幽也。

乃命以位。慎徽五典，五典克從。納于百揆，百揆時敘。賓于四門，四門穆穆。

徽，和也。五典，五教也，司徒之事也。揆，度也。《書》曰：「有能奮庸，熙帝之載，使宅百揆，亮采惠疇，僉曰：伯禹作司空。」而《左氏傳》亦云：「使主后土，以揆百事。」則百揆，司空之事也。四門，四方之門也。❶穆穆，美也。諸侯之來朝者，舜賓迎之，宗伯之事也。

納于大麓，烈風雷雨弗迷。

舊説：麓，録也。舜大録萬機之政，陰陽和，風雨時。自漢以來有是説，故章帝始置太傅録尚書事，而晉以後，强臣將篡者爲之，其源出於此。考其所由，蓋古文「麓」作「禁」，故學者誤以爲「録」耳。或曰：大麓，太山麓也。古者易姓告代，必因泰山，除地爲墠，以告天地，故謂之禪。其禮既不經見，而考《書》之文，則堯見舜爲政三年而五典從、百揆敘、四門穆、風雨不迷，而後告舜以禪位。而舜猶讓，不敢當也。而堯乃於未告舜禪之前，先往太山以易姓告代。豈事之實也哉？《書》云：「烈風雷雨弗迷。」是天有烈風雷雨而舜弗迷也。今乃以爲陰陽和、風雨時，逆其文矣。太史公曰：「堯使舜入山林川澤，暴風雷雨，舜行不迷。」此其實也。堯之所以試舜者，亦多方矣。洪水爲患，使舜入山林，相視原隰，雷雨大至，衆懼失常而舜不迷，其度量有絶人者，而天地鬼神亦或有以相之歟？且帝王之興，其受命之祥，卓然見於《書》、《詩》者多矣。《河圖》、《洛書》，《玄鳥》、《生民》之詩，豈可謂誣也哉？恨學者推之太詳讖緯，而後之君子亦矯枉過正，舉從而廢之，以爲王莽、公孫述之流沿此作亂。使漢不失德，莽、述何自而起？而歸罪三代受命之符，亦過矣。故夫君子之論，取其實而已矣。

---

❶「方」，學津本作「大」。

帝曰：「格，汝舜。詢事考言，乃言底可績，三載，汝陟帝位。」

格，來也。詢，謀也。底，致也。猶受命而往，返而致命也。陟，升也。舜之始見堯也，必有以論天下之事，其措置當爾，其成當如何，考三年而其言驗，乃致其功。

舜讓于德，弗嗣。

以德不能繼爲讓。

正月上日，受終于文祖。

上日，上旬日也。太史公曰：文祖，堯之太祖也。不於其所祖受堯之終，必於堯之祖廟。有事於祖廟，則餘廟可知。

在璿璣玉衡，以齊七政。

在，察也。璿，美玉也。璣、衡，王者正天文之器，可運轉者。七政，日月、五星也。

肆類于上帝，

肆，遂也。類，事類也。以事告，非常祀也。凡祀上帝必及地示。何以知其然也？以郊之有望知之。《春秋》書「不郊，猶三望」，《傳》曰：「望，郊之細也。」《書》曰：「庚戌，柴望，大告武成。」柴，祀天也；望，祀山川也，而禮成於一日。祀山川而不及地，此理之必不然者也。是以知祀天必及地也。《詩》曰：「昊天有成命。」郊祀天地也。漢以來學者考之不詳，而世主或出其私意，五時祭帝，汾陰祀后土，而王莽始合祭天地。世祖以來，或合或否，而唐明皇始下詔合祀。至于今者疑焉，以爲莽與明皇始變禮，而不知祀天之必及地，蓋自舜以來見于經矣。

禋于六宗，望于山川，徧于群神。

精意以享，曰禋。宗，尊也。六宗，尊神也。所祭不經見，諸儒各以意度之，皆可疑。惟晉張髦以爲三昭三穆，學者多從其説。然以《書》考之，受終之初既有事於文祖，其勢必及餘廟，豈有獨祭文祖於齊七政之前，而别祭餘廟於類上帝之後者乎？以此推之，則齊七政之後所祭，皆天神非人鬼矣。孔安國：六宗，四時也，寒暑也，日也，月也，星也，水旱也。其説自西漢有之，意其必有所傳受，非臆度者。其神名壇位，皆不可以禮推，猶秦八神、漢太乙之類，豈區區曲學所能以私意損益者哉？《春秋》「不郊，猶三望」，三望，分野之星與國中山川。乃知古者郊祭天地，必及於天地之間所謂尊神者。魯，諸侯也，故三望而已。則此「禋于六宗，望于山川，徧于群神」，蓋與「類上帝」爲一禮耳。又以《祭法》考之，其曰「燔柴於泰壇，祭天也；瘞埋於泰折，❶祭地也」，則此所謂「類于上帝」者也。「埋少牢於泰昭，祭時也；相近於坎壇，祭寒暑也。王宫，祭日也；夜明，祭月也。幽宗，祭星也；雩宗，祭水旱也」，則此所謂「禋于六宗」也。「四坎壇，祭四方也。山林、川谷、丘陵，能出雲爲風雨，見怪物，皆曰神。有天下者祭百神」，則此所謂「望于山川，徧于群神」也。《祭法》所敘，蓋郊祀天地、從祀諸神之壇位，而《舜典》之章句義疏也。故星爲幽宗，水旱爲雩宗，合於所

❶「折」，學津本作「坼」。

謂「六宗」者。但鄭玄曲爲異説，而改「宗」爲「禜」，不可信也。

輯五瑞，既月，乃日覲四岳群牧，班瑞于群后。

輯，斂也。班，還也。五瑞，五玉也。公執桓圭，侯執信圭，伯執躬圭，子執穀璧，男執蒲璧。既，盡也，正月之末盡也。蓋齊七政、類上帝，無暇日見諸侯，既月無事，則四岳群牧可以日覲矣。古者朝覲贄玉，已事則還之，故始輯而終班。

歲二月，東巡守，至于岱宗，柴。

巡守者，巡行諸侯之所守也。岱宗，泰山也。柴，燔柴祭天，告至也。

望秩于山川，

東岳，諸侯境内名山大川，如其秩次望祭之。五岳牲祀視三公，四瀆視諸侯，其餘視伯、子、男。

肆覲東后。

東方諸侯也。

協時月正日，同律度量衡。

合四時之氣節、月之大小、日之甲乙，使齊一也。律，十二律也。

脩五禮、五玉、三帛、二生、一死，贄。

五禮，吉、凶、軍、賓、嘉也。五玉，五瑞也。三帛，孔安國曰：「諸侯世子執纁，公之孤執玄，附庸之君執黄」；二生，「卿執羔、大夫執雁」；一死，「士執雉」。執以見曰贄。

如五器，卒乃復。
五器，五玉也。帛、生、死則否。
五月，南巡守，至于南岳，如岱禮。
八月，西巡守，至于西岳，如初。
十有一月，朔巡守，至于北岳，如西禮。
南岳衡山，西岳華山，北岳恒山。
歸，格于藝祖，用特。
藝祖，文祖也。特，一牛也。
五載一巡守，群后四朝。敷奏以言，明試以功，車服以庸。
敷，陳也。奏，進也。庸，用也。諸侯四朝，各使陳其言而試其功，則賜以車服而用之。
肇十有二州，
肇，始也。禹治水之後，舜分冀州爲幽州、并州，分青州爲營州。
封十有二山，
封，封殖也。十二州之名山，皆禁採伐也。
濬川。象以典刑，
典刑，常刑也。殺人者死，傷人者刑，象其所犯。

流宥五刑，

五刑，墨、劓、剕、宮、辟也。作五流之法，以宥五刑之輕者。墨，薄刑也，其宥乃至於流乎？曰刑者終身不可復，而流者有時而釋，不賢於刑之乎？

鞭作官刑，

官刑，以治庶人在官慢於事而未入於刑者。

朴作教刑，❶

朴，榎楚也，教學者所用也。

金作贖刑。

過誤而入於刑與罪疑者，皆入金以贖。

眚災肆赦，怙終賊刑。

《易》曰：「无妄，行有眚。」眚亦災也。眚災者，猶曰不幸，非其罪也。肆，縱也。《春秋》「肆大眚」是也。怙，恃也。終，不改也。賊，害也。不幸而有罪則縱捨之，恃惡不悛以害人則刑之。

欽哉，欽哉，惟刑之恤哉！

恤，憂也。

---

❶「朴」，學津本、阮刻本《尚書注疏》經文作「扑」。下同。

流共工于幽洲，

幽洲，北裔。洲，水中可居者。

放驩兜于崇山，

崇山，南裔。

竄三苗于三危，

三苗，縉雲氏之後，爲諸侯。三危，西裔。

殛鯀于羽山，

羽山，東裔，在海中。殛，誅死也。流、放、竄，皆遷也。

四罪而天下咸服。

此四凶族也，其罪則莫得詳矣。至於流且死，則非小罪矣。然堯不誅而待舜，古今以爲疑。此皆世家巨室，其執政用事也久矣，非堯始舉而用之。苟無大故，雖知其惡，勢不可去。至舜爲政，而四人者不利，乃始爲惡於舜之世，如管、蔡之於周公也歟？

二十有八載，帝乃徂落。百姓如喪考妣，三載，四海遏密八音。

徂落，死也。考妣，父母也。遏，絶也。密，静也。堯年十六即位，七十載求禪，試三載，自正月上日至崩，二十八載，凡壽一百一十七歲。

月正元日，舜格于文祖。

月正，正月也。元日，朔日也。向告攝，今告即位。

詢于四岳，闢四門，明四目，達四聰。

廣視聽於四方。

咨十有二牧，曰：「食哉惟時，

十二州之牧，所重民食，惟是而已。

「柔遠能邇，惇德允元，而難任人，蠻夷率服。」

能，讀如「不相能」之「能」。柔懷遠者，使與近者相能。惇，厚也。元，善也。難，拒也。任人，佞人也。惇厚其德，信用善人，而拒佞人，則蠻夷服。蓋佞人必好功名，不務德而勤遠略也。

舜曰：「咨！四岳，有能奮庸熙帝之載，使宅百揆，亮采惠疇？」

奮，立也。庸，功也。熙，光也。載，事也。有能立功、光堯之事者，當使宅百揆。其能信事而順者，誰乎？

僉曰：「伯禹作司空。」帝曰：「俞，咨禹，汝平水土，惟時懋哉！」

懋，勉也。

禹拜稽首，讓于稷、契暨皋陶。

居稷官者，棄也。契、皋陶，二臣名。

帝曰：「俞，汝往哉！」

然其所推之賢，不許其讓也。

帝曰：「棄，黎民阻饑，

阻，險難也。

「汝后稷，播時百穀。」帝曰：「契，百姓不親，五品不遜，汝作司徒，敬敷五教，在寬。」

五教，父義、母慈、兄友、弟恭、子孝。以此教民，必寬而後可，亟則以德爲怨，否則相率爲僞。

帝曰：「皋陶，蠻夷猾夏，寇賊姦宄，

猾，亂也。夏，華夏也。亂在外曰姦，在內曰宄。

「汝作士。五刑有服，五服三就。

士，理官也。服，從也。三就，《國語》所謂「三次」也。大者陳之原野，小者致之市朝。

「五流有宅，五宅三居。惟明克允。」

三居，如今律。五流，其詳不可知矣。堯舜以德禮治天下，雖有蠻夷寇賊時犯其法，然未嘗命將出師。時使皋陶作士，以五刑三就、五流三居之法治之足矣。兵既不用，度其軍政必寓於農民。當時訓農治民之官，如十二牧、司徒、司空之流，當兼領其事，是以不復立司馬也。而或者因謂堯時士與司馬爲一官，誤矣。夫以將帥之任而兼之於理官，無時而可也，堯獨安能行之？

帝曰：「疇若予工？」僉曰：「垂哉！」帝曰：「俞，咨垂，汝共工。」

垂，臣名。

垂拜稽首，讓于殳斨暨伯與。

　二臣名。

帝曰：「俞，往哉！　汝諧。」

　諧，宜也。

帝曰：「疇若予上下草木鳥獸？」

　上，山也。下，澤也。

僉曰：「益哉！」

　伯益也。

帝曰：「俞，咨益，汝作朕虞。」

　虞，掌山澤之官。

益拜稽首，讓于朱虎、熊羆。

　二臣名。

帝曰：「俞，往哉！　汝諧。」帝曰：「咨！　四岳，有能典朕三禮？」僉曰：「伯夷。」

　三禮，天、地、人禮。伯夷，臣名，姜姓。

帝曰：「俞，咨伯，汝作秩宗。

　秩序宗廟之官。

「夙夜惟寅，直哉惟清。」

《書》曰：「伯夷降典，折民惟刑，禮之所去，刑之所取。」故古者禮官兼折刑。「夙夜惟寅」者，爲禮也。「直哉惟清」者，爲刑也。惟直則刑清。

伯拜稽首，讓于夔、龍。

二臣名。

帝曰：「俞，往欽哉！」帝曰：「夔，命汝典樂，教胄子。直而温，寬而栗，剛而無虐，簡而無傲。

栗，莊栗也。教者必因其所長而輔其所不足。直者患不温，寬者患不栗，剛者患虐，簡者患傲。

「詩言志，歌永言，聲依永，律和聲。

言之不足，故長言之，吟詠其言而樂生焉，是謂「歌永言」。聲者，樂聲也。永者，人聲也。樂聲升降之節，視人聲之所能至，則爲中聲，是謂「聲依永」。永則無節，無節則不中律，故以律爲之節，是謂「律和聲」。孔子論玉之德曰：「叩之，其聲清越以長，❶其終詘然，樂也。」夫清越以長者，永也；其終詘然者，律也。夫樂，固成於此二者歟！

「八音克諧，無相奪倫，神人以和。」夔曰：「於！予擊石拊石，百獸率舞。」

此舜命九官之際也，無緣夔於此獨稱其功。此《益稷》之文也。簡編脱誤，復見於此。

❶「其」，原作「有」，據四庫薈要本、學津本及《禮記·聘禮》改。

帝曰：「龍，朕堲讒説殄行，震驚朕師。命汝作納言，夙夜出納朕命，惟允。」

堲，疾也。殄，絶也。絶行，猶獨行，行之不可繼者也。惟讒説獨行爲能動衆。納言之官，聽下言納於上，受上言宣於下，樞機之官，故能爲天下言行之帥。舜有不問而命，臣有不讓而受者，皆隨其實也。

帝曰：「咨！汝二十有二人，

《書》曰「内有百揆、四岳」，堯欲使巽朕位，則非四人明矣。二十二人者，蓋十二牧、四岳、九官也。而舊説以爲四人，蓋每訪四岳，必「僉曰」以答之。訪者一而答者衆，不害四岳之爲一人也。

「欽哉！惟時亮天功。」

亮，弼也。

三載考績，三考，黜陟幽明，庶績咸熙。分北三苗。

苗之國，左洞庭右彭蠡，南方之國也。而竄之西裔，必竄其君耳，其民未也。至此治功大成，而苗民猶不服，故分北之。

舜生三十，

爲民者三十載。

徵庸三十，

歷試三載，攝位二十八載，通爲三十。

在位五十載，陟方乃死。

堯崩，舜服喪三年，然後即位，蓋年六十二矣。在位五十載而崩，壽百有一十二。説者以爲舜巡守南方，死於蒼梧之野，韓愈以爲非。其説曰：「地傾東南，巡非陟也。『陟方』者猶曰『升遐』爾，《書》曰『惟新陟王』是也。傳《書》者以『乃死』爲『陟方』之訓，蓋其章句，而後之學者誤以爲經文。」此説爲得之。

帝釐下土方，設居方，❶別生分類，作《汨作》、《九共》九篇、《槀飫》。

凡逸《書》，不可强通其訓。或曰：《九共》、《九丘》也，古文「丘」、「共」相近也。其曰述《職方》以除《九丘》，非也。《九丘》逸矣，理或然歟？

❶「設」，原作「説」，據四庫薈要本、學津本改。

書傳卷三　虞書

宋　蘇軾撰

大禹謨第三

皋陶矢厥謨，禹成厥功，帝舜申之，作《大禹謨》、《皋陶謨》、《益稷》。

矢，陳也。申，推明之也。

曰若稽古大禹，曰：文命敷于四海，祗承于帝。

命，教也。以文教布于四海，而繼堯舜。以「文命」爲禹名，則布于四海者，爲何事耶？

曰：「后克艱厥后，臣克艱厥臣，政乃乂，黎民敏德。」

此禹之言也。君臣各艱畏，則非辟無自入。民利在爲善而已，故敏於德。

帝曰：「俞！允若茲，嘉言罔攸伏，野無遺賢，萬邦咸寧。

君臣無所艱畏，則易事而簡賢，賢者遁去，而善言不敢出矣。

「稽于衆，舍己從人，不虐無告，不廢困窮，惟帝時克。」

無告，天民之窮者也。困窮，士之不遇者也。帝，堯也。

益曰：「都！帝德廣運，乃聖乃神，乃武乃文，皇天眷命，奄有四海，爲天下君。」

都，美也。至道必簡，至言必近。君臣相與艱畏，舍己而用衆，禮鰥寡，達窮士，其爲德若卑約。然此夸者之所小，而世俗之所謂無所至也。故舜特申之曰：是德也，惟堯能之，他人不能也。益又從而贊之曰：是德也，推而廣之，則乃所以爲聖神文武，而天之所以命堯爲天子者，特以是耳。

禹曰：「惠迪吉，從逆凶，惟影響。」

惠，順也。迪，道也。言吉凶之出於善惡，猶影響之生於形聲。

益曰：「吁！戒哉！儆戒無虞，

虞，憂也。自其未有憂而戒之矣。

「罔失法度。罔游于逸，罔淫于樂。任賢勿貳，去邪勿疑。

貳，不專任也。

「疑謀勿成，百志惟熙。

人之爲不善，雖小人不能無疑。凡疑則已，則天下無小人矣。人之所以不能大相過者，皆好行其所疑也。疑謀勿成，則凡所志皆卓然光明，無可媿者。

「罔違道以干百姓之譽，罔咈百姓以從己之欲。

民至愚而不可欺，凡其所毁譽，天且以是爲聰明，而況人君乎？違道足以致民毁而已，安能求譽哉？以是知堯舜之間所謂百姓者，皆謂世家大族也。好行小慧，以求譽於此，固不足恤；以爲不足恤，而縱欲以戾之，亦殆矣。咈，戾也。

「無怠無荒，四夷來王。」

九州之外，世一見曰王。《國語》：「日祭、月祀、時享、歲貢、終王。」

禹曰：「於！帝念哉！德惟善政，政在養民。水、火、金、木、土、穀，惟脩。

所謂六府。

「正德、利用、厚生，惟和。

所謂三事也。《春秋傳》曰：「民生厚而德正，用利而事節。」正德者，《管子》所謂「倉廩實而知禮節，衣食足而知榮辱」也。利用，利器用也。厚生，時使薄斂也，使民之賴其生也者厚也。民薄其生，則不難犯上矣。利用厚生而後民德正。先言正德者，德不正，雖有粟，吾得而食諸？

「九功惟敘，九敘惟歌，戒之用休，董之用威，勸之以九歌，俾勿壞。」

先事而語曰戒。休，恩也。董，督也。太史公曰：「沐浴膏澤而歌詠勤苦。」古之治民者，於其勤苦之事則歌之，使忘其勞。九功之歌，意其若《豳詩》也歟？

帝曰：「俞！地平天成，六府三事允治，萬世永賴，時乃功。」

水土治曰平，五行敘曰成。賴，利也。乃，汝也。

帝曰：「格，汝禹，朕宅帝位三十有三載，耄期，倦于勤。

八十、九十曰耄，百年曰期頤。

「汝惟不怠，總朕師。」禹曰：「朕德罔克，民不依。皋陶邁種德，德乃降，黎民懷之。帝念哉！念茲在茲，釋茲在茲，名言茲在茲，允出茲在茲，惟帝念功。」

邁，遠也。降，下也。種德者，如農夫之種殖也。衆人之種其德也近，朝種而莫穫，則其報亦狹矣。皋陶之種其德也遠，造次顛沛，未嘗不在於德，而不求其報也。及其充溢而不已，則沛然下及於民，而民懷之。聖人之德必始於念，故曰「帝念哉」。念茲者，固在茲矣，及其念之至也，則雖釋而不念，亦未嘗不在茲也。其始也，念仁而仁，念義而義。及其至也，不念而自仁、義也。是謂「念茲在茲，釋茲在茲」。「名言」者，其辭命也。「允出」者，其情實也。孔子曰：「名之必可言，言之必可行。」是之謂「名言」。名之以仁固仁矣，名之以義固義矣，是謂「名言茲在茲」。及其念之至也，不待名言而情實皆仁、義也，是謂「允出茲在茲」。此帝念念不忘之功也，故曰「惟帝念功」。禹既以是推皋陶之德，因以是教帝也。曰「邁種德」者，其德不可以一二數也。念之而已，念之至者，念與不念，未嘗不在德也。其外之辭命，其中之情實，皆德也。而德不可勝用矣。孔子曰：「非禮勿視，非禮勿聽，非禮勿言，非禮勿動。」一出於禮，而仁不可勝用矣。舜、禹、皋陶之微言，其傳於孔子者蓋如此。

帝曰：「皋陶，惟茲臣庶，罔或干予正。

干，犯也。

「汝作士，明于五刑，以弼五教，期于予治。刑期于無刑，民協于中，時乃功。懋哉！」

期，至也。

皐陶曰：「帝德罔愆，臨下以簡，御衆以寬。罰弗及嗣，賞延于世。宥過無大，刑故無小。罪疑惟輕，功疑惟重。與其殺不辜，寧失不經。好生之德，洽于民心。兹用不犯于有司。」

帝因禹之讓皐陶，❶故推其功而勉之。皐陶憂天下後世以刑爲足以治也，故推明其所自，以爲非帝之至德不能至也。

帝曰：「俾予從欲以治，四方風動，惟乃之休。」

帝之所欲，欲民仁而壽且富也。「風動」者，如風動物而物不病也。

帝曰：「來，禹。降水儆予，成允成功，惟汝賢。

降，當作「洚」。孟子曰：「洚水者，洪水也。」天以洪水儆予，而禹平之，使聲教信于四海。

「克勤于邦，克儉于家，不自滿假，惟汝賢。

假，大也。

「汝惟不矜，天下莫與汝争能。汝惟不伐，天下莫與汝争功。予懋乃德，嘉乃丕績。天之曆數在爾躬，汝終陟元后。人心惟危，道心惟微，惟精惟一，允執厥中。

人心，衆人之心也，喜怒哀樂之類是也。道心，本心也，能生喜怒哀樂者也。安危生於喜怒，治亂

❶「讓」，學津本作「議」。

寄於哀樂，是心之發，有動天地、傷陰陽之和者，亦可謂危矣。至於本心，果安在哉！爲有耶？爲無耶？有，則生喜怒哀樂者非本心矣；無，則孰生喜怒哀樂者？故夫本心，學者不可以力求，而達者可以自得也，可不謂微乎？舜戒禹曰：「吾將使汝從人心乎，則人心危而不可據；使汝從道心乎，則道心微而不可見。夫心豈有二哉？不精故也，精則一矣。」子思子曰：「喜怒哀樂之未發謂之中，發而皆中節謂之和。中也者，天下之大本也。和也者，天下之達道也。致中和，天地位焉，萬物育焉。」夫喜怒哀樂之未發，是莫可名言者，子思名之曰「中」，以爲本心之表著。古之爲道者，必識此心。養之有道，則卓然可見於至微之中矣。夫苟見此心，則喜怒哀樂無非道者，是之謂「和」。喜則爲仁，怒則爲義，哀則爲禮，樂則爲樂，無所往而不爲盛德之事。其位天地、育萬物，豈足怪哉！若夫道心隱微，而人心爲主，喜怒哀樂，各隨其欲，其禍可勝言哉！道心即人心也，人心即道心也。放之則二，精之則一。桀、紂非無道心也，放之而已。堯、舜非無人心也，精之而已。舜之所謂「道心」者，子思之所謂「中」也；舜之所謂「人心」者，子思之所謂「和」也。

「無稽之言勿聽，弗詢之謀勿庸。可愛非君？可畏非民？衆非元后何戴？后非衆罔與守邦？欽哉！慎乃有位，敬脩其可願。

人之所願，與聖人同，而不脩其可以得所願者，孟子所謂「惡濕而居下，惡醉而强酒」也。

「四海困窮，天禄永終。

舜之授禹也，天下可謂治矣。而曰四海困窮者，託於不能以讓禹也。

「惟口出好興戎。朕言不再。」

好，爵禄也。戎，兵刑也。吾言非苟而已，喜則爲爵禄，怒則爲兵刑。其爲授禹也決矣。

禹曰：「枚卜功臣，

枚，歷也。

「惟吉之從。」帝曰：「禹，官占，惟先蔽志，昆命于元龜。

蔽，斷也。昆，後也。使卜筮之官占是事，必先斷志，而後令龜。

「朕志先定，詢謀僉同，鬼神其依，龜筮協從。

其者，意之之詞也。以「龜筮協從」知之。

「卜不習吉。」

習，因也。卜已吉而更卜，爲習吉。

禹拜稽首，固辭。帝曰：「毋！惟汝諧。」正月朔旦，受命于神宗。

堯之所從受天下者曰文祖，舜之所從受天下者曰神宗。受天下於人，必告於其人之所從受者。《禮》曰：「有虞氏禘黄帝而郊嚳，祖顓頊而宗堯。」則神宗爲堯明矣。舜、禹之受天下於堯、舜也，及堯、舜之存而受命於其祖宗矣。舜受命二十八年而堯崩，禹受命十七年而舜崩。既崩三年，然後退而避其子，是猶足信乎？

率百官，若帝之初。帝曰：「咨！禹，惟時有苗弗率，汝徂征。」

率，循也。徂，往也。

禹乃會群后，誓于師曰：「濟濟有衆，咸聽朕命。蠢茲有苗，

蠢，動也。

「昏迷不恭，侮慢自賢，反道敗德，君子在野，小人在位，民棄不保。天降之咎，肆予以爾衆士，奉辭伐罪。爾尚一乃心力，

尚，庶幾也。

「其克有勳。」三旬，苗民逆命。益贊于禹曰：「惟德動天，無遠弗届。

届，至也。

「滿招損，謙受益，時乃天道。帝初于歷山，往于田，日號泣于旻天、于父母，負罪引慝，祗載見瞽瞍，夔夔齊慄，瞽亦允若。

夔夔，敬懼貌也。

「至諴感神，

以誠感物曰諴。

「矧茲有苗。」禹拜昌言曰：「俞！」

昌言，盛德之言也。

班師振旅。

班，還也。入曰振旅。

帝乃誕敷文德，

誕，大也。

舞干羽于兩階。

干，楯也。羽，翳也。兩階，賓主之階也。

七旬，有苗格。

世傳《汲冢書》以堯、舜爲幽囚野死，而伊尹爲太甲所殺，或以爲信然。學者雖非之，而心疑其説。考之於《書》，禹既受命于神宗，出征三苗而反，帝猶在位，脩文德，舞干羽，以來有苗。此豈逼禪也哉！

皋陶謨第四

曰若稽古皋陶，曰：允迪厥德，謨明弼諧。

迪，蹈也。謨，謀也。弼，正也。諧，和也。言世所稱皋陶之德，皋陶信蹈而行之，非虚名也。其爲人謀也明，其正人之失也和，皆皋陶之德也。《書》言「若稽古」者四，蓋史之爲此書也，曰「吾順考古昔，而得其爲人之大凡如此」。在堯曰「放勳，欽明文思安安，允恭克讓，光被四表，格于上下」，在舜曰「重華，協于帝，濬哲文明，温恭允塞」，在禹曰「文命，敷于四海，祗承于帝」，在皋陶曰「允迪厥德，謨明弼諧」，皆有虞氏之世史官記其所聞之辭也。有虞氏之世，而謂舜、皋陶爲古可乎？曰：自今已上皆古也，何必異代？《春秋傳》凡《虞書》皆曰《夏書》，則此書作於夏氏之世亦不可知也。

禹曰：「俞！如何？」

「允迪厥德，謨明弼諧」者，史之所述，非皋陶之言也。而禹曰「俞」，所然者誰乎？此其間必有闕文者矣。皋陶有言，而禹然之，且問之，簡編脱壞而失之耳。

皋陶曰：「都！慎厥身脩，思永。

慎其身之所脩者，思其久遠之至者。《禮》曰：「君子過言則民作辭，過動則民作則。」故言必慮其所終，行必稽其所敝。

「惇敘九族，庶明勵翼，邇可遠，在兹。」

惇，厚也。敘，次也。庶明，衆顯者，謂近臣也。勵，勉也。翼，輔也。自脩身以及九族、近臣，此邇可遠之道也。

禹拜昌言曰：「俞。」

盛德之言，故拜。

皋陶曰：「都！在知人，在安民。」禹曰：「吁！咸若時，惟帝其難之。知人則哲，能官人。安民則惠，黎民懷之。能哲而惠，何憂乎驩兜？何遷乎有苗？何畏乎巧言令色孔壬？」

孔，甚也。壬，佞也。

皋陶曰：「都！ 亦行有九德，亦言其人有德，乃言曰，載采采。」

人有可知之道，而無可知之法，如蕭何之識韓信，此豈有法可學哉？ 故聖人不敢言知人。 輕用人而不疑，與疑人而不用，皆足以敗國而亡家，然卒無知人之法。 以諸葛亮之賢而短於知人，況其下者乎？ 人主欲常有爲，則事繁而民亂；欲常無爲，則政荒而國削。 自古及今，兵强國治而民安者，無有也。人之難安如此，此禹之所畏，堯、舜之所病也。 皋陶曰：「然豈可以畏其難而不求其術乎？」蓋亦嘗試以九德求之。 「亦行有九德」者，以此自脩也；「亦言其人有德」者，以此求人也。論其人，則曰斯人也有某德；言其德，則曰是德也有某事某事。 采者，事也。「載采采」者，歷言之也。

禹曰：「何？」皋陶曰：「寬而栗，

栗，懼也。 寬者患不戒懼。

「柔而立，愿而恭，

愿，愨也。 愨者或不恭。

「亂而敬，

橫流而濟曰亂，故才過人可以濟大難者曰亂，「亂臣十人」是也。 才過人者，患在於夸傲。

「擾而毅，

擾，馴也。

「直而温，簡而廉，

簡易者，或無廉隅。

「剛而塞，

塞，實也。剛者或色厲而内荏，故以實爲貴。《易》曰：「剛健、篤實、輝光，日新其德。」

「彊而義。彰厥有常，吉哉！

德惟一，動罔不吉，故常於是德，然後爲吉也。

「日宣三德，夙夜浚明有家。

宣，達也。浚，盡其才也。明，察其心也。言九德之中，得三人而宣達之，盡其才而察其心，則卿大夫之家可得而治也。

「日嚴祗敬六德，亮采有邦。

得六人而嚴憚敬用之，信任以事，則諸侯之國可得而治也。

「翕受敷施，九德咸事，俊乂在官。百僚師師，百工惟時。撫于五辰，庶績其凝。

翕，合也。有治才曰乂。撫，循也。五辰，四時也。凝，成也。九德並至，文武更進，剛柔雜用，則以能合而受之爲難；能合而受之矣，則以能行其言爲難。故曰「翕受敷施，九德咸事」，此天子之事也。古之知言者，忘言而取意，故言無不通。後之學士，膠於言而責其必然，故多礙，多礙故多說。天子用九德，諸侯用六，大夫用三，言不得不爾，而其實未必然也。孔子曰：「天子有争臣七人，諸侯五人，大夫三人。」使諸侯而有争臣七人，可得謂之僭天子乎？故觀《書》者取其意而已。或曰：皋陶之九德，區區剛柔之迹耳，何足以與知人之哲乎？然則皋陶何爲立此言也？曰：何獨皋陶，舜命夔曰「直而温，寬而栗，剛而無虐，簡而無傲」，箕子教武王「正直」、「剛克」、「柔克」，「沉潛剛克，高明柔克」。雖三聖之所陳詳略不同，然皆以長短相輔，剛柔相濟，爲不知人者立寡過之法也。其意曰：不知人者以此觀人，參其短長、剛柔而用之，可以無大失矣。譬如藥之有方，聚衆毒而治一病。君臣相使，畏惡相制，幸則愈疾，不幸亦不至殺人者，此豈爲秦越人、華佗設乎？❶

「無教逸欲有邦，兢兢業業，一日二日萬幾。

事無不待教而成，惟國君之逸欲，莫有以教之者而自能也。位不期驕，禄不期侈，故一日二日之間而可致危亡者至於無數。幾，危也。

「無曠庶官，天工人其代之。

天有是事，則人有此官，官非其人，與無官同。是廢天事也，而可乎？

「天敘有典，勑我五典五惇哉！

勑，正也。

---

❶「佗」，原作「陀」，據《三國志》、《後漢書》改。

「天秩有禮，自我五禮五庸哉！

秩，亦敘也。庸，常也。

「同寅協恭，和衷哉！

寅，敬也。衷，誠也。

「天命有德，五服五章哉！天討有罪，五刑五用哉！政事懋哉！懋哉！

懋，勉也。父義、母慈、兄友、弟恭、子孝，皆出於民性之自然。孰爲此敘者，非天乎？我特從而正之，使益厚耳。豺獺之敬，啁啾之悲，交際之歡，攘奪之怒，牝牡之好，此五禮之所從出也。孰爲此秩者，非天乎？我特從而脩之，使有常耳。此二者，道德之事，非君臣同其誠敬，莫能致也。五等車服，天所以命有德，而我章之。刑罰，天所以討有罪，而我用之。此二者，政事也，勉之而已。

「天聰明自我民聰明，天明畏自我民明威。達于上下，敬哉有土！」

上帝付耳目於民者，以其衆而無私也。民所喜怒，威福行焉。自天子達，不避貴賤，有土者可不敬哉！

皋陶曰：「朕言惠，

惠，順也。

「可厎行。」禹曰：「俞。乃言厎可績。」皋陶曰：「予未有知，思曰贊贊襄哉！」

曰，當作「日」。

書傳卷四　虞書

宋　蘇軾　撰

益稷第五

帝曰：「來，禹，汝亦昌言。」禹拜曰：「都！帝，予何言？予思日孜孜。」

「汝亦昌言」者，因皋陶之言以訪禹也。皋陶曰「予未有知」者，猶曰吾不知其他也，思日夜贊襄而已。贊，進也。襄，上也，讀如「懷山襄陵」之「襄」。皋陶之意曰：吾不知其他也，思日夜進益而已。知進而不知退，知上而不知下也。《易》曰：「天行健，君子以自强不息。」行健者，如登高，進而不知止，雖超太山可也。禹亦因皋陶之言而進之曰：「予何言？」何言者，亦猶皋陶之未有知也。又曰：「予思日孜孜。」「思日孜孜」者，亦猶皋陶之「思日贊贊襄哉」也，其言皆相因之辭。予是以知「曰」之當爲「日」也。伏生以《益稷》合於《皋陶謨》，有以也夫。

皋陶曰：「吁！如何？」禹曰：「洪水滔天，浩浩懷山襄陵，下民昏墊。

昏，瞀也。墊，陷也。

「予乘四載，隨山刊木，暨益奏庶鮮食。

水行乘舟，陸行乘車，泥行乘輴，山行乘樏，秦、漢以來師傳如此，且孔氏之舊也，故安國知之，非諸儒之臆説也。「四載」之解，雜出於《尸子》、《慎子》，而最可信者太史公也。亦如六宗之説，自秦、漢以來尚矣，豈可以私意曲學鐫鑿附會爲之哉！而或者以爲鯀治水九載，兖州「作十有三載乃同」，禹之代鯀，蓋四載而成功也。世或喜其説。然詳味本文「予乘四載，隨山刊木」，則是駕此四物，以行於山林川澤之間，非以四因九，通爲十三載之辭也。按《書》之文，「鯀九載績用弗成」在堯未得舜之前，而殛鯀在舜登庸歷試之後。鯀殛而後禹興，則禹治水之年，不得與鯀之九載相接。兖州之功安得通四與九爲十三乎？禹之言曰：「娶于塗山，辛壬癸甲。」是娶在治水之中。又曰：「啓呱呱而泣，予弗子，惟荒度土功。」是啓生在水患未平之前也。禹服鯀三年之喪，自免喪而至于娶，而至于子，自有子至于止禹而泣，亦久矣，安得在四載之中乎？反覆考之，皆與《書》文乖異。《書》所云「作十有三載乃同」者，指兖州之事，非謂天下共作十三載也。近世學者喜異而巧於鑿，故詳辯之，以解世之惑。

「予決九川，[1]距四海，

九州之名川也。

「濬畎澮距川。

---

[1]「川」，原作「州」，據四庫薈要本、阮刻本《尚書注疏》改。

畎、遂、溝、洫、澮，皆通水之道，達于川者也。

「暨稷播，奏庶艱食鮮食，懋遷有無化居。烝民乃粒，萬邦作乂。」

播，種也。奏，進也。鮮食，肉食也。禹之在山林也，與益同之。益，朕虞也。其鮮食，鳥獸也。其在川澤也，與棄同之。棄，后稷也。其鮮食，魚鱉也。艱食者，草木根實之類，凡施力艱難而得者也。艱食鮮食，民粗無饑矣，乃勉之，遷易其有無，以變化其所居積，而農事作矣。

皋陶曰：「俞！師汝昌言。」

禹所謂「孜孜」者，其言至約而近也。故皋陶吁而問之，禹乃極言孜孜之功効。其所建立成就，巍巍如此，故皋陶曰：「俞！師汝昌言。」夫以一言而濟天下、利萬世，可不師乎！

禹曰：「都！帝慎乃在位。」帝曰：「俞。」禹曰：「安汝止，惟幾惟康，其弼直，惟動丕應徯志。以昭受上帝，天其申命用休。」帝曰：「吁！臣哉鄰哉！鄰哉臣哉！」禹曰：「俞。」

止，居也。安汝居者，自處於至静也。防患於微曰幾，幾則思慮周；無心於物曰康，康則視聽審。思慮周而視聽審，則輔汝者莫不盡其直也。反而求之，無意於防患，則思慮淺；有心於求物，則視聽亂。思慮淺而視聽亂，則輔汝者皆諂而已。士之志於用者衆矣，待汝而作，故曰徯志。汝既能安居幾康，而觀利害之實，是惟無動，動則凡徯志者皆應矣。夫豈獨人應之，天必與之。鄰，近臣也。帝以其言切而道大，故歎曰：我獨成此，非臣誰與共之？助我者四鄰之臣，而助四鄰者凡在朝之臣也。故曰「臣哉鄰哉，鄰哉臣哉」。

帝曰：「臣作朕股肱耳目。予欲左右有民，汝翼。

左右，助也。助我所有之民也，輔翼之也。

「予欲宣力四方，汝爲。

朝諸侯，服四夷，凡富國强兵之事也。

「予欲觀古人之象，日、月、星辰，山、龍、華蟲，作會宗彝；藻、火、粉、米、黼、黻，絺繡以五采彰施于五色，作服，汝明。

日，日也。月，月也。星，五緯之星也。辰，心、伐、北辰，三辰也。山，山也。龍，龍也。華蟲，雉也。日也，月也，星辰也，山也，龍也，華蟲也，此六章者，畫之於宗廟之彝樽，故曰「作會宗彝」也。藻，水草也。火，火也。粉，粉也。米，米也。黼，斧也。黻，兩己也。藻也，火也，粉也，米也，黼也，黻也，此六章者，繡之於絺以爲裳。絺，葛之精者也，故曰「絺繡以五采彰施于五色」。「作服」者，通言十二章也。上六章繪而爲衣，下六章繡而爲裳，故曰「作服」也。自孔安國、鄭玄、王肅之流，各傳十二章紛然不齊，予獨爲此解，與諸儒異者，以《虞書》之文爲正也。

「予欲聞六律、五聲、八音，在治忽，以出納五言，汝聽。

在，察也。忽，不治也。聲音與政通，故可以察治否也。五言者，詩也，以諷詠之言寄之於五聲，蓋以聲言也，故謂之五言。

「予違汝弼，汝無面從，退有後言，欽四鄰。

帝感禹言，有臣鄰之歎，故條四事以責其臣，而又戒之曰「欽四鄰」。

「庶頑讒説，若不在時，侯以明之，撻以記之，書用識哉！欲並生哉！工以納言，時而颺之，格則承之庸之，否則威之。」

《論語》曰：「有恥且格。」格，改過也。《春秋傳》曰：「奉承齊犧。」古者謂奉牲幣而薦之曰承。承，薦也。衆頑讒説之人，不率是教者，舜皆有以待之。夫化惡莫若進善，故擇其可進者，以射侯之禮舉之。其不率教之甚者則撻之，其小者則書其罪以記之。欲其並居而知恥也。此士之有罪而未可終棄者，故使樂工采其謳謡諷諫之言而颺之，以觀其心。其改過者，則薦之且用之，其不悛者，則威之，夏楚之寄之之類是也。

禹曰：「俞哉！

《春秋傳》：太子欲殺渾良夫，公曰「諾哉諾哉」云者，口諾而心不然也。禹之所以然者，曰「俞」而已。「俞哉」云者，亦有味其言矣。舜舉四事以責其臣，立射侯、書撻等法以待庶頑，皆治理也。而禹獨有味於斯言也者，蓋其心有所不可於此，以爲身脩而天下自服也。

「帝光天之下，至于海隅蒼生，萬邦黎獻，

衆賢也。

「共惟帝臣。惟帝時舉，敷納以言，明試以功，車服以庸。誰敢不讓，敢不敬應？帝不時敷同，日奏罔功。無若丹朱傲，惟慢遊是好。傲虐是作，罔晝夜額額。

頑狠之狀。

「罔水行舟，朋淫于家，用殄厥世。予創若時，娶于塗山，辛壬癸甲。

創，懲也，懲丹朱之惡。辛日娶于塗山，甲日復往治水。

「啓呱呱而泣，予弗子，惟荒度土功。

啓，禹子也。禹治水，過門不入，聞啓泣而不暇子也，惟大度土工而已。

「弼成五服，至于五千，

五服，侯、甸、綏、要、荒也。服五百里，四方相距爲方五千里。

「州十有二師。

師，二千五百人。一州用三萬人，九州二十七萬人。

「外薄四海，咸建五長，

五國立賢者一人爲方伯，謂之五長。

「各迪有功。苗頑弗即工，帝其念哉！」

禹見帝憂讒邪之甚，故推廣其意曰：帝之德光被天下，至于海濱草木，而況此衆賢乎？考其言，明其功，誰敢不從？帝不能如是布宣其德以同天下，使苗民逆命，日進而終無功者，豈其脩己有未至也哉？故戒之曰「無若丹朱傲」，而歷數其惡。曰：我惟以丹朱爲戒，故能平治水土，弼成五服。今天下定矣，而苗猶不即工者，帝不可以不求諸己也。故曰「帝其念哉」。此禹得之於益，班師而歸諫舜之詞也。而説者乃謂禹勸舜當念三苗之罪而誅之，夫所謂「念哉」者，豈誅有罪之言乎？

帝曰：「迪朕德，時乃功惟敘。」皋陶方祗厥敘，方施象刑惟明。夔曰：「戛擊鳴球，搏拊琴瑟，以詠。祖考來格，虞賓在位，群后德讓。

此堂上樂也。戛擊，柷敔也。鳴球，玉磬也。搏拊，以韋爲之，實之以糠，所以節樂。虞賓，丹朱也，二王後，故稱「賓」。

「下管鼗鼓，合止柷敔，笙鏞以間。鳥獸蹌蹌，簫韶九成，鳳凰來儀。」

此堂下樂也。鏞，大鍾也。夔作樂而鳥獸舞，鳳凰儀，信乎？曰：何獨夔也？樂工所以不能致氣召物如古者，以不得中聲故爾。樂不得中聲者，器不當律也。器不當律，則與擿埴鼓盆無異，❶何名爲樂乎？使律能當律，則致氣召物，雖常人能之。蓋見於古今之傳多矣，而況於夔乎？夫能當一律，則衆律皆得。衆律皆得，則樂之變動猶鬼神也。是以降天神，格人鬼，來鳥獸，皆無足疑者。不如此，何以使孔子忘味三月乎？丹朱之惡幾於桀、紂，「罔水行舟，朋淫于家」，非紂而何？今乃與群后濟濟相讓，此其難化，蓋甚於鳥獸也。

夔曰：「於！予擊石拊石，百獸率舞，庶尹允諧。」

---

❶「埴」，原作「植」，據學津本改。

舜聞禹諫，則曰：「道我德者，皆汝功也。」今苗民逆命，皋陶方祇厥敘而行法焉，故夔又進而諫曰：鬼神猶可以樂格，鳥獸猶可以樂致也，而況於人乎？此所謂「工執藝事以諫」者也。

帝庸作歌，曰：「勑天之命，惟時惟幾。」乃歌曰：「股肱喜哉！元首起哉！百工熙哉！」皋陶拜手稽首，颺言曰：「念哉！率作興事，慎乃憲，欽哉！屢省乃成，欽哉！」乃賡載歌曰：「元首明哉，股肱良哉，庶事康哉！」又歌曰：「元首叢脞哉！

叢脞，細碎也。

股肱惰哉！萬事墮哉！」帝拜曰：「俞，往欽哉！」

帝至此，納禹之諫，乃作歌曰：「天命不可常也，待禍福之至而慮之則晚矣，當以時慮其微者。」蓋始從禹之諫而取益之言，有畏滿思謙之意也。皋陶颺言曰「念哉」，申禹之諫也。曰凡所興作慎用刑，廣禹之意也。雖成功，猶內自省，終益之戒也。帝之歌曰：「股肱喜，則元首起而百工熙。」皋陶反之曰：「良康惰壞，皆元首之致也。」嗚呼，唐虞之際，於斯爲盛，而學者不論，惜哉！

書傳卷五　夏書

宋　蘇軾撰

禹貢第一

禹别九州，隨山濬川，任土作貢。

不貢所無及所難得。

禹敷土，

敷、道、修、載、敘、乂，皆治也。

隨山刊木，

山行多迷，刊木以表之，且以通道。《史記》云「山行表木」。

奠高山大川。

奠，定也。高山，五岳。大川，四瀆。定其名秩，祀禮所視。

冀州。

堯時，❶河水爲患最甚，江次之，淮次之。河行冀、兗爲多，而青、徐其下流，被害亦甚。堯都於冀，故禹行自冀始，次于兗，次于青，次于徐。四州治而河患衰矣。雍、豫雖近河，以下流既治，可以少緩也。故次乎揚，次乎荆，以治江淮，江淮治而水患平。次于豫，次于梁，次于雍，以治江河上流之餘患，而雍最高，故終焉。八州皆言自某及某爲某州，而冀獨否，蓋以餘州所至而知之。先賦後田，不言貢篚，皆與餘州異。

既載壺口，治梁及岐。

壺口在河東屈縣東南，梁山在左馮翊夏陽縣西北，岐山在扶風美陽縣西北。梁、岐二山在雍州，今於冀州言之者，豈當時河患上及梁、岐乎？禹通砥柱則壺口平，而梁、岐自治。因河而言，非以二山爲冀州之地也。

既修太原，至于岳陽。

太原，晉陽也。岳，太岳也，亦號霍太山，在彘縣東。

覃懷底績，至于衡漳。

覃懷，河内懷縣。漳水横流入河。衡，横也。濁漳水出長子縣，東至鄴入清漳。清漳水出上黨沾縣大黽谷，東北至渤海阜城縣入河。

❶「時」，原脱，據學津本補。

厥土惟白壤，

無塊曰壤。

厥賦惟上上錯，厥田惟中中。

賦，田所出穀米、兵車之類。《禹貢》田賦皆九等，此爲第一，雜出第二之賦。冀州，畿内也，田中中而賦上上，理不應爾。必當時事有相補除者，豈以不貢而多賦耶？然不可以臆説也。

恒、衛既從，大陸既作。

恒水出常山上曲陽縣，東入滱水。衛水出常山靈壽縣，東北入滹沲。大陸在鉅鹿縣北，水已復故道，則大陸之地可耕作。

島夷皮服。

東北海夷也。水患除，故服皮服。

夾右碣石入于河。

碣石，海畔山，在北平驪城縣西南。河自碣石山南、渤海之北入海。夾，挾也，自海入河，逆流而西，右顧碣石，如在挾掖也。

濟、河惟兗州。❶

---

❶「惟」，原作「爲」，據學津本及經文改。

河、濟之間相去不遠，兖州之境，北距河，東南跨濟，非止於濟也。

九河既道，

河水自平原以北分爲九道，其名據《爾雅》則徒駭也，太史也，馬頰也，覆釜也，胡蘇也，簡也，潔也，鈎槃也，❶鬲津也。漢成帝時，河隄都尉許商上書曰：「古記九河之名，有徒駭、胡蘇、鬲津，今見在成平、東光、鬲縣。自鬲津以北至徒駭，其間相去二百餘里。」以許商之言考之，徒駭最北，鬲津最南，蓋徒駭是河之本道，東出分爲八枝，徒駭在成平，胡蘇在東光，鬲津在鬲縣，其餘不可復知也。然《爾雅》九河之次，自北而南，既知三河之處，則其餘六者，太史、馬頰、覆釜當在東光之北、成平之南，簡、潔、鈎槃當在東光之南、鬲縣之北也。其河堙塞，時有故道。《春秋緯寶乾圖》云：「移河爲界，在齊吕填閼八荒以自廣。」故鄭玄云齊桓公塞之。❷同爲一河，今河間弓高以東至平原、鬲津，往往有其遺處，蓋塞其八枝，并使歸於徒駭也。

雷夏既澤，灉沮會同。

灉、沮，二水。雷澤，在濟陰城陽縣西北。

桑土既蠶，是降丘宅土。厥土黑墳，

❶「鈎槃」，學津本作「鈎盤」。

❷「桓」，原作「威」，宋人避欽宗趙桓之諱。以下逕改。

黑而墳起。

厥草惟繇，厥木惟條。

繇，茂也。條，長也。

厥田惟中下，厥賦貞。

貞，正也。賦當隨田高下，此其正也。其不相當者，蓋必有故。如向所云相補除者，非其正也。此州田中下，賦亦中下，皆第六。

作十有三載，乃同。

兖州河患最甚，故功後成，至于作十有三載。

厥貢漆、絲，厥篚織文。

幣帛盛於篚，《書》曰「篚厥玄黄」。

浮于濟、漯，達于河。

順流曰浮，因水入水曰達。漯水出東郡東武陽縣，至樂安千乘縣入海。濟水具下文。自漯入濟，自濟入河。

海、岱惟青州。

西南至岱宗，東北跨海，至遼東。舜十二州，分青爲營，營州即遼東也。漢末公孫度據遼東，自號青州刺史。

嵎夷既略，濰、淄其道。

嵎夷，即《堯典》嵎夷也。略，用功少也。濰水出瑯邪箕屋山，北至都昌縣入海。淄水出泰山萊蕪縣原山，東北至千乘博昌縣入海。

厥土白墳，海濱廣斥。

《説文》云：「東方謂之斥，西方謂之鹵。」鹵，鹹地也。

厥田惟上下，厥賦中上。

田第三，賦第四。

厥貢鹽、絺，

絺，細葛也。

海物惟錯，

錯，雜也，魚鰕之類。

岱畎絲、枲、鉛、松、怪石。

畎，谷也。枲，麻也。鉛，錫也。怪石，石似玉者。貢此八物。

萊夷作牧，

《春秋》：夾谷之會，萊人以兵劫魯侯，孔子曰：「兩君合好，而裔夷之俘，以兵亂之。」以是知古者東萊之有夷也。牧，芻牧也。《傳》曰「牧隰皋，井衍沃」，蓋海水患除，始芻牧也。

厥篚檿絲。

《爾雅》：「檿桑，山桑。」惟東萊出此絲，以織繒，堅韌異常，萊人謂之山蠒。萊夷作牧而後有此，故書篚在作牧之後。

浮于汶，達于濟。

汶水出太山萊蕪縣，西南入濟。諸州之末皆記入河水道，以堯都在冀而河行於冀也。雖不言河，濟固達河也。

海、岱及淮惟徐州。

東至海，北至岱，南及淮。

淮、沂其乂，蒙、羽其藝。

淮水出桐柏山，其原遠矣。於此言之者，淮水至此而大，爲害尤甚。喜其治，故於此記之。沂水出泰山蓋縣，臨樂子山，南至下邳入泗。蒙山在泰山蒙陰縣西南，羽山在東海祝其縣南。二水既治，則二山可種。

大野既豬，東原厎平。

大野澤在山陽鉅野縣北。東原，今東平郡也。水之停曰豬。

厥土赤埴墳，

土黏曰埴。

草木漸包。

進長曰漸，藂生曰包。

厥田惟上中，厥賦中中。

田第二，賦第五。

厥貢惟土五色，

王者封五色土爲社，建諸侯則以其方色土賜之，燾以黄土，苴以白茅，使歸其國立社。

羽畎夏翟，

夏翟，雉也，羽中旌旄。羽山之谷有之。

嶧陽孤桐，

東海下邳縣西有葛嶧山，即此山也。其特生之桐，中琴瑟。

泗濱浮磬，

泗水依山，水中見石，若浮於水上，此石可爲磬。

淮夷蠙珠暨魚。

《詩》有「淮夷」，知古者淮有夷也。蠙，蚌屬，出珠。惟淮夷有珠暨魚，如萊夷之有檿絲也。貢此六物。

厥篚玄纖縞。

玄，黑繒。縞，白繒。纖，細也。

浮于淮、泗，達于河。

自淮、泗入河，必道于汴。世謂隋煬帝始通汴入泗，禹時無此水道，以疑《禹貢》之言，此特學者考之不詳而已。謹按：《前漢書》：「項羽與漢約中分天下，割鴻溝以西爲漢，以東爲楚。」文穎注云：「於滎陽下引河東南，爲鴻溝，以通宋、鄭、陳、蔡、曹、衛，與濟、汝、淮、泗會於楚，即今官渡是也。」魏武與袁紹相持於官渡，乃楚漢分裂之處。蓋自秦、漢以來有之，安知非禹迹耶？《禹貢》九州之末皆記入河水道，而淮、泗獨不能入河，帝都所在，理不應爾。意其必開此道以通之，其後或爲鴻溝，或爲官渡，或爲汴。上下百餘里間，不可必，❶然皆引河水而注之淮、泗也。故王濬伐吴，杜預與之書曰：「足下既摧其西藩，當徑取秣陵，討累世之逋寇，釋吴人於塗炭。自江入淮，逾于泗、汴，泝河而上，振旅還都，亦曠世一事也。」王濬舟師之盛，古今絶倫，而自泗、汴泝河，可以班師，則汴水之大小當不減於今。又足以見秦、漢、魏、晉皆有此水道，非煬帝創開也。自唐以前，汴、泗會于彭城之東北，然後東南入淮；近歲汴水直達于淮，不復入泗矣。吴王夫差「闕溝通水」，與晉會于黄池，而江始有入淮之道，禹時則無之。故《禹貢》曰：「沿于江海，達于淮、泗。」明非自海入淮，則江無通淮之道。今之末直云「浮于淮、泗，達于河」，不言自海，則鴻溝、官渡、汴水之類，自禹以

❶「必」下，林之奇《尚書全解》引有「知」字。

來有之明矣。

淮、海惟揚州。

北跨淮，南跨海。

彭蠡既豬，陽鳥攸居。

陽鳥，鴻鴈之屬也，避寒就煖，❶九月而南，正月而北。彭蠡在彭澤西北，北方之南，南方之北也。故陽鳥多留於此。

三江既入，震澤厎定。

三江之入，古今皆不明。予以所見考之，自豫章而下入于彭蠡而東至海，爲南江；自蜀岷山至于九江彭蠡以入于海，爲中江；自嶓冢導漾，東流爲漢，過三澨、大別以入于江，東匯澤爲彭蠡以入于海，爲北江。此三江自彭蠡以上爲二，自夏口以上爲三。江、漢合于夏口，而與豫章之江皆匯于彭蠡，則三江爲一。過秣陵、京口以入于海，不復三矣。然《禹貢》猶有三江之名，曰北、曰中者，以味別也。蓋此三水，性不相入，江雖合而水則異，故至于今而有「三泠」之説。古今稱唐陸羽知水味，三泠相雜而不能欺，不可誣也。予又以《禹貢》之言考之，若合符節。禹之敘漢水也，曰「嶓冢導漾，東流爲漢，又東爲滄浪之水，過三澨，至于大別，南入于江」，至于「東匯澤爲彭蠡，東爲北江，

❶「避」，學津本作「去」。

入于海」。夫漢既已入江，且匯爲彭蠡矣，安能復出爲北江，以入于海乎？知其以味别也。禹之敘江水也，曰：「岷山導江，東别爲沱。又東至于澧，過九江，至于東陵，東迤北會于匯，東爲中江，入于海。」夫江既已與漢合，且匯爲彭蠡矣，安能自别爲中江，以入于海乎？知其以味别也。漢爲北江，岷山之江爲中江，則豫章之江爲南江，不言而可知矣。禹以味别，信乎？曰：濟水既入于河，而溢爲滎，禹不以味别則安知滎之爲濟也？堯水之未治也，東南皆海，豈復有吴越哉？及彭蠡既豬，三江入海，則吴越始有可宅之土。水之所鍾，獨震澤而已，故曰「三江既入，震澤厎定」。孔安國以爲自彭蠡江分爲三，入震澤，爲北入于海，疎矣！蓋安國未嘗南游，按經文以意度之，不知三江距震澤遠甚，決無入理。而震澤之大小，決不足以受三江也。班固曰：南江從會稽陽羡東入海，北江從會稽毗陵縣北東入海。會稽并陽羡，有此三江。然皆是東南枝流小水，自相派别而入海者，非《禹貢》所謂中江、北江自彭蠡出者也。徒見《禹貢》有南、北、中三江之名，而不悟一江三泠，合流而異味也，故雜取枝流小水以應三江之數，如使此三者爲三江，則是與今京口入海之江爲四矣。京口之江，視此三者猶畎澮，禹獨遺大而數小，何耶？

篠簜既敷，

篠，竹箭也。簜，大竹闊節曰簜。

厥草惟夭，厥木惟喬。

少長曰夭。喬，高也。

厥土惟塗泥，厥田惟下下，厥賦下上上錯。

田第九，賦第七，雜出第六。

厥貢惟金三品，

金、銀、銅。

瑶、琨、篠簜，

瑶、琨，石似玉者。

齒、革、羽、毛，惟木。

齒，象齒。革，犀革之類。毛，旄牛尾之類。木，楩楠、豫章之類。貢此數物。

島夷卉服，厥篚織貝。

南海島夷，績草木爲服，如今吉貝、木綿之類。其紋斕斑如貝，故曰織貝。《詩》曰：「萋兮斐兮，成是貝錦。」

厥包橘柚，錫貢。

小曰橘，大曰柚。包裹而致也。《禹貢》言錫者三，大龜不可常得，磬錯不常用，而橘柚常貢，則勞民害物，如漢永平、唐天寳荔枝之害矣，故皆錫命乃貢。

沿于江、海，達于淮、泗。

達泗，則達河矣。

荆及衡陽惟荆州。

舊有「三條」之説，北條荆山，在馮翊懷德縣南；南條荆山，在南郡臨沮縣東北。自南條荆山至衡山之陽爲荆州，自北條荆山至于河爲豫州。

江、漢朝宗于海。

二水經此州入海，百川以海爲宗。宗，尊也。

九江孔殷，

九江，在今廬江潯陽縣南。《潯陽記》有九江名，一曰烏白江，二曰蚌江，三曰烏江，四曰嘉靡江，五曰畎江，六曰源江，七曰廩江，八曰提江，九曰箘江。殷，當也，得水所當行也。

沱、潛既道，

《爾雅》：水自江出爲沱，自漢出爲潛。南郡枝江縣有沱水，尾入江。華容縣有夏水，首出江，尾入沔。此荆州之沱、潛也。蜀郡郫縣有沱江，及漢中安陽皆有沱水、潛水，尾入江、漢，此梁州之沱、潛也。孔安國云：「沱、潛發源梁州，入荆州。」孔穎達云：「雖於梁州合流，還於荆州分出，猶如濟水入河，還從河出也。」以安國、穎達之言考之，則味別之説，古人蓋知之久矣。梁州、荆州相去數千里，非以味別，❶安知其合而復出耶？

❶「别」，原作「則」，據學津本改。

雲土夢作乂。

《春秋傳》曰：「楚子與鄭伯田于江南之夢。」又曰：「王寢于雲中。」則雲與夢，二土名也。而云「雲土夢」者，古語如此，猶曰「玄纖縞」云爾。

厥土惟塗泥，厥田惟下中，厥賦上下。

田第八，賦第三。

厥貢羽、毛、齒、革，惟金三品，杶榦栝柏。

杶，柘也，以爲弓榦。柏葉松身曰栝。

礪砥砮丹，惟箘簵楛。

箘簵，美竹。楛，中矢榦。貢此十物。

三邦厎貢厥名。

三邦，大國、次國、小國也。杶榦栝柏，礪砥砮丹，與箘簵楛，皆物之重者。荆州去冀最遠，而江無達河之道，難以必致重物，故使此州之國，不以大小，但致貢其名數，而準其物易以輕資，致之京師。重勞人也。

包匭菁茅，

匭，匣。菁茅，以供祭縮酒者。

厥篚玄纁、璣、組，

纁，絳也。三入爲纁。璣，珠類。組，綬類。

九江納錫大龜。

尺二寸曰大龜，寶龜也。不可常得，故錫命乃納之。

浮于江、沱、潛、漢，逾于洛，至于南河。

江無達河之道，捨舟陸行以達于河，故逾于洛，自洛則達河矣。河行冀州之南，故曰南河。

荆、河惟豫州。

自北條荆山至河甚近，當是跨荆而南，猶「濟、河惟兖州」也。

伊、洛、瀍、澗，既入于河。

伊水出弘農盧氏縣東熊耳山，東北入洛。洛水出弘農上洛縣冢領山，東北至鞏縣入河。瀍水出河南穀城縣潛亭北，東南入洛。澗水入弘農新安縣，東南入洛。三水入洛，洛入河。

滎波既豬，

沇水入河，溢爲滎澤。堯時滎澤常波，而今始豬也。今滎陽在河南，《春秋》衛、狄戰于滎澤，當在河北。孔穎達謂此澤跨河而南北也。

導菏澤，被孟豬。

沇水東出于陶丘北，又東爲菏澤，在濟陰定陶縣東。孟豬在梁國睢陽縣東北，水流溢，覆被之。

厥土惟壤，下土墳壚。

壚，疏也，或曰黑也。

厥田惟中上，厥賦錯上中。

田第四，賦第二，雜出第一。

厥貢漆、枲、絺、紵，

貢此四物。

厥篚纖纊，

細綿也。

錫貢磬錯。

治磬錯也，以玉爲磬，故以此石治之。

浮于洛，達于河。華陽、黑水惟梁州。

自華山之南至黑水，皆梁州。

岷、嶓既藝，沱、潛既道。

岷山、嶓冢，皆山名也。沱水出于江，潛水出于漢，二水發源此州，而復出於荆州，故於荆州亦云。

蔡、蒙旅平，

蔡、蒙，二山。蒙山在蜀郡青衣縣，今曰蒙頂。祭山曰旅，水患平始祭也。

和夷厎績。

和夷，西南夷名。

厥土青黎，

黎，黑也。

厥田惟下上，厥賦下中三錯。

田第七，賦第八，雜出第七、第九。

厥貢璆、鐵、銀、鏤、砮、磬，

璆，美玉也。鏤，剛鐵也，可以鏤者。

熊、羆、狐、貍織皮。

以罽者曰織，以裘者曰皮。

西傾因桓是來，浮于潛，逾于沔。

西傾，山名，在隴西臨洮縣西南，桓水出焉。桓入潛，潛入河，漢始出爲漾，東南流爲沔，至漢中東行爲漢。

入于渭，亂于河。

沔在梁州，山南；而渭在雍州，山北。沔無入渭之道，然按《前漢書》，武帝時，人有上書欲通褒斜道及漕，事下張湯問之，云：「褒水通沔，斜水通渭，皆可以漕。從南陽下沔入褒，褒絶水至斜間百餘里，以車轉從斜下渭。如此，漢中穀可致。」此則自沔入渭之道也。然褒斜之間絶水百餘里，故曰「逾于沔」。蓋禹時通謂褒爲沔也。

黑水、西河惟雍州。

西跨黑水，東至河，河在冀州西。

弱水既西，

衆水皆東，此水獨西。

涇屬渭汭，

涇水入渭。屬，連也。汭，水涯也。

漆、沮既從，

從，如少之從長。渭大而漆、沮小，故言從。

灃水攸同。

灃、渭相若，故言同。

荆、岐既旅，

荆，北條荆山也。

終南、惇物，至于鳥鼠。

三山名。武功縣東有太一山，即終南山。有垂山，即惇物。

原隰厎績，至于豬野。

《詩》云「度其隰原」，即此原隰也，豳地。武威縣東有休屠澤，即豬野。

三危既宅，三苗丕敘。

《春秋傳》曰：「先王居檮杌于四裔。允姓之姦居于瓜州。」杜預云：「允姓之祖，與三苗俱放于三危。瓜州，今敦煌也。」

厥土惟黄壤，厥田惟上上，厥賦中下。

田第一，賦第六。

厥貢惟球琳、琅玕。

球琳，玉。琅玕，石而似珠。❶貢此二物。

浮于積石，至于龍門西河，會于渭汭。

積石山，在金城河關縣西南，河所經也。龍門山，在馮翊夏陽縣北，禹鑿以通河也。渭水至長安東北入河，河始大。自渭汭而下，巨舟重載，皆可以達冀州矣。

織皮崑崙、析枝、渠搜，❷西戎即敘。

《禹貢》之所篚，皆在貢後立文，而青、徐、揚三州皆萊夷、淮夷、島夷所篚。此云「織皮崑崙、析枝、

---

❶「珠」，學津本作「球」。

❷「枝」，學津本作「支」。

渠搜，西戎即敘」，大意與上三州無異。蓋言因西戎即敘，而後崑崙、析枝、渠搜三國皆篚織皮，但古語有顛倒詳略爾。其文當在「厥貢惟球琳、琅玕」之下。其「浮于積石，❶至于龍門西河，會于渭汭」三句，當在「西戎即敘」之下，以記入河水道，結雍州之末。簡編脱誤，不可不正也。

導岍及岐，至于荊山。

岍山，在扶風，即吴岳也。荊山，北條荊山也。孔子敘《禹貢》曰「禹别九州，隨山濬川」，蓋言此書一篇而三致意也。既畢九州之事矣，則所謂「隨山」與「濬川」者，復申言之。「隨山」者，隨其地脉而究其終始也。何謂地脉？曰：地之有山，猶人之有脉也。有近而不相連者，有遠而相屬者，雖江河不能絶也。自秦蒙恬始言地脉，而班固、馬融、王肅治《尚書》皆有三條之説，鄭玄則以爲四列，古之達者已知此矣。北條山，道起岍岐而逾于河，以至太岳，東盡碣石以入于海，是河不能絶也。南條之山，自嶓冢、岷山至于衡山，過九江至于敷淺原，是江不能絶也。皆禹之言，卓然見於經者，非地脉而何？自此以下至敷淺原，皆隨山之事也。

逾于河，壺口、雷首，至于太岳。

三山之名也。雷首，在河東蒲坂南。太岳者，霍太山也。

厎柱、析城，至于王屋。

---

❶「積」，原作「績」，據經文改。

底柱，在陝東北。析城，在河東濩澤西南。王屋，在河東垣縣東北。

太行、恒山，至于碣石，入于海。

太行山，在河内山陽縣西北。恒山，在上曲陽縣西北。

西傾、朱圉、鳥鼠，

西傾山，在隴西臨洮縣西南。朱圉山，在天水冀縣南。鳥鼠同穴山，在隴西首陽縣西南。

至于太華。

太華，在京兆華陰南。

熊耳、外方、桐柏，至于陪尾。

熊耳山，在弘農盧氏縣東。外方，嵩高山也，在潁川。桐柏，在南陽平氏縣東南。陪尾山，在江夏安陸縣東北。

導嶓冢，至于荆山。

南條荆山。

内方，至于大別。

内方山，在江夏竟陵縣東北。《春秋傳》曰：「吴楚夾漢而陳，自小別至于大別。」二別山皆在漢上。

岷山之陽，至于衡山。

岷山，在蜀郡湔氏西。衡山，在長沙湘南縣東南。

過九江，至于敷淺原。

豫章歷陵縣南有博陽山，即敷淺原。

導弱水至于合黎，餘波入于流沙。

合黎山，在張掖郡删丹縣，弱水自此西至酒泉合黎。張掖郡有居延澤，在縣東，即流沙也。自此以下，皆濬川之事也，所導者九。弱水不能載物，入居延澤中不復見，此水之絶異者也。黑水、漢水與四瀆，皆特入海，渭、洛皆入河，達冀之道，故特記此九者，餘不録也。

導黑水，至于三危，入于南海。

黑水得越河入南海者。河自積石以西皆多伏流，故黑水得越而南也。

導河積石，至于龍門。

施功發于積石。

南至于華陰，東至于厎柱，又東至于孟津。

孟津，在河内河陽縣南，都道所湊，古今以爲津。

東過洛汭，至于大伾。

洛汭，洛入河處，在河南鞏縣東。大伾山，在黎陽，或曰成皋。

北過降水，至于大陸。

河至大伾而北。降水在信都。

又北播爲九河，同爲逆河，入于海。

播，分也。逆，迎也。既分爲九，又合爲一，以一迎八，而入于海，即渤海也。

嶓冢導漾，東流爲漢。

嶓冢山，在梁州南。

又東爲滄浪之水，

出荆州東南，流爲滄浪之水，即漁父所歌者也。

過三澨，至于大别。

三澨水，在江夏竟陵。

南入于江，

觸大别山而南。

東匯澤爲彭蠡。

匯，迴也。

東爲北江，入于海。岷山導江，東别爲沱，

江東南流，沱東行。

又東至于澧，

澧水，在荆州。《楚詞》云：「遺予佩兮澧浦。」

過九江，至于東陵，東迆北會于匯，

迆，迆邐也。匯，彭蠡也。

東爲中江，入于海。

今金山以北，取中泠水，味既殊絶，稱之輕重亦異。蓋蜀江所爲也。

導沇水，東流爲濟，入于河，溢爲滎。

濟水，出河東垣縣王屋山，東南至河内武德縣入河。並流而南，截河，又並流，溢出乃爲滎澤也。

東出于陶丘北，

陶丘，在濟陰定陶西南。

又東至于菏，又東北會于汶。

汶入濟也。

又北東入于海。導淮自桐柏，

淮水，出胎簪山，東北過桐柏。胎簪，蓋桐柏之傍小山也。

東會于泗、沂，東入于海。

泗水，出濟陰乘氏縣，至臨淮睢陵縣入淮。沂水，先入泗，泗入淮也。

導渭自鳥鼠同穴，東會于灃，

灃入渭也。灃水，出扶風鄠縣東南，北過上林苑入渭。

又東會于涇，
　　涇入渭也。涇水出安定涇陽縣西，東南至馮翊陽陵縣入渭。
又東過漆沮，入于河。
　　沮水，出北地直路縣，東入洛。鄭渠，在太上皇陵東南，濯水入焉，俗謂之漆水，又謂之漆沮。其水東入洛。此言東會于灃，又東會于涇，又東過漆沮者，渭水自西而東之次也。雍州所云「涇屬渭汭，漆、沮既從，灃水攸同」者，散言境内諸水，非西東之次也。《詩》云「自土沮、漆」，乃豳地，非此漆沮。
導洛自熊耳，東北會于澗瀍，又東會于伊，又東北入于河。九州攸同，
　　書同文，車同軌。
四隩既宅。
　　隩，深也。四方深遠者，皆可居。
九山刊旅，九川滌源，九澤既陂，四海會同，六府孔修。
　　水、火、金、木、土、穀。
庶土交正，厎慎財賦，咸則三壤，成賦中邦。
　　交，通也。正，平準也。庶土不通有無，則輕重偏矣，故交通而平準之。九州各則壤之高下，以制國用，爲賦入之多少。中邦，諸夏也。貢篚有及於四夷者，而賦止於諸夏也。

錫土姓，

《春秋傳》曰：「天子建國，❶因生以賜姓，胙之土而命之氏。」

祗台德先，不距朕行。

台，我也。我以德先之，則民敬而不違矣。

五百里甸服，

王畿千里，面五百里也。甸，田也，爲天子治田。

百里賦納總。

總，藁、穟并也。最近，故納總。

二百里納銍，

銍，刈也。刈其穟，不納藁。

三百里納秸服，

秸，藁也。以藁爲藉薦之類，可服用者。

四百里粟，五百里米。

---

❶「天子建國」，《左傳》隱公八年：「天子建德，因生以賜姓，胙之土而命之氏。」杜預《春秋左傳集解》：「立有德以爲諸侯。」桓公二年：「天子建國，诸侯立家，卿置側室，大夫有貳宗，士有隸子弟。」

稍遠，故所納者愈輕。

五百里侯服。

此五百里始有諸侯，故曰侯服。

百里采，

卿大夫之采也。

二百里男邦，

與百里采通爲二百里也。男邦，小國也。

三百里諸侯，

自三百里以往，皆諸侯也。諸侯，大國、次國也，小國在內，依天子而國；大國在外，以禦侮也。

五百里綏服。

綏，安也。

三百里揆文教，二百里奮武衛。五百里要服。

總其大要，法不詳也。

三百里夷，

雜夷俗也。

二百里蔡，

放有罪曰蔡。《春秋傳》曰：「殺管叔而蔡蔡叔。」

五百里荒服。

其法荒略。

三百里蠻，二百里流。

罪大者流于此。

東漸于海，西被于流沙，朔南暨聲教，訖于四海。禹錫玄圭，告厥成功。

以五德王天下，所從來尚矣。黄帝以土，故曰黄；炎帝以火，故曰炎；禹以治水得天下，故從水而尚黑；殷人始以兵王，故從金而尚白；周人有流火之祥，故從火而尚赤。湯用玄牡，蓋初克夏，因其舊也。《詩》云：「有客有客，亦白其馬。」是殷尚白也。帝錫禹以玄圭，爲水德之瑞，是夏尚黑也。此五德所尚之色，見于經者也。

書傳卷六　夏書

宋　蘇軾撰

甘誓第二

啓與有扈戰于甘之野，作《甘誓》。

《史記》：有扈，禹之後。其國扶風雩縣是也。《國語》曰：「夏有觀、扈，周有管、蔡。」以比管、蔡，兄弟之國也。甘，扈之南郊也。

大戰于甘，乃召六卿。

天子六師，其將皆命卿。

王曰：「嗟！六事之人。予誓告汝：有扈氏威侮五行，怠棄三正，

王者各以五行之德王，易服色及正朔。孔子曰：「行夏之時。」自舜以前，必有以建子、建丑爲正者，有扈氏不用夏之服色、正朔，是叛也。故曰「威侮五行，怠棄三正」。

「天用勦絶其命，今予惟恭行天之罰。左不攻于左，❶汝不恭命；右不攻于右，汝不恭命；

左，車左也，主射。右，車右，執戈矛。攻，治也。

「御非其馬之正，汝不恭命。

《春秋傳》曰：「楚許伯御樂伯，攝叔爲右，以致晉師。樂伯曰：『吾聞致師者，左射以菆。』攝叔曰：『吾聞致師者，右入壘，折馘、執俘而還。』」是古者，三人同一車，而御在中也。車六馬，兩服、兩驂、兩騑，各任其事，御之正也。王良曰：「吾爲之範我馳驅，終日而不獲一；爲之詭遇，一朝而獲十。」

此所謂御非其馬之正也。

「用命賞于祖，不用命戮于社，

孔子曰：「當七廟五廟無虛主。」師行，載遷之主以行，無遷廟，則以幣曰主命，故師行有祖廟也。武王伐紂，師度孟津，有宗廟，有將舟。將舟，社主在焉，故師行有社也。戮人必於社，故哀公問社，宰我對以戰栗。

「予則孥戮汝。」

戮及其子曰孥。堯舜之世，罰弗及嗣；武王數紂之罪曰「罪人以族」，孥戮非聖人之事也。言孥戮者，惟啓與湯，知德衰矣。然亦言之而已，未聞真孥戮人也。

---

❶「于」，原作「予」，據阮刻本《尚書注疏》改。

五子之歌第三

太康失邦，
　太康，啓子也。
昆弟五人
　皆啓子。
須于洛汭，作《五子之歌》。
　須，待也。
太康尸位，
　尸，主也。
以逸豫滅厥德，黎民咸貳。
　貳，攜貳也。
乃盤遊無度，
　盤，樂也，
畋于有洛之表，
　洛表，水南也。夏都河北而畋于洛南，言其去國之遠也。

十旬弗反。有窮后羿，因民弗忍，距于河。

有窮，國名。羿，其君也。《春秋傳》曰：「后羿自鉏遷于窮石。」忍，堪也。

厥弟五人，御其母以從，徯于洛之汭。

母徯焉而不歸，以著太康之不孝也。

五子咸怨，述大禹之戒，以作歌。其一曰：「皇祖有訓，民可近不可下。民惟邦本，本固邦寧。予視天下，愚夫愚婦，一能勝予，一人三失。

皇祖，禹也。「民可近」者，言民可親近而不可疎也。「不可下」者，言民可敬而不可賤。若自賢而愚人，以愚視天下，則一夫可以勝我矣。「一人三失」者，失民則失天，失天則失國也。

「怨豈在明，不見是圖。

怨不在大，當及其未明而圖之。

「予臨兆民，

十萬曰億，十億曰兆。

「懍乎若朽索之馭六馬，❶爲人上者，奈何不敬？」

馭民若朽索之馭馬，不已過乎？曰：天下皆有所恃，民恃有司以安其身，有司恃天子之法以安其

---

❶「懍」，原作「凜」，據阮刻本《尚書注疏》改。

位。惟天子無所恃，恃民心而已。民心攜，則天子爲獨夫，謂之朽索，不亦宜乎？

其二曰：「訓有之：内作色荒，外作禽荒，甘酒嗜音，峻宇雕牆。有一于此，未或不亡。」其三曰：「惟彼陶唐，有此冀方。

陶唐，堯也。堯都平陽，舜都蒲坂，禹都安邑，皆在冀州。

「今失厥道，亂其紀綱，乃底滅亡。」

大曰綱，小曰紀。舜、禹皆守堯之綱紀。

其四曰：「明明我祖，萬邦之君。有典有則，貽厥子孫。關石和鈞，王府則有。荒墜厥緒，覆宗絶祀。」

關，通也。和，平也。緒，餘也。古者有五權，百二十斤曰石，三十斤曰鈞，舉其二則餘可知矣。太史公曰：「禹以聲爲律，以身爲度，左準繩，右規矩。」知度量權衡凡法度之器，至禹明具。故曰我祖有典法以遺子孫，凡法度之器具在王府，而吾不能守，以亡也。

其五曰：「嗚呼！曷歸？予懷之悲。萬姓仇予，予將疇依？鬱陶乎予心，顔厚有忸怩，弗慎厥德，雖悔可追？」

鬱陶，憤懣也。顔厚，色愧也。有，讀曰又。忸怩，心慙也。

胤征第四

羲和湎淫，廢時亂日，胤往征之，作《胤征》。

羲和，掌天地、四時之官，堯時爲四人。今此有國邑，而以沈湎得罪，則一人而已，不知其何自爲一也？按《史記》及《春秋傳》：晉魏絳、吴伍員言帝太康、帝仲康、帝相、帝少康四世事甚詳。蓋羿既逐太康，太康崩，其弟仲康立，而羿爲政；仲康崩，其子相立，相爲羿所逐，羿爲家衆所殺，寒浞代之。浞因羿室，生澆及豷，使澆伐滅二斟，且殺相。相之后曰緡，方娠，而逃于有仍，以生少康。少康復逃于有虞，虞思邑之於綸。少康布德，以收夏衆。夏之遺臣靡收二斟之餘民以滅浞，而立少康。少康滅澆與豷，然後祀夏配天，不失舊物。以此考之，則太康失國之後，至少康祀夏之前，皆羿、浞專政僭位之年，如曹操之於漢、司馬仲達之於魏也。胤征之事，蓋出於羿，非仲康之所能專，明矣。羲和，湎淫之臣也，而貳於羿，蓋忠於夏也。如王淩、諸葛誕之叛晉，尉遲迥之叛隋。故羿假仲康之命，以命胤侯而往征之。何以知其然也？曰：胤侯數羲和之罪，至於殺無赦，然其實狀止於酣酒、不知日食而已。此一法吏所辦耳，何至於六師取之乎？夫酒荒廢職之人，豈復有渠魁脅從之事？是强國得衆者也。孔子敘《書》，其篇曰「羲和湎淫，廢時亂日」者，言其罪止於此也；曰「胤往征之」者，見征伐號令之出於胤，非仲康之命也。此《春秋》之法。曰：然則孔子何取於此篇而不删去乎？曰：《書》固有非聖人之所取而猶存者也。孟子曰：「盡信《書》不如無《書》，吾於《武成》取二三策而已。」紂之衆既已倒戈，然猶縱兵以殺，至於血流漂杵。聖人何取焉？予於《書》，見聖人所不取而猶存者二：《胤征》之挾天子令諸侯，與《康王之誥》釋斬衰而服衮冕也。《春秋》晉侯召王而謂之「巡狩」，孔子書之於策曰：

「天王狩于河陽。」若無簡牘之記，則後世以天王爲真狩也。胤征之事，孔氏必有師傳之説也，久遠而亡之耳。

惟仲康肇位四海，胤侯命掌六師。

胤，國名。

羲和廢厥職，酒荒于厥邑。胤后承王命徂征，告于衆曰：「嗟予有衆，聖有謨訓，明徵定保。先王克謹天戒，臣人克有常憲，百官修輔，厥后惟明明。

徵，猶《書》所謂「庶徵」也。保，猶《詩》所謂「天保」也。羲和之罪，止於日食不知，故首引天事以誓之。

「每歲孟春，遒人以木鐸徇于路。

孟春觀治象之法，徇以木鐸，此《周禮》小宰之事，而在夏則遒人之職也。遒之言聚也。木鐸，金口木舌也。昔者有文事則徇以木鐸，有武事則徇以金鐸。

「官師相規，工執藝事以諫。

工各執其事諫，如《虞人之箴》也。

「其或不恭，邦有常刑。惟時羲和，顛覆厥德，沈亂于酒，畔官離次，

官局所在曰次。

「俶擾天紀，

俶，始也。擾，亂也。

「遐棄厥司。乃季秋月朔，辰弗集于房。瞽奏鼓，嗇夫馳，庶人走。

日月合朔於十二辰，今季秋之朔而不合于房，日食也。古有伐鼓用幣救日之事，《春秋傳》曰：「惟正陽之月則然，餘否。」今季秋而行此禮，蓋夏禮與周異。漢有上林嗇夫，嗇夫，小臣。庶人，庶人之在官者。

「羲和尸厥官，罔聞知，昏迷于天象，以干先王之誅。政典曰：『先時者殺無赦，不及時者殺無赦。』

先、後時，罪之薄者，必殺無赦，非虐政乎？惟軍中法則或用之，穰苴斬莊賈是也。《傳》曰：「國容不入軍，軍容不入國。」此「政典」，夏之《司馬法》，止用於軍中。今無以加羲和之罪，乃取軍法一切之政，而爲有司沈湎失職之罰，蓋文致其罪，非實事也。

「今予以爾有衆，奉將天罰。爾衆士同力王室，尚弼予欽承天子威命。

曹操、司馬仲達、楊堅之流討貳己者，未嘗不以王室爲辭也。

「火炎崑岡，玉石俱焚。天吏逸德，烈于猛火。殲厥渠魁，脅從罔治。舊染汙俗，咸與維新。

玉石俱焚，言不擇善惡也。天吏之勢猛於火，故脅從染汙，皆非其罪。言此者，以壞其黨與也。

「嗚呼！威克厥愛，允濟；愛克厥威，允罔功。其爾衆士，懋戒哉！」

先王之用威愛，稱事當理而已。不惟不使威勝愛，若曰「與其殺不辜，寧失不經」，又曰「不幸而過，寧僭無濫」，是堯、舜已來，常務使愛勝威也。今乃謂威勝愛則事濟，愛勝威則無功，是爲堯、舜不如申、商也，而可乎？此后羿之黨臨敵誓師一切之言，❶當與申、商之言同棄不齒。而近世儒者欲行猛政，輒以此藉口，予不可以不辨。

自契至于成湯八遷，湯始居亳，從先王居。作《帝告》、《釐沃》。

自契至湯十四世，凡八徙都。契之世父帝嚳都亳，湯自商丘遷焉，故曰「從先王居」。五篇皆《商書》也，經亡而序存，文無所託，故附《夏書》之末。

湯征諸侯，葛伯不祀，湯始征之，作《湯征》。

葛，梁國寧陵葛鄉也。征葛事，見《孟子》。

伊尹去亳適夏，既醜有夏，復歸于亳。

古稱伊尹五就湯，五就桀。夫湯與桀，敵國也，伊尹往來其間，皆聞其政，而兩國不疑，則伊尹聖人也，其道大矣，其信於天下深矣。是以廢太甲，復立之，而太甲安焉。非聖人而何？

入自北門，乃遇汝鳩、汝方，作《汝鳩》、《汝方》。

二臣名。

---

❶「后羿」，學津本作「胤侯」。

書傳卷七　商書

宋　蘇軾撰

湯誓第一

伊尹相湯，伐桀，

古之君臣，有如二君而不相疑者，湯之於伊尹、劉玄德之於諸葛孔明是也。湯言「聿求元聖，與之勠力」，而伊尹曰「惟尹躬暨湯，咸有一德」。其君臣相期如此，故孔子曰：「伊尹相湯，伐桀。」太甲不明而廢之，思庸而復之，君臣相安，此聖人之事也。玄德、孔明，雖非聖人，然其君臣相友之契，亦庶幾於此矣。玄德之將死也，囑孔明曰：「禪可輔，輔之；不可，君自取之。」非伊尹之流而可以屬此乎？孔明專蜀，事二君，雍容進退，初不自疑，人亦莫之疑者。使常人處之，不爲竇武、何進，則爲曹操、司馬仲達矣。世多疑伊尹之事，至謂太甲爲殺伊尹者，皆以常情度聖賢也。

升自陑，遂與桀戰於鳴條之野，作《湯誓》。

孔安國以謂：桀都安邑，陑在河曲之南、安邑之西，湯自亳往，當由東行，故以升自陑爲出不意。又言武王觀兵孟津，以卜諸侯之心，而退以示弱。其言湯、武，皆陋甚。古今地名、道路有改易不可知者，安知陑、鳴條之必在安邑西耶？升陑以戰，記事之實，猶《泰誓》「師渡孟津」而已。或曰升高而戰，非地利，以人和而已。夫恃人和而行師於不利之地，亦非人情，故皆不取。

王曰：「格爾衆庶，悉聽朕言。非台小子敢行稱亂，有夏多罪，天命殛之。今爾有衆，汝曰：『我后不恤我衆，舍我穡事，而割正夏。』予惟聞汝衆言。夏氏有罪，予畏上帝，不敢不正。今汝其曰：『夏罪其如台？』夏王率遏衆力，率割夏邑。有衆率怠弗協，曰：『時日曷喪？予及汝皆亡！』夏德若兹，今朕必往。

桀之惡不能及商民，商民安於無事而畏伐桀之勞，故曰：我后不恤我衆，舍我穡事，而割正夏。夏氏之罪，其能若我何？故湯告之曰：夏王遏絶衆力，以割夏邑，其民皆曰：何時何日當喪，吾欲與之皆亡。其亟若此，不可以不救。

「爾尚輔予一人，致天之罰，予其大賚汝。爾無不信，朕不食言。爾不從誓言，予則孥戮汝，罔有攸赦！」

湯既勝夏，欲遷其社，不可，作《夏社》、《疑至》、《臣扈》。

《春秋傳》曰：「共工氏有子曰句龍，爲后土，后土爲社。烈山氏之子曰柱，爲稷，自夏以上祀之。周棄亦爲稷，自商以來祀之。」是湯以棄易柱，而無以易句龍者，故曰「欲遷其社，不可」。

夏師敗績，湯遂從之，遂伐三朡。俘厥寶玉，誼伯、仲伯作《典寶》。

三朡，今定陶。四篇，亡。

仲虺之誥第二

湯歸自夏，至于大坰，

大坰，地名，《史記》作「泰卷陶」。

仲虺作誥。

《春秋傳》曰：薛之皇祖，奚仲居薛，以爲夏車正。仲虺居薛，以爲湯左相。

成湯放桀于南巢，

廬江、六縣東，有居巢城，《書》有「巢伯來朝」。《春秋》：「楚人圍巢。」桀奔于此，湯不殺也。

惟有慙德，曰：「予恐來世以台爲口實。」

後世放殺其君者，必以湯、武藉口，其爲病也大矣。

仲虺乃作誥曰：「嗚呼！惟天生民有欲，無主乃亂。惟天生聰明時乂。有夏昏德，民墜塗炭。天乃錫王勇智，

凡聖人之德，仁、義、孝、弟、忠、信、禮、樂之類，皆可以學至，惟勇也、智也，必天予而後能，非天予

而欲以學求之，則智、勇皆凶德也。漢高祖識三傑於衆人之中，知周勃、陳平於一世之後，此天所予智也。光武平生畏怯，見大敵勇，此天所予勇也。豈可學哉！若漢武帝、唐德宗之流，則古之學勇智者也，足以敝其國、殘其民而已矣。故天不予是德，則君子不敢言智勇，短於智勇而厚於仁，不害其爲令德之主也。周公亦曰「今天其命哲、命吉凶、命歷年」，哲者，知人之謂也，知人與不知人，乃與吉凶、歷年同出於天命，蓋教成王不强其所無也。

「表正萬邦，纘禹舊服。茲率厥典，奉若天命。

纘，繼也。服，五服也。

「夏王有罪，矯誣上天，以布命于下。帝用不臧，式商受命，用爽厥師。簡賢附勢，實繁有徒。肇我邦于有夏，若苗之有莠，若粟之有秕。小大戰戰，罔不懼于非辜。矧予之德，言足聽聞。

矯，詐也。臧，善也。式，用也。爽，明。肇，啓也。簡，慢也。帝既不善桀，故用湯爲受命之君，彰明其衆於天下。而桀之黨惡之流，欲并我以啓其國，若欲去莠秕然。故小大戰戰，無罪而懼，况我以德見忌乎？蓋言我不放桀，則桀必滅我也。

「惟王不邇聲色，不殖貨利，德懋懋官，功懋懋賞，用人惟己。

如自己出。

「改過不吝，克寬克仁，彰信兆民。乃葛伯仇餉，初征自葛。東征西夷怨，南征北狄怨，曰：『奚獨後予？』攸徂之民，室家相慶，曰：『徯予后，后來其蘇。』民之戴商，厥惟舊哉！

用兵如施鍼石，則病者惟恐其來之後也。

「佑賢輔德，顯忠遂良。兼弱攻昧，取亂侮亡。推亡固存，邦乃其昌。

善者自遂，惡者自亡，湯豈有心哉？應物而已。

「德日新，萬邦惟懷。志自滿，九族乃離。王懋昭大德，建中于民，以義制事，以禮制心，

未嘗作事也，事以義起；未嘗有心也，心以禮作。

「垂裕後昆。

裕，餘也。

「予聞曰：『能自得師者王，謂人莫己若者亡。好問則裕，

裕，廣也。

「『自用則小。』嗚呼！慎厥終，惟其始。殖有禮，覆昏暴。欽崇天道，永保天命。」

湯之慙德，仁人君子莫大之病也。仲虺恐其憂愧不已，以害維新之政，故思有以廣其意者。首言桀得罪於天，天命不可辭，次言桀之必害己，終言湯之勳德足以受天下者。乃因極陳爲君艱難、安危、禍福可畏之道，以明今者受夏非以利己，乃爲無窮之恤，以慰湯而解其慙。仲虺之忠愛，可謂至矣。然而湯之所慙，來世口實之病，仲虺終不敢謂無也。夫君臣之分，放弑之名，雖其臣子有不能文，況萬世之後乎？

湯誥第三

湯既黜夏命，復歸于亳，作《湯誥》。

亳，在梁國穀熟縣。

王歸自克夏，至于亳，誕告萬方。

誕，大也。

王曰：「嗟！爾萬方有衆，明聽予一人誥。惟皇上帝，降衷于下民，若有恒性，克綏厥猷惟后。

衷，誠也。若，順也。仁義之性，人所咸有，故言「天降」也。順其有常之性，其無常者，喜怒哀樂之變，非性也。能安此道，乃君也。

「夏王滅德作威，以敷虐于爾萬方百姓。爾萬方百姓，罹其凶害，弗忍荼毒，並告無辜于上下神祇。天道福善禍淫，降災于夏，以彰厥罪。肆台小子，將天命明威，不敢赦。敢用玄牡，敢昭告于上天神后，請罪有夏。聿求元聖，與之戮力，以與爾有衆請命。

請罪者，爲桀謝罪。請命者，爲民祈福。

「上天孚佑下民，罪人黜服。天命弗僭，賁若草木，兆民允殖。

僭，不信也。言天命有信，視民所與則殖之，所不與則蹶之。若草木然，民所殖則生，不殖則死。賁，飾也。其理明甚，炳然如丹青也。

「俾予一人，輯寧爾邦家。茲朕未知獲戾于上下，慄慄危懼，若將隕于深淵。

此亦慙德之言也。

「凡我造邦，無從匪彝，無即慆淫。

彝，常也。慆，慢也。戒諸侯之言。

「各守爾典，以承天休。爾有善，朕弗敢蔽。罪當朕躬，弗敢自赦，惟簡在上帝之心。

言上帝當簡察其善惡。

「其爾萬方有罪，在予一人。予一人有罪，無以爾萬方。嗚呼！尚克時忱，乃亦有終。」

庶幾能信此也。

咎單作《明居》。

一篇，亡。

伊訓第四

成湯既没。太甲元年，伊尹作《伊訓》、《肆命》、《徂后》。

《史記》：湯之子太丁，未立而卒。湯崩，太丁之弟外丙立，二年崩，外丙之弟仲壬立，四年崩，伊尹乃立太丁之子太甲。太史公按《世本》，湯之後，二帝七年，而後至太甲，其迹明甚，不可不信。而孔安國獨據經臆度，以爲成湯没而太甲立，且於是歲改元。學者因謂太史公爲妄，初無二帝，而太史公妄增之。豈有此理哉！經云「湯既没大甲元年」者，非謂湯之崩在太甲元年也。伊尹稱湯以訓，故孔子敘《書》亦以湯爲首。殷道親親，兄死弟及，若湯崩，舍外丙而立太丁之子，則殷道非親親矣，而可乎？以此知《史記》之不妄也。安國謂湯崩之歲而太甲改元不待明年者，亦因經文以臆也。經云「惟元祀十有二月，伊尹祠于先王，奉嗣王祗見厥祖」者，蓋太甲立之明年正月也。正月而謂之十二月，何也？殷之正月則夏之十二月也。殷雖以建丑爲正，猶以夏正數月，亦猶周公作《豳詩》於成王之世而云「七月流火，九月授衣」，皆夏正也。《史記》：秦始皇三十一年十二月，更名臘曰嘉平。夫臘必建丑之月也，秦以十月爲正，則臘當在三月，而云十二月，以是知古者雖改正朔，然猶以夏正數月也。崩年改元，亂世之事，不容伊尹在而有之，不可以不辨。

惟元祀十有二月乙丑，伊尹祠于先王。奉嗣王，祗見厥祖。侯甸群后咸在，百官總己以聽冢宰。

湯崩雖久矣，而仲壬之服未除，故冢宰爲政也。

伊尹乃明言烈祖之成德，以訓于王，曰：「嗚呼！古有夏先后，方懋厥德，罔有天災。山川鬼神，亦莫不寧，暨鳥獸魚鼈咸若。于其子孫弗率，皇天降災，假手于我有命。

我有天命之君，湯也。

「造攻自鳴條，朕哉自亳。

造、哉，皆始也。始攻自鳴條，始建號自亳。

「惟我商王,布昭聖武,代虐以寬,兆民允懷。今王嗣厥德,罔不在初。立愛惟親,立敬惟長。始于家邦,終于四海。嗚呼!先王肇修人紀,

戒其恃天命不修人事。

「從諫弗咈。先民時若,居上克明,爲下克忠。

言君明則臣忠也。❶

「與人不求備,檢身若不及,以至于有萬邦,兹惟艱哉!敷求哲人,俾輔于爾後嗣。制官刑,儆于有位。曰:『敢有恒舞于宫,酣歌于室,時謂巫風。

《詩》云:「無冬無夏,值其鷺羽。」此巫風也。

「『敢有殉于貨色,恒于遊畋,

從流上而忘反,謂之遊。

「『時謂淫風。敢有侮聖言,逆忠直,遠耆德,比頑童,時謂亂風。惟兹三風十愆,卿士有一于身,家必喪;邦君有一于身,國必亡。臣下不匡,其刑墨。

匡,正也,謂諫也。

「『具訓于蒙士。』

---

❶「則」,原脱,據四庫薈要本、學津本補。

蒙，童也。士自童幼即以此訓之也。

「嗚呼！嗣王祗厥身，念哉！聖謨洋洋，嘉言孔彰，惟上帝不常。作善，降之百祥；作不善，降之百殃。爾惟德罔小，萬邦惟慶；爾惟不德罔大，墜厥宗。」

爾若作德，雖小善足以慶萬邦；若其不德，不待大惡而亡。

《肆命》、《徂后》。

二篇，亡。

太甲上第五

太甲既立，不明，伊尹放諸桐。三年，復歸于亳，思庸，伊尹作《太甲》三篇。

思用伊尹之言也。湯放桀，伊尹放太甲，古未有是，皆聖人不得已之變也。故湯以慙德，爲法受惡，曰此我之所以甚病也。亂臣賊子，庶乎其少衰矣。湯不放桀，伊尹不放太甲，不獨病一時而已，將使後世無道之君謂天下無奈我何，此其病與口實之慙均耳。聖人以爲寧慙己以救天下後世，故不得已而爲之。以爲不得已之變，則可以爲道；固當爾，則不可。使太甲不思庸，伊尹卒放之而更立主，則其慙有大於湯者矣。

惟嗣王不惠于阿衡，

惠，順也。阿，倚也。衡，平也。言天下之所倚平也。阿衡，伊尹之號，猶曰「師尚父」云爾。師，其官也；尚父，其號也。

伊尹作書，曰：「先王顧諟天之明命，

顧，眷也。以言許人曰諟，言湯爲天命之眷許也。

「以承上下神祇。社稷宗廟，罔不祗肅。天監厥德，用集大命，撫綏萬方，惟尹躬克左右厥辟宅師。

伊尹助其君居集天下之衆也。

「肆嗣王丕承基緒，惟尹躬先見于西邑夏。

丕，大也。夏都在亳西。

「自周有終，

自，由也。忠信爲周，由忠信之道則有終也。

「相亦惟終。其後嗣王，罔克有終，相亦罔終。

言君臣一體，禍福同也。

「嗣王戒哉！祗爾厥辟。

辟，君也。敬其爲君之道。

「辟不辟，忝厥祖。」王惟庸，罔念聞。

忝，辱也。以不善爲常，聞伊尹之訓，若不聞然。

伊尹乃言曰：「先王昧爽丕顯，坐以待旦。

方天昧明之間，先王已大明其心，思道以待旦。

「旁求俊彦，啓迪後人。

彦，美士也。以賢者遺子孫開道之。

「無越厥命以自覆。

越，墜失也。

「慎乃儉德，惟懷永圖。

以約失之者鮮矣，未有泰侈而能久者也。

「若虞機張，往省括于度，則釋。

虞，虞人也。機張，所以射鳥獸者。省，察也。括，隱括也，度機之準望也。釋，捨也，《詩》曰「舍矢如破」。準望有毫釐之差，則所中有尋丈之失矣。言人君所爲，得失微而禍福大，亦如此也。

「欽厥止，

止，居也。孔子曰：「居敬而行簡。」

「率乃祖攸行，惟朕以懌，萬世有辭。」

辭，所以名言於天下後世者也。

王未克變。伊尹曰：「兹乃不義，習與性成。

性無不善者，今王習爲不義，則性淪於習中，皆成於惡也。

「予弗狎于弗順，營于桐宫，密邇先王其訓，無俾世迷。

狎，近也。王之不義，以近群小故也。故獨使居於桐宫，密邇先王之陵墓，以思哀而生善心，此先王之訓也。迷，讀如「懷寶迷邦」之「迷」。我不訓正太甲，則是懷道以迷天下也。

「王徂桐宫，居憂，克終允德。」

太甲中第六

惟三祀十有二月朔，

此亦三年正月也。

伊尹以冕服奉嗣王歸于亳。

始吉服也。

作書曰：「民非后，罔克胥匡以生；

胥匡，相正也。

「后非民，罔以辟四方。

言民去之，則吾無與爲君者。

「皇天眷佑有商，俾嗣王克終厥德，實萬世無疆之休。」王拜手稽首，曰：「予小子不明于德，自厎不類。

不類，猶失常也。

「欲敗度，縱敗禮，以速戾于厥躬。天作孽，猶可違，自作孽，不可逭。

孽，妖也。違、逭，皆避也。妖祥之來，有可以避者，此天作也。若妖由人興，則無可避之理。

「既往背師保之訓，弗克于厥初，尚賴匡救之德，圖惟厥終。」伊尹拜手稽首，曰：「修厥身，允德協于下，惟明后。

允德，信有德也。下之協從，從其非僞者，蓋欲天下中心悦而誠服。苟非其德出於其固有之誠心，未有能至者。

「先王子惠困窮，民服厥命，罔有不悦。並其有邦厥鄰，乃曰：『徯我后，后來無罰。』

上失其道，民散久矣。凡麗于罰，皆君使之，湯來則我自無罪矣。

「王懋乃德，視乃厥祖，無時豫怠。奉先思孝，接下思恭。視遠惟明，聽德惟聰。

視不及遠非明，聽不擇善非聰。

「朕承王之休，無斁。」

斁，厭也。

太甲下第七

伊尹申誥于王，

申，重也。

曰：「嗚呼！惟天無親，克敬惟親。民罔常懷，懷于有仁。鬼神無常享，享于克誠。天位艱哉！德惟治，否德亂。與治同道，罔不興；與亂同事，罔不亡。

堯、舜讓而帝，之、噲讓而絶；❶湯、武行仁義而王，宋襄公行仁而亡。「與治同道，罔不興；與亂同事，罔不亡」也。必同道而後興，道同者事未必同也。周厲王弭謗，秦始皇禁偶語；周景王鑄大錢，王莽作泉貨；紂積鉅橋之粟，隋煬帝洛口諸倉。其事同，其道無不同者，故與亂同事則亡矣。

「終始慎厥與，惟明明后。

慎所與之人也。君子難合而易離，能與君子固難矣，能終始之尤難。

「先王惟時，懋敬厥德，克配上帝。

湯惟能如是，勉敬厥德，故能配天。天無言無作而四時行，百物生，王亦如是。老子曰：「王乃天，天乃道。」

「今王嗣有令緒，尚監茲哉！若升高必自下，若陟遐必自邇。

邇者，遠之始。下者，高之本。升高而不自下，陟遐而不自邇，慕道而求速達，皆自欺而已。

---

❶「之」，學津本作「子」。

「無輕民事，惟難；無安厥位，惟危。

輕之則難，安之則危。

「慎終于始。

慮終必自其始慎之。

「有言逆于汝心，必求諸道；有言遜于汝志，必求諸非道。嗚呼！弗慮胡獲？弗爲胡成？一人元良，萬邦以貞。

伊尹憂太甲之深，故所戒者非一。有言合于道則逆汝心，合于非道則順汝志，如此，則是患不可勝慮，事不可勝爲矣。故歎曰：「嗚呼！弗慮胡獲？弗爲胡成？」亦治其元良而已。此所謂要道也。元，始也。良，其良心也。人君能治其始有之良心，則萬邦不令而自正。前言皆箴篠矣。

「君罔以辯言亂舊政，臣罔以寵利居成功。邦其永孚于休！」

天下之亂，必始於君臣攜離。君以辯言亂舊政，則大臣懼；臣以寵利居成功，則人主疑，亂之始也。

咸有一德第八

伊尹作《咸有一德》。

伊尹既復政厥辟，將告歸，乃陳戒于德。曰：「嗚呼！天難諶，諶，信也。

「命靡常。常厥德，保厥位。厥德靡常，九有以亡。

九有，九州也。

「夏王弗克庸德，慢神虐民，皇天弗保，監于萬方。啓迪有命，眷求一德，俾作神主。惟尹躬暨湯，咸有一德，克享天心，受天明命，以有九有之師，爰革夏正。非天私我有商，惟天佑于一德。非商求于下民，惟民歸于一德。德惟一，動罔不吉。德二三，動罔不凶。惟吉凶不僭，在人。惟天降災祥，在德。今嗣王新服厥命，惟新厥德。終始惟一，時乃日新。

一者，不變也。如其善而一也，不亦善乎？如其不善而一也，不幾桀乎？曰：非此之謂也。中有主之謂一，中有主則物至而應，物至而應則日新矣。中無主則物爲宰，凡喜怒哀樂皆物也，而誰使新之？故伊尹曰「終始惟一，時乃日新」。予嘗有言，聖人如天，時殺時生；君子如水，因物賦形。天不違仁，水不失平，惟一故新，惟新故一。一故不流，新故無斁。此伏羲以來所傳要道也。伊尹恥其君不如堯、舜，故以是訓之。如衆人之言，新則不能一，而一非新也。伊尹曰一所以新也，是謂萬物並育而不相害，道並行而不相悖。

「任官惟賢才，左右惟其人。臣爲上爲德，爲下爲民。

士之所求者爵禄，而爵禄我有也，挾是心以輕士，此最人主之大患。故告之曰：臣之所以爲民上者，非爲爵禄也，爲德也。德非位不行，其所以爲我下者，非爲爵禄也，爲民屈也。知此，則知敬其臣，知敬其臣而後天位安。

「其難其慎，惟和惟一。

和，如晏平仲之所謂和也。

「德無常師，主善爲師。善無常主，協于克一。

中無主者，雖爲善皆僞也。

「俾萬姓咸曰：『大哉王言！』

名之必可言，言之必可行，是謂大。

「又曰：『一哉王心！』

如天地之有信，可恃以安也。

「克綏先王之禄，永厎烝民之生。嗚呼！七世之廟，可以觀德；萬夫之長，可以觀政。

非德無以遺後，非政無以齊衆。

「后非民罔使，民非后罔事。無自廣以狹人，匹夫匹婦，不獲自盡，民主罔與成厥功。」

沃丁既葬伊尹于亳，咎單遂訓伊尹事，作《沃丁》。

咎單訓伊尹事，猶曹參述行蕭何之政也。咎單作《明居》，司空之職也；舜宅百揆，亦司空之事也。禹作司空。以此考之，自堯、舜至商，蓋嘗以司空爲政也歟？沃丁，太甲子。自克夏至沃丁，五十有二年，❶伊尹亦上壽矣。

伊陟相太戊，

伊陟，伊尹子。太戊，帝太庚之子。

亳有祥，桑穀共生于朝。

桑穀合生于朝，七日而拱，妖也。

伊陟贊于巫咸，作《咸乂》四篇。

《書》曰在太戊時，巫咸乂王家。

太戊贊于伊陟，作《伊陟》、《原命》。仲丁遷于囂，作《仲丁》。

---

❶「五十有二年」，學津本作「五十有三年」。南宋史浩《尚書講義》：「自克夏至沃丁已五十有三年。」按《史記·殷本紀》，自湯至沃丁凡五王，湯崩，外丙立，「即位三年崩」；中壬立，「即位四年崩」；太甲立，「稱太宗」；「太宗崩，子沃丁立」。《集解》引皇甫謐：「（湯）爲天子十三年，年百歲而崩。」蘇轍《古史·殷本紀》又稱「太甲在位三十三年而崩」。則自湯至太甲共爲五十三年（參見曾棗莊、舒大剛《三蘇全書·東坡書傳》）。然東坡於《君奭》傳文明言「湯享國十三年，又七年而太甲立，太甲享國三十二年」，故知「五十有二年」實爲東坡本意。

仲丁，大戊子。自亳遷囂。囂，在陳留浚儀縣，或曰今河南敖倉。

河亶甲居相，作《河亶甲》。

河亶甲，仲丁弟。相，在河北。

祖乙圮于耿，作《祖乙》。

祖乙，河亶甲子。耿，在河東皮氏縣耿鄉。圮，毁也，都邑爲水所毁。凡十篇，亡。

書傳卷八　商書

宋　蘇軾撰

盤庚上第九

盤庚五遷，將治亳，殷民咨胥怨，作《盤庚》三篇。

咨，嗟也。盤庚，陽甲弟。湯遷于亳，仲丁遷于囂，河亶甲居相，祖乙圮于耿，而盤庚遷于殷。

盤庚遷于殷，民不適有居。

祖乙圮于耿，盤庚不得不遷，而小人懷土，故不肯適新居。

率籲衆慼，出矢言，

籲，呼也。矢，誓也。盤庚知民怨，故呼衆憂之人而告誓之。

曰：「我王來，既爰宅于兹。重我民，無盡劉。不能胥匡以生，卜稽曰：『其如台。』先王有服，恪謹天命，兹猶不常寧，不常厥邑，于今五邦。今不承于古，罔知天之斷命，矧曰其克從先王之烈？

爰，於也。劉，殺也。匡，救也。我先王祖乙既宅於耿，耿圮，欲遷而不忍，曰民勞矣，無盡致之死。然民終不能相救以生。乃稽之卜，曰是圮者無若我何。我先王自湯以來，奄有五服，以謹天命之故，猶不敢寧居，遷者五邦矣。今若不承古而遷，則天其斷棄我命，況能從先王之烈乎？

「若顛木之有由蘖，天其永我命于兹新邑，紹復先王之大業，底綏四方。」

木之蠹病者，雖勤於封殖，不能使復遂茂。顛，仆也。既仆而蘖生之，然後有復盛之道，不顛則無所從蘖也。言天之欲復興殷，必在新邑矣。

盤庚斅于民，由乃在位，以常舊服，正法度。曰：「無或敢伏小人之攸箴。」

斅，教也。「由乃在位」者，教自有位而下也。箴，規也。服，事也。矇誦、工諫、士傳言、庶人謗于市，此先王之舊服正法也。今民敢相聚怨誹，疑當立新法，行權政，以一切之威治之。盤庚仁人也，其下教于民者，乃以常舊事而已，言不造新令也；以正法度而已，言不立權政也。曰「無或敢伏小人之攸箴」者，憂百官有司逆探其意而禁民言也。盤庚遷而殷復興，用此道歟！

王命衆悉至于庭。王若曰：

《書》凡言「若曰」者，非盡當時之言，大意若此而已。

「格汝衆，予告汝訓，汝猷黜乃心，無傲從康。

謀自抑黜其心。無傲，無懷安也。

「古我先王，亦惟圖任舊人共政。

此篇數言用耇舊，又戒其侮老成。以此推之，凡不欲遷者，皆衆穉且狂也。盤庚言：非獨我用舊，先王亦用舊耳，豈可違哉？

「王播告之修，不匿厥指，王用丕欽，罔有逸言，民用丕變。

不仁者鄙慢其民，曰：民可與樂成，難與慮始。故爲一切之政，若雷霆鬼神。然使民不知其所從出，其肯敷心腹腎腸，以與民謀哉？今吾布告民以所修之政，無所隱匿，是大敬民也。言之必可行，無過也，是以信而變從我也。逸，過也。

「今汝聒聒，起信險膚，予弗知乃所訟。

險者，利口相傾覆也。孔子曰：「浸潤之譖，膚受之愬，不行焉，可謂明也已矣。」巧言之入人，如水之漸漬，如病之自肌理入也，是之謂膚。今汝聒聒以險膚之言起信于人，將誰訟乎？

「非予自荒茲德，惟汝含德，不惕予一人，予若觀火。予亦拙謀，作乃逸。

荒，廣也，猶《詩》曰「遂荒大東」，《書》曰「予荒度土功」也。含，容也。逸，過也。言汝妄造怨誹，若非我自廣此德，以遂其事，但汝容，使汝不惕畏我，則我亦不仁矣。如觀火作而不救，能終不救乎？終必撲滅之。容爾而不問，能終不問乎？終必誅絶之。不忍于小而忍于大，則是我拙謀，成汝過也。作，成也。

「若網在綱，有條而不紊。若農服田，力穡乃亦有秋。

網無綱，縱之亂也。農不力穡，安於逸也。

「汝克黜乃心，施實德于民，至于婚友。丕乃敢大言，汝有積德，乃不畏戎毒于遠邇。

戎，大也。毒，害也。商之世家大族，造言以害遷者，欲以苟悦小民爲德也。故告之曰：是何德之有？汝曷不施實德于汝民與汝婚友乎？勞而有功，此實德也。汝能勞而有功，則汝乃敢大言曰：「我有積德。」如此則汝自得衆而多助，豈復畏從我遠遷之大害乎？

「惰農自安，不昏作勞，不服田畝，越其罔有黍稷。

昏，强也。

「汝不和吉，言于百姓，惟汝自生毒，乃敗禍姦宄，以自災于厥身。乃既先惡于民，乃奉其恫，汝悔身何及？

吉，善也。奉，承也。恫，痛也。汝今所施，乃惡也，非德也，當自承其疾痛。

「相時憸民，猶胥顧于箴言，其發有逸口，矧予制乃短長之命？

憸民，小人也。小人尚顧箴規之言，小人違箴言，其禍敗之發，有過於口舌之相傾覆。矧予制汝死生之命，而敢違之乎？

「汝曷弗告朕，而胥動以浮言，恐沈于衆？

恐動沈溺于衆人。

「若火之燎于原，不可嚮邇，其猶可撲滅。則惟爾衆自作弗靖，非予有咎。遲任有言曰：『人惟求舊，器非求舊，惟新。』

遲任，古賢人。言人舊則習，器舊則敝，當常使舊人用新器。我今所以從老成之言而遷新邑也。

「古我先王，暨乃祖乃父，胥及逸勤，予敢動用非罰？

我先王與汝祖父，同其勞逸，我其敢動用非法之罰於其子孫乎？

「世選爾勞，予不掩爾善。茲予大享于先王，爾祖其從與享之。作福作災，予亦不敢動用非德。

古者功臣配食於大烝。王言吾固欲選用功臣之子孫也，然爾祖與先王同享於廟，能作福作災者，吾亦不敢動用非德之賞於其子孫也。

「予告汝于難，若射之有志。

志，所射表的也。射而無志，則孰爲中？孰爲否？王事艱難，當各分守，無爲浮言。當若射之有志，後有以考其功罪也。

「汝無侮老成人，無弱孤有幼。

「有」、「又」通，猶言孤與幼也。

「各長于厥居，勉出乃力，聽予一人之作猷，無有遠邇。

汝無侮老弱幼，各爲久居之計，無有遠邇，惟予所謀是從。

「用罪伐厥死，用德彰厥善。

有罪不伐，則人將長惡不悛，必死而後已。故我薄刑小罪者，以伐其當死者也。

「邦之臧，惟汝衆。邦之不臧，惟予一人有佚罰。凡爾衆，其惟致告。

國有不善，則我有餘罪矣，爾衆當盡以告我。佚，餘也。致，盡也。

「自今至于後日，各恭爾事，齊乃位，度乃口。

度，法也。

「罰及爾身，弗可悔。」

盤庚中第十

盤庚作，惟涉河。

作，起也。

以民遷，乃話民之弗率，

民之弗率，不以政令齊之，而以話言曉之，此盤庚之仁也。

誕告用亶其有衆。咸造勿褻在王庭。

褻，慢也。

盤庚乃登進厥民，曰：「明聽朕言，無荒失朕命。嗚呼！古我前后，罔不惟民之承，保后胥慼，鮮以不浮于天時。

承，敬也。古者謂過曰浮，浮之言勝也。以敬民，故民保衛其后，相與憂其憂，雖有天時之災，鮮不以人力勝之也。

「殷降大虐，先王不懷，厥攸作，視民利用遷。

先王以天降災虐，不敢懷安，其所作而遷者，視民利而已。

「汝曷弗念我古后之聞？承汝俾汝，惟喜康共，非汝有咎，比于罰。

我古后所以敬汝使汝者，喜與汝同安耳，非爲有咎之日使汝同受其罰也。

「予若籲懷兹新邑，亦惟汝故，以丕從厥志。

予所以召呼懷來新邑之人者，亦惟以汝故也。將使汝久居而安，以大從我志。

「今予將試以汝遷，安定厥邦。汝不憂朕心之攸困，乃咸大不宣乃心，欽念以忱，動予一人。爾惟自鞠自苦，若乘舟，汝弗濟，臭厥載。

困，病也。鞠，窮也。汝不憂我心之所病者，乃不布心腹，敬念以誠動我。但作怨誹，以自窮苦，譬如臨一作「流」。水具一作「乘」。舟，能終不濟乎？無遲留以臭敗其所載也。

「爾忱不屬，惟胥以沈。不其或稽，自怒曷瘳？

爾誠不能上達也，但相與沈溺，莫或考其利害者，自怨自怒，何損於病乎！

「汝不謀長，以思乃災，汝誕勸憂。

汝不謀長策以慮患，則是勸憂矣。勸憂，猶言樂禍也。

「今其有今罔後，汝何生在上？

不謀其長，有今而無後，汝何以生於民上乎？

「今予命汝一，

命汝一德一心也。

「無起穢以自臭。

起穢者，未能臭人，先自臭也。

「恐人倚乃身，迂乃心，予迓續乃命于天。予豈汝威？用奉畜汝衆。

出怨言者，或愚人爲人所使，故告之曰：恐人倚託乃身以爲姦，迂僻乃心，俾迷惑失道。予故導迎汝，以續汝命于天。予豈汝威哉？以奉養汝衆而已。

「予念我先神后之勞爾先，予丕克羞爾，用懷爾然。

爾之先祖，有勳勞于湯，故我大進用爾以懷爾也。

「失于政，陳于茲，高后丕乃崇降罪疾，曰：『曷虐朕民？』

陳，久也。崇，大也。耿圮而不遷，以病我民，是失政而久于此也。湯必大降罪疾于我，以我爲虐民也。

「汝萬民乃不生生，暨予一人猷同心。先后丕降與汝罪疾，曰：『曷不暨朕幼孫有比？』

樂生興事，則其生也厚，是謂生生。比，同德也。

「故有爽德，自上其罰汝，汝罔能迪。

非獨先后罰汝也，汝有失德，天其罰汝，汝何道自免乎？

「古我先后既勞乃祖乃父，汝共作我畜民。汝有戕則在乃心。我先后綏乃祖乃父，乃祖乃父乃斷棄汝，不救乃死。

則，象也。汝同我養民而有戕民之象見于心，故爲鬼神之所斷棄也。

「兹予有亂政同位，具乃貝玉。乃祖乃父丕乃告我高后，曰：『作丕刑于朕孫。』迪高后，丕乃崇降弗祥。

亂政，猶言亂臣也。具者，多取而兼有之之謂也。《春秋傳》曰：「昔平王東遷，七姓從王，牲用備具，王賴之，而賜之騂旄之盟。」鄭子産曰：「我先君桓公，與商人皆出自周，庸次比耦，以艾殺此地。斬之蓬蒿藜藋而共處之，世有盟誓以相信也，曰：『爾無我叛，我無彊賈，毋或匄奪，爾有利市寶賄，我勿與知。』」蓋遷國危事也，方道路之勤，營築之勞，寶賄暴露，而貪吏攫之，易以生變。故於其將行，先盟之鬼神，曰：凡我亂政同位之臣，敢利汝貝玉，則其父祖當告我高后而誅之。不獨如此而已，王亦自誓于衆曰：朕不肩好貨；又曰：無總于貨寶。丁寧如此，所以儆百官而安民心，此古者遷國之法也。

「嗚呼！今予告汝不易。永敬大恤，無胥絶遠。

遷國，大憂也。君臣與民，一德一心而後可，相絶遠則殆矣。

「汝分猷念以相從，

各分其事以謀之。

「各設中于乃心，

中，公平也。

「乃有不吉不迪，

不吉，凶人也。不迪，不道者也。

「顛越不恭，

行險以犯上者。

「暫遇奸宄，

劫掠行道爲奸者也。

「我乃劓殄滅之，

輕者劓之，重者殄滅之。

「無遺育，無俾易種于茲新邑。❶ 往哉生生！今予將試以汝遷，永建乃家。」

盤庚下第十一

盤庚既遷，奠厥攸居，乃正厥位，

郊、廟、朝、社之位。

綏爰有衆，曰：「無戲怠，懋建大命。

生者有以養，死者有以葬祭，勉立此大命也。

---

❶「易」，原作「遺」，據諸本經文改。

「今予其敷心腹腎腸，歷告爾百姓于朕志。罔罪爾衆，爾無共怒，協比讒言予一人。古我先王，將多于前功，適于山，用降我凶德，嘉績于朕邦。今我民用蕩析離居，罔有定極，爾謂朕，曷震動萬民以遷？

古我先王，將求多於前人之功，故即於高原近山而居。而天降此凶災之德，我先王不即遷者，嘉與汝民共施功於我舊邦。而民終不免流離，無所定止，我豈無故震動萬民以遷哉？

「肆上帝，將復我高祖之德，亂越我家。

濟及我家也。

「朕及篤敬，恭承民命，用永地于新邑。

我當及此時，敬承上帝恤民之命，以永居於新邑。

「肆予沖人，非廢厥謀，弔由靈，各非敢違卜，用宏茲賁。

沖，童也。弔，至也。靈，善也。宏，大也。賁，飾也。我非敢不與衆謀，但至用其善者，自遷至於奠居，無所不用卜，以大此郊廟朝市之飾。

「嗚呼！邦伯、師長，百執事之人，尚皆隱哉！

邦伯，諸侯也。師長，公卿也。隱，閔也。

「予其懋簡相爾。

擇賢以助爾。

「念敬我衆，朕不肩好貨，敢恭生生。鞠人謀人之保居，敘欽。

肩，任也，不任好貨之人也。敢，果也。恭者必慎，果於利，慎於厚生之道也。鞠人，窮人也。謀人，富人也，富則能謀。貧富相保而居，各以其敘相敬也。此教民厚生之道也。

「今我既羞告爾于朕志，若否，罔有弗欽。

若，順我而遷者也。否，不順者也。

「無總于貨寶，

總，聚也。

「生生自庸，

各自用其厚生之道。

「式敷民德，永肩一心。」

民不悦而猶爲之，先王未之有也。祖乙圮于耿，盤庚不得不遷。然使先王處之，則動民而民不懼，勞民而民不怨。盤庚德之衰也，其所以信於民者未至，故紛紛如此。然民怨誹逆命，而盤庚終不怒，引咎自責，益開衆言，反覆告諭，以口舌代斧鉞，忠厚之至。此殷所以不亡而復興也。後之君子，厲民以自用者，皆以盤庚藉口，予不可以不論。

説命上第十二

高宗夢得説，使百工營求諸野，得諸傅巖，作《説命》三篇。

高宗，武丁也，帝小乙之子。傅巖之野，在虞、虢之間。

王宅憂，諒陰三祀。

諒，信也。陰，默也。居憂，信任冢宰而不言。

既免喪，其惟弗言，群臣咸諫于王曰：「嗚呼！知之曰明哲，明哲實作則。

自知曰明，知人曰哲。

「天子惟君萬邦，百官承式。

式，法也。

「王言惟作命，不言，臣下罔攸稟令。」王庸作書以誥，曰：「以台正于四方，台恐德弗類茲，故弗言。恭默思道，夢帝賚予良弼，其代予言。」

信一夢，而以天下之政授匹夫，此事之至難者也。武丁恭默思道，神交於上帝，得良弼於夢中。武丁自信可也，天下其孰信之？故三年不言，既免喪而猶默也。夫天子三年不言，百官萬民莫不憂懼以待命，若大旱之望時雨也，故一言而天下信之若神明。然昔楚莊王、齊威王，皆三年不出令，而以一言致彊霸，亦此道也。恨其所得非傅説之流，是以不王，然亦可謂神而明之者矣。

乃審厥象，俾以形，旁求于天下。説築傅巖之野，惟肖，爰立作相。

肖，似也。《史記》：高宗得説，與之語，果聖人，乃舉以爲相。蓋非直以夢而已。

王置諸其左右，命之曰：「朝夕納誨，以輔台德。若金，用汝作礪；若濟巨川，用汝作舟楫；若歲大旱，用汝作霖雨。啓乃心，沃朕心。

渴其言也。

「若藥弗瞑眩，厥疾弗瘳。若跣弗視地，厥足用傷。

瞑眩，憒眊也。藥有毒者必瞑眩，人所畏也。跣不視地，爲棘茨瓦礫所傷，人所不畏也。君子爲國，有革弊去惡之政，如用毒藥瞑眩，非所畏也。謀之不審，慮之不周，以敗國事，如跣不視地以傷足，乃所當畏也。

「惟暨乃僚，罔不同心，以匡乃辟。俾率先王，迪我高后，以康兆民。嗚呼！欽予時命，其惟有終。」說復于王曰：「惟木從繩則正，后從諫則聖。后克聖，臣不命其承，疇敢不祇若王之休命？」

說以匹夫得政，而王虛心以待之者如此，意其必有高世絶人之謀。今其所以復於王者，曰從諫而已。大哉，仁人之言，約而至也。唐太宗，中主也，其事父兄，畜妻子，正身治家有不正者多矣，然所以致刑措，其成功去聖人無幾者，特以從諫而已。說以爲此一言可以聖也，故首進之。以太宗觀之，知從諫之可使狂作聖也。

説命中第十三

惟說命總百官，乃進于王曰：「嗚呼！明王奉若天道，建邦設都，樹后王君公，承以大夫師長，不惟逸豫，惟以亂民。

古之天者，皆言民也。民不難出其力，以食諸侯卿士，以養天子者，豈獨以逸樂之哉？將使濟己也。此所以爲天道也。

「惟天聰明，惟聖時憲，惟臣欽若，惟民從乂。

未嘗視也，而無不見；未嘗聽也，而無不聞。此天聰明也，而聖人法之。

「惟口起羞，

多言數窮，故吉人之辭寡。

「惟甲胄起戎，

《春秋傳》曰：「無戎而城，讎必保焉。無故而好甲兵，民疑且畏，致寇之道也。」

「惟衣裳在笥，

笥也，篚也，皆所以盛衣裳幣帛者也。以貢曰篚，以賜下曰笥。趙簡子曰：「帝賜我二笥。」衣裳不藏之府庫，而常在笥以待命，而賜有功，勸其不忘於進善也。

「惟干戈省厥躬。

「苗頑弗即工，帝其念哉」是也。

「王惟戒茲，允茲克明，乃罔不休。惟治亂在庶官，官不及私昵，惟其能。爵罔及惡德，惟其賢。慮善以動，動惟厥時。有其善，喪厥善。矜其能，喪厥功。惟事事乃其有備，有備無患。無啓寵納侮，

小人有寵則慢其君，故啓寵則納侮之道也。

「無恥過作非。惟厥攸居，政事惟醇。

居不醇，則駁雜之政也。史佚曰：「無始禍，無怙亂。」孔子曰：「無欲速，無見小利。」顔淵曰：「無伐善，無施勞。」其語不同，此所謂立言者也。譬之藥石米粟，天下後世其皆以藉口。今傳說之言，皆散而不一，一言一藥，皆足以治天下之公患，豈獨以訓武丁哉！人至于今誦之也。

「黷于祭祀，時謂弗欽。禮煩則亂，事神則難。」

高宗之祀，豐數于近廟，故說因以戒之也。

王曰：「旨哉。說乃言惟服。

可服行也。

「乃不良于言，予罔聞于行。」說拜稽首，曰：「非知之艱，行之惟艱。王忱不艱，允協于先王成德，惟說不言有厥咎。」

說命下第十四

王曰：「來，汝說。台小子，舊學于甘盤，既乃遯于荒野，入宅于河。自河徂亳，暨厥終，罔顯。

古之君子，明王之世而不肯仕，蓋有之矣。許由不仕堯、舜，夷、齊不仕周，商山之老不仕漢，懷寶迷邦，以終其身。是或一道也。武丁爲太子，則學于甘盤。武丁即位，而甘盤遯去，隱于荒野。武丁使人求之，迹其所往，則居河濱。自河徂亳，不知其所終。武丁無與共政者，故相說也。舊說乃謂武丁遯于荒野，武丁爲太子而遯，決無此理。遯則如吴太伯，豈復立也哉？學者徒見《書》云其在高宗時，舊勞于外，故以武丁爲遯。小乙使武丁劬勞于外，以知艱難，決非荒野之遯。又以《書》曰在武丁時，則有若甘盤，故謂武丁即位而甘盤在也。甘盤，武丁師也，蓋配食其廟。其曰在武丁時固宜，豈必即位而後師之哉？若武丁遯而復立，不當云「暨厥終，罔顯」也。

「爾惟訓于朕志，若作酒醴，爾惟麴糵；若作和羹，爾惟鹽梅。

礪，切磨己者也。舟楫，濟己者也。霖雨，澤民者也。❶ 麴糵、鹽梅，和而不同者也。

「爾交修予，罔予棄，予惟克邁乃訓。」説曰：「王，人求多聞，時惟建事，

學道將以見之行事也，非獨知之而已。

「學于古訓，乃有獲。事不師古，以克永世，匪説攸聞。惟學遜志，務時敏，厥修乃來。允懷于兹，道積于厥躬。

説既勉王以學，又憂其所學者非道也，故曰惟學遜志。遜之言隨也，隨其所志而得之。志於仁，則所得於學者皆仁也。志於義，則所得於學者皆義也。若志於功利，則所得於學者皆功利而已。智足以飾非，辯足以拒諫，皆學之力也。敏於是，則隨其所修而至矣。❷ 故必先懷仁義之道，然後積

---

❶ 「礪切」至「澤民者也」，當解《説命上》經文「若金，用汝作礪」至「用汝作霖雨」。

❷ 「修」，學津本作「志」。

學以成之。

「惟斆學半，

王者之學，且學且教，既以教人，因以修其身，其功半於學。

「念終始，典于學，厥德修，罔覺。

積善如長，不自覺也。

「監于先王成憲，其永無愆。惟説式克欽承，旁招俊乂，列于庶位。」王曰：「嗚呼！說，四海之内，咸仰朕德，時乃風。股肱惟人，良臣惟聖。

以良臣惟聖，猶以股肱惟人也。

「昔先正保衡，

伊尹亦號保衡。

「作我先王，乃曰：『予弗克俾厥后惟堯、舜，其心愧恥，若撻于市。』一夫不獲，則曰時予之辜。佑我烈祖，格于皇天。爾尚明保予，罔俾阿衡，專美有商。惟后非賢不乂，惟賢非后不食。其爾克紹乃辟于先王，永綏民。」説拜稽首，曰：「敢對揚天子之休命。」

高宗肜日第十五

高宗祭成湯，有飛雉升鼎耳而雊，祖己訓諸王，作《高宗肜日》、《高宗之訓》。

此一篇，亡。

高宗肜日，越有雊雉，祖己曰：「惟先格王，正厥事。」乃訓于王曰：「惟天監下民，典厥義，降年有永有不永，非天夭民，民中絶命。民有不若德，不聽罪，天既孚命正厥德。乃曰：『其如台？』嗚呼！王司敬民，罔非天胤。典祀無豐于昵。」

祭之明日又祭，殷曰肜，周曰繹。雊，號也。格，正也。典，常也。孚，信也。司，主也。胤，嗣也。昵，親也。繹祭之日，野雉雊于鼎耳，此爲神告王以宗廟祭祀之失，審矣。故祖己以謂當先格王心之非。蓋武丁不專修人事，數祭以媚神，而祭又豐於親廟，儉於遠者，敬其父，薄其祖，此失德之大者。故傅説、祖己皆先格而正之，祖己之言曰：天之監人有常，義無所厚薄，而「降年有永有不永」者，非大夭人，人或以中道自絶于天也。人有不順之德、不聽之罪，天未即誅絶，而以孽祥爲符信，以正其德。人乃不悔禍，曰：是孽祥，其如我何？則天必誅絶之矣。今王專主於敬民而已，數祭無益也。夫先王孰非天嗣者，常祀而豐于昵，其可乎？此理明甚，而或者乃謂先王遇災異，非可以象類求天意，獨正其事而已。高宗無所失德，惟以豐昵無過，此乃諂事世主者，言天人本不相與，欲以廢《洪範》五行之説。予以爲《五行傳》未易盡廢也。《書》曰「越有雊雉」足矣，而孔子又記其雊於耳，非以耳爲祥乎？而曰不可以象類求，過矣！人君於天下無所畏，惟天可以儆之。今乃曰天災不可以象類求，我自視無過則已矣。爲國之害，莫大於此，予不可以不論。

西伯戡黎第十六

殷始咎周，

咎，惡也。

周人乘黎。

乘，勝也。黎，在上黨壺關。

祖伊恐，奔告于受，作《西伯戡黎》。

祖己後也。受，紂也，帝乙子。西伯，文王也。戡，亦勝也。

西伯既戡黎，祖伊恐，奔告于王曰：「天子，天既訖我殷命，格人元龜，罔敢知吉。

人至於道爲格人，其言與蓍龜同也。

「非先王不相我後人，惟王淫戲用自絕。故天棄我，不有康食，不虞天性，不迪率典。

天棄我，故天地鬼神無有安食於我者。「不虞天性」者，父子之親不相虞度也。「不迪率典」者，五典之親不相道率也。

「今我民罔弗欲喪，曰：『天曷不降威？大命不摯？』今王其如台？」

摯，鷙也。言天何不摯取王乎？今王無若我何，民不忌王如此。

王曰：「嗚呼！我生不有命在天？」祖伊反曰：「嗚呼！乃罪多參在上，乃能責命于天？

天子固有天命以保己，今汝罪之聞於天者衆矣，天將去汝，豈可復責天以保己之命耶？

「殷之即喪，指乃功，不無戮于爾邦。」

功，事也，視汝所行之事，雖邦人猶當戮汝，而况於天乎？孔子曰：「紂之不善，不如是之甚也。」予乃今知之。祖伊之諫，盡言不諱，漢、唐中主所不能容者。紂雖不改，而終不怒，祖伊得全。則後世人主，有不如紂者多矣。

微子第十七

殷既錯天命，

錯，亂也。

微子作誥父師、少師。

微子，紂兄也。父師，箕子，紂之諸父。少師，比干也。

微子若曰：「父師、少師，殷其弗或亂正四方，我祖底遂陳于上。

致成其法度，以陳示後。❶

「我用沈酗于酒，用亂敗厥德于下。殷罔不小大，好草竊姦宄，卿士師師非度，

❶ 「後」下，學津本有「人」字。

相師於非法。

「凡有辜罪，乃罔恒獲。小民方興，相爲敵讎。今殷其淪喪，若涉大水，其無津涯。殷遂喪，越至于今。」曰：「父師、少師，我其發出狂，吾家耄遜于荒。今爾無指告予，顛隮若之何其？」

我其奔走去國，若狂人然。吾家之耆老，知紂之必亡，而遯于荒野者多矣。今爾無意告教我，其若顛隮何？

父師若曰：「王子，天毒降災荒殷邦，方興沈酗于酒，乃罔畏畏，

不畏其可畏乎？

「咈其耇長舊有位人。今殷民乃攘竊神祇之犧牷牲用，以容將食，無災。

色純曰犧，體完曰牷，牛羊豕曰牲。用，器也。盜天地宗廟之牲器，以相容匿，且以祭器食，而曰無災。

「降監殷民，用乂讎斂，召敵讎不怠。

言殷之君臣，下視其民若仇讎而聚斂之，以此爲治，力行不怠，皆召敵讎之道也。

「罪合于一，多瘠罔詔。

瘠，病也。君臣爲一，皆病矣，無從告之者。

「商今其有災，我興受其敗。商其淪喪，我罔爲臣僕。

商之有災，而未亡也，我起而正之，則受其禍。若其既已也，❶我又無與爲臣僕者，此所以佯狂而爲奴也。

「詔王子出迪。我舊云刻子，王子弗出，我乃顛隮。

刻，害也。箕子在帝乙時，以微子長且賢，欲立之，而帝乙不可，卒立紂。紂忌此兩人，故箕子曰：子之出固其道也，我舊所云者害子，子若不出，則我與子皆危矣。

「自靖，

靖，安也。微子之告箕子，若欲與之皆去。然箕子曰：「吾三人者，各行其志，自用其心之所安者而已。」

「人自獻于先王，

人各自以其意貢于先王。微子以去之爲續先王之國，箕子以爲之奴爲全先王之嗣，比干以諫而死爲不負先王也。

「我不顧行遯。」

不念與汝皆行也。

---

❶「已」，學津本作「亡」。

書傳卷九　周書

宋　蘇軾撰

泰誓上第一

惟十有一年，武王伐殷。一月戊午，師渡孟津。作《泰誓》三篇。

文王受命九年而崩，武王以大統未集，故即位而不改元。十一年喪畢，觀兵於商而歸。至十三年，乃復伐商。敘所謂「十一年武王伐殷」者，觀兵之事也。所謂「一月戊午，師渡孟津，作《泰誓》」者，十三年之事也。而并爲一年言之，疑敘文有闕誤。

惟十有三年春，大會于孟津。王曰：「嗟！我友邦冢君，越我御事、庶士，明聽誓！

天子有友諸侯之義。冢，大也。御，治也。

「惟天地，萬物父母。惟人，萬物之靈。亶聰明，作元后，元后作民父母。今商王受，弗敬上天，降災下民；沈湎冒色，敢行暴虐；罪人以族，官人以世。

孥戮，湯事也，而「罪人以族」則爲紂罪；賞延于世，舜德也，而「官人以世」則爲紂惡者：湯之孥戮徒言之而不用，舜之賞延非官人也。

「惟宮室、臺榭、陂池、侈服，以殘害于爾萬姓，焚炙忠良，刳剔孕婦。皇天震怒，命我文考，肅將天威，大勳未集。肆予小子發，以爾友邦冢君，觀政于商。

或曰武王觀政于商，欲紂改過，不幸而不悛，若其悛也，則武王當復北面事之歟？曰：否。文王、武王之王也久矣，紂若改過，不過存其社稷、宗廟而封諸商，使爲二王後也。以爲武王退而示弱，固陋矣；而曰復北面事之者，亦過也。

「惟受罔有悛心，乃夷居，

安居自若也。

「弗事上帝神祇，遺厥先宗廟弗祀。犧牲粢盛，既于凶盜。乃曰：『吾有民有命。』罔懲其侮。天佑下民，作之君，作之師，惟其克相上帝，寵綏四方。有罪無罪，予曷敢有越厥志？同力度德，同德度義。

力均以德，德均以義，則知勝負矣。

「受有臣億萬，惟億萬心。予有臣三千，惟一心。商罪貫盈，天命誅之。予弗順天，厥罪惟鈞。予小子夙夜祇懼，受命文考，類于上帝，宜于冢土，

冢土，社也。祭社曰宜。

「以爾有衆，底天之罰。天矜于民，民之所欲，天必從之。爾尚弼予一人，永清四海。時哉弗可失！」

泰誓中第二

惟戊午，王次于河朔。群后以師畢會，王乃徇師而誓。曰：「嗚呼！西土有衆，咸聽朕言。我聞吉人爲善，惟日不足。凶人爲不善，亦惟日不足。今商王受，力行無度，播棄黎老，昵比罪人。淫酗肆虐，臣下化之，朋家作仇，脅權相滅。無辜籲天，穢德彰聞。惟天惠民，惟辟奉天。有夏桀，弗克若天，流毒下國，天乃佑命成湯，降黜夏命。惟受罪浮于桀，剥喪元良，

剥，落也。喪，去也。古者謂去國爲喪。元良，微子也。微子，紂之同母兄，而謂之庶子不得立者，生於帝乙未即位之前也。以禮言之，當與紂均爲嫡子，而微子長，故成王命之曰「殷王元子」。

「賊虐諫輔。

比干也。

「謂己有天命，謂敬不足行，謂祭無益，謂暴無傷。厥監惟不遠，在彼夏王。天其以予乂民，朕夢協朕卜，

高宗言夢，文王、武王言夢，孔子亦言夢者，其性情治，其夢不亂。

「襲于休祥，戎商必克。受有億兆夷人，離心離德；予有亂臣十人，同心同德。

夷人，平民也。古今傳十人爲文母、周公、太公、召公、畢公、榮公、太顛、閎夭、散宜生、南宮括。孔子曰：「有婦人焉，九人而已。」

「雖有周親，不如仁人。

十人之中，雖有周、召之親，然皆仁人，非以親用也。

「天視自我民視，天聽自我民聽。百姓有過，在予一人。今朕必往，我武惟揚，侵于之疆，取彼凶殘，我伐用張，于湯有光。

湯放桀而有慙德，今我亦爲之，湯不媿矣。

「勗哉，夫子！罔或無畏，寧執非敵。百姓懍懍，若崩厥角。

勗，勉也。戒民無輕敵，寧執是心，曰我不足以敵，紂民畏紂之虐，若崩厥角也。

「嗚呼！乃一德一心，立定厥功，惟克永世。」

泰誓下第三

時厥明，

戊午之明日也。

王乃大巡六師，明誓衆士。王曰：「嗚呼！我西土君子，天有顯道，厥類惟彰。

天有明人之道，明其類德者。

「今商王受，狎侮五常，

五常，五典也。狎侮五典，以人倫爲戲也。

「荒怠弗敬，自絶于天，結怨于民。斮朝涉之脛，剖賢人之心，作威殺戮，毒痛四海。

痛，病也。

「崇信姦回，放黜師保，屏棄典刑，囚奴正士，郊社不修，宗廟不享，作奇技淫巧以悦婦人。上帝弗順，祝降時喪。

祝，斷也。

「爾其孜孜，奉予一人，恭行天罰。古人有言曰：『撫我則后，虐我則讎。』獨夫受，洪惟作威，乃汝世讎。樹德務滋，除惡務本。

滋，廣也。言止取紂也。

「肆予小子，誕以爾衆士，殄殲乃讎。爾衆士，其尚迪果毅，以登乃辟。功多有厚賞，不迪有顯戮。嗚呼！惟我文考，若日月之照臨，光于四方，顯于西土。惟我有周，誕受多方。予克受，非予武，惟朕文考無罪；受克予，非朕文考有罪，惟予小子無良。」

兵，凶事也。以武王與紂，猶有勝負之憂，爲文王羞，是以先王重用兵也。

牧誓第四

武王戎車三百兩，虎賁三百人，

虎賁，猛士也，若虎之奔獸。

與受戰于牧野，作《牧誓》。

之者衆也。

《春秋》：晉與楚戰，皆七八百乘，武王能以三百乘、三百人克紂者，其德與政皆勝，且諸侯之兵助

時甲子昧爽，王朝至于商郊牧野，

在朝歌南。

乃誓。王左杖黄鉞，右秉白旄以麾。

黄鉞，以金飾也。軍中指麾，白則見遠。王無自用鉞之理，以爲儀耳，故左杖黄鉞。麾非右手不能，故右秉白旄。此事理之常，本無異説，而學者妄相附致，張爲議論，皆非其實。凡若此者不取。

曰：「逖矣！西土之人！」

逖，遠也。

王曰：「嗟！我友邦冢君，御事、司徒、司馬、司空，

御事，治事也，指此三卿也。六卿止言三，古者官不必備，或三公兼之。

「亞旅、師氏，

亞旅，衆大夫，其位次卿。師氏，亦大夫，主以兵守門。

「千夫長、百夫長，及庸、蜀、羌、髳、微、盧、彭、濮人。

《春秋傳》：楚饑，庸與百濮伐之。庸，上庸縣。濮，即百濮也。又楚伐羅，羅與盧戎兩軍之，蓋南蠻之屬楚者。羌，先零、罕开之屬。彭，今屬武陽，有彭亡。髳、微，闕。則知此數國，皆西南之夷。

「稱爾戈，比爾干，立爾矛，予其誓。」王曰：「古人有言曰：『牝雞無晨。牝雞之晨，惟家之索。』今商王受，惟婦言是用，昏棄厥肆祀，弗答。

肆祀，所陳祭祀也。祀所以報也，故謂之答。

「昏棄厥遺王父母弟，不迪。

王父母及母弟，皆先王之遺胤，不以道遇之也。

「乃惟四方之多罪逋逃，是崇是長，是信是使，是以爲大夫卿士。俾暴虐于百姓，以姦宄于商邑。今予發，惟恭行天之罰。今日之事，不愆于六步、七步，乃止齊焉。夫子勗哉！不愆于四伐、五伐、六伐、七伐，乃止齊焉。

孫武言用兵，其勢險，其節短，故不過六步、七步，四伐、五伐、六伐、七伐，必少休而整齊之。伐，擊刺也。

「勗哉夫子！尚桓桓，如虎如貔，如熊如羆。于商郊，弗迓克奔，以役西土。

紂師能來奔者，勿復迎擊，以勞役我西土之人。

「勗哉夫子！爾所弗勗，其于爾躬有戮！」

武成第五

武王伐殷，往伐歸獸，識其政事，作《武成》。

自往伐至歸牛馬，皆記之。

惟一月壬辰，旁死魄。越翼日癸巳，王朝步自周，于征伐商。厥四月，哉生明，王來自商，至于豐。

壬辰未有事，先書「旁死魄」者，記月之生死，使千載之日，後世可考也。曆法以月起，故《書》多記生死、朏望，皆先事而書，所以正曆也。

乃偃武修文，歸馬于華山之陽，放牛于桃林之野，示天下弗服。

華山之陽，有山川焉，然地至險絶，可入而不可出。桃林之野，在華山東，亦險阻。歸馬牛於此，示天下弗服也。《春秋傳》曰：「天生五材，民並用之，闕一不可。」誰能去兵？兵不可去則牛馬不可無，雖堯、舜之世，牛馬之政不可不修。而武王歸馬休牛，倒載干戈，包之虎皮，示不復用者，蓋勢有不得不然者也。夫以兵雄天下，殺世主而代之，雖盛德所在，懼者衆矣。武庚，紂子也。殺其父，用其子，付之以殷民，武王知其必叛矣，然必用之。紂子且用，况其餘乎？所以安諸侯之懼也。楚靈王既縣陳、蔡，朝諸侯，卜曰：當得天下。民患王之無厭也，故從亂如歸。知伯、夫差，皆以此亡。戰勝而不已，非獨諸侯懼也，吾民先叛矣。湯、武皆畏之，故湯以慙德令諸侯，曰：「慄慄危懼，若將隕于深淵。」其敢復言兵乎？武王之偃武，則湯之慙德也。秦、漢惟不知此，故始皇不及一世而天下亂，漢雖不亡，然諸侯、功臣皆叛，高祖以流矢崩，不偃武之過也。

丁未，祀于周廟。邦、甸、侯、衛，駿奔走，執豆籩。越三日庚戌，柴望，大告武成。既生魄，庶邦冢君暨百工，受命于周。王若曰：「嗚呼！群后，惟先王建邦啓土，公劉克篤前烈，至于大王，肇基王迹，王季其勤王家。

先王，當作先公，后稷也。或曰先王謂舜也，舜始封后稷於邰。公劉，后稷曾孫，鞠之子。太王，后稷十二世孫，公叔祖類之子，謂古公亶父也。其子王季，謂季歷也。

「我文考文王，克成厥勳，誕膺天命，以撫方夏。大邦畏其力，小邦懷其德，惟九年，大統未集。

文王以虞、芮質厥成之歲改元，❶九年而崩。

「予小子，其承厥志，底商之罪，告于皇天后土、所過名山大川，曰：『惟有道曾孫周王發，

有道，指其父祖也。

「『將有大正于商。今商王受無道，暴殄天物，害虐烝民，爲天下逋逃主，萃淵藪。

天下有罪而逃歸紂者，紂皆主之，藏如淵藪之聚鳥獸也。

「『予小子，既獲仁人，

謂亂臣十人。

---

❶「歲」，學津本作「後」。

「『敢祇承上帝，以遏亂略。華夏蠻貊，罔不率俾。恭天成命，肆予東征，綏厥士女。惟其士女，篚厥玄黄，昭我周王。天休震動，用附我大邑周。惟爾有神，尚克相予，以濟兆民，無作神羞。』」既戊午，師渡孟津。❶癸亥，陳于商郊，俟天休命。甲子昧爽，受率其旅若林，會于牧野。罔有敵于我師，前徒倒戈，攻于後以北，血流漂杵。

紂師自相攻，至血流漂杵，非武王之罪。然孟子不取者，謂其應兵也，惡其以此自多而言之也。

一戎衣，天下大定。乃反商政，政由舊。釋箕子囚，封比干墓，式商容閭。

商容，賢者，而紂不用。車過其閭，式以禮之。

散鹿臺之財，發鉅橋之粟，大賚于四海，而萬姓悦服。

非獨以惠民，亦以示不復用兵也。

列爵惟五，

公、侯、伯、子、男。

分土惟三，

公侯百里、伯七十里、子男五十里。自《孟子》、《王制》皆云爾，此周制也。鄭子産言：「列國一同，

---

❶「渡」，學津本、阮刻本《尚書注疏》作「逾」。阮刻本《校勘記》：「顧炎武云：《釋文》『逾』亦作『踰』。今本作『渡』，非。」

今大國數圻，若無侵小，何以至焉？」而《周禮》乃曰：公之地五百里，侯四百里，伯三百里，子二百里，男百里，凡五等。《禮》曰：封周公於曲阜，地方七百里。皆妄也。先儒以謂周衰，諸侯相并，自以國過大違禮，乃除滅舊文而爲此説。獨鄭玄之徒，以謂周初因商三等，其後周公攘戎狄、斥廣中國，大封諸侯。夫攘戎斥地，能拓邊耳，自荒服以内諸侯，固自如也。周公得地于邊，而增封于内，非動移諸侯，遷其城郭廟社，安能增封乎？知玄之妄也。而近歲學者，必欲實《周禮》之言，則爲之説曰：公之地百里而已，五百里者，并附庸言之。夫以五百里之地，公居其一而附庸居其四，豈有此理哉？予專以《書》、《孟子》、《王制》及鄭子産之言考之，知《周禮》非聖人之全書明矣。

建官惟賢，位事惟能。重民五教，惟食喪祭。惇信明義，崇德報功。垂拱而天下治。

書傳卷十　周書

宋　蘇軾撰

洪範第六

武王勝殷，殺受，立武庚，以箕子歸，作《洪範》。

洪範，大法也。武王殺受，立武庚，非所以問《洪範》者，而孔子於此言之，明武王之得箕子，蓋師而不臣也。箕子之言曰：殷其淪喪，我罔爲臣僕。殷亡，則箕子無復仕之道，以此表正萬世，爲君臣之法，如伯夷、叔齊之志也。箕子之道德，賢於微子，而況武庚乎？武王將立殷後，必以箕子爲首，微子次之，而卒立武庚者，必二子辭焉。武庚死，而立微子，則是箕子固辭而不可立也。太史公曰：武王封箕子朝鮮，而不臣也。非五服之外，賓客之國，則箕子不可得而侯也。然則曷爲爲武王陳《洪範》也？天以是道畀禹，而傳至于箕子，不可使自我而絶也。以武王而不傳，則天下無復可傳者矣。故爲箕子之道者，傳道則可，仕則不可。此孔子敍《書》之意也。

惟十有三祀，王訪于箕子。

商曰祀，周曰年。在周而稱「祀」，亦箕子不事周之意。

王乃言曰：「嗚呼，箕子！惟天陰騭下民，相協厥居。我不知其彝倫攸敘。」

騭，升。彝，常也。倫，理也。天人有相通之道，若顯然而通之，以交於天地、鬼神之間，則家爲巫史矣。故堯命重、黎絶地天通，惟達者爲能默然而心通也，謂之陰騭。君子而不通天道，則無以助民而合其居矣。故武王以天人常類之次訪箕子。

箕子乃言曰：

「乃言曰」，難之也。王虚心而後問，箕子辭讓而後對也。

「我聞在昔，鯀陻洪水，汩陳其五行。帝乃震怒，不畀洪範九疇，彝倫攸斁。鯀則殛死，禹乃嗣興，天乃錫禹洪範九疇，彝倫攸敘。

汩，亂也。九疇，如草木之區别也。斁，厭也。執一而不知變，鮮不厭者。孔子曰：「克、伐、怨、慾不行焉，可爲難矣。」❶好勝之謂克。治民而求勝民者必亡，❷治病而求勝病者必殺人。堯謂鯀「方命圮族」，《楚詞》云「鯀婞直以亡身」。知其剛愎好勝者也。五行，土勝水，鯀知此而已，不通其變。夫物之方壯，不達其怒而投之以其所畏，其争必大，豈獨水哉？以其殛死，知帝之震怒也。舊説「河出圖，洛出書」，河圖爲八卦，洛書爲九疇。其傳也尚矣，學者或疑而不敢言。以予觀之，圖、書

---

❶「爲難」，四庫薈要本、學津本作「謂仁」。《論語・憲問》：「『克、伐、怨、欲不行焉，可以爲仁矣？』子曰：『可以爲難矣，仁則吾不知也。』」據此，以「可爲難」爲善。

❷「亡」，陳大猷《書集傳或問》引作「亡國」，與下文「殺人」相對應。

之文必粗有八卦、九疇之象數，以發伏羲與禹之知，如《春秋》之以麟作也，豈可謂無也哉！

「初一曰五行，

無所不用五行，故不言用。

「次二曰敬用五事，次三曰農用八政，

農，厚也。

「次四曰協用五紀，次五曰建用皇極，次六曰乂用三德，次七曰明用稽疑，次八曰念用庶徵，次九曰嚮用五福，威用六極。

嚮，趨也。用福極，使人知所趨避也。

「一，五行：一曰水，二曰火，三曰木，四曰金，五曰土。

此五行生數也，生成之數，解見《易傳》。

「水曰潤下，火曰炎上，木曰曲直，金曰從革，土爰稼穡。

皆其德也。水不潤下，則不能生物，故水以潤下爲德。火不炎上，則不能熟物，故火以炎上爲德。木曰曲直，謂其能從繩墨也，木不曲直則不能棟宇，故木以曲直爲德。金曰從革，謂其能就鎔範也，金不變化則不能成器，故金以從革爲德。土無所不用，不可以一德名，而其德盛於稼穡。不曰「曰」而曰「爰」，爰，於也；曰者，所以名之也。無成名，無專氣，無定位，蓋曰於此稼穡，而非所以名之也。

「潤下作鹹，炎上作苦，曲直作酸，從革作辛，稼穡作甘。

五行之所作，不可勝言也。可言者，聲色臭味而已。人之用是四者，惟味爲急，故舉味以見其餘也。

「二，五事：一曰貌，二曰言，三曰視，四曰聽，五曰思。貌曰恭，言曰從，視曰明，聽曰聰，思曰睿。恭作肅，從作乂，明作哲，❶聰作謀，睿作聖。

人生而有耳目口鼻，視聽言思之具。中有知而外有容，與生俱生者也。今五事，先貌而次言，然後有視聽，已而乃有思，何也？人之生也，五事皆具，而未能用也。自其始孩而貌知恭，見其父母匍匐而就之，擎跽而禮之，是貌恭者先成也。稍長而知言語，以達其意，故言從者次之。於是始有識別，而目乃知物之美惡，耳乃知事之然否，於是而致其思，無所不至矣。故視明、聽聰、思睿者又次之。睿者，達也，窮理之謂也。貌恭而人畏之，謂之肅。言從而民服之，謂之乂。視明而不爲色所眩，謂之哲。聽聰而不爲言所移，謂之謀。致思，自「窮理盡性以至於命」，謂之聖。此天理之自然，由匹夫而爲聖人之具也。聖人以爲此五者之事，可以交天人之際，治陰陽之變。山川之有草

---

❶「哲」，學津本、阮刻本《尚書注疏》作「哲」。《尚書大傳》及《漢書・五行志》作「悊」（《説文・口部》以爲「哲」字或體），《史記・宋世家》作「智」。孔穎達《疏》引鄭玄本古文作「哲」，唐石經及各刊本僞古文皆用「哲」。

木，如人之有容色威儀也，故貌爲木，而可以治雨。金之聲，如人之有言也，故言爲金，而可以治暘。火之外景，如人之有目也，故視爲火，而可以治燠。水之内景，如人之有耳也，故聽爲水，而可以治寒。土行於四時，金、木、水、火得之而後成，如人心之無所不在也，故思爲土，而可以治風。此《洪範》言天人之大略也。或曰：「五事之敘，與五行之敘異，蓋從其相勝者。」是殆不然。聖人敘五事，專以人事之理爲先後，如向所云者，其合於五勝，適會其然耳。從而爲之説，則過矣。

「三，八政：一曰食，二曰貨，三曰祀，四曰司空，五曰司徒，六曰司寇，七曰賓，八曰師。

食爲首，貨次之，祀次之，食貨所以養生，而祀所以事死也。生死之理得，則司空定其居，居定而後可教，既教而後可誅，故司空、司徒、司寇次之。所以治民者，至矣！然後治諸侯，治諸侯莫若禮，所以賓之者備矣。而猶不服，則兵可用，故賓而後師。

「四，五紀：一曰歲，

歲星所次也。

「二曰月，

月所躔也。

「三曰日，

日所在也。

「四曰星辰，

星，二十八宿。辰，十二次也。星辰者，歲、月、日之所行也。此四者，所以授民時也。

「五曰曆數。

以曆授民時，則并彼四者爲一矣，豈復與彼四者列而爲五哉？予以是知曆者，授民時者也。數者，如陽九百六之類，聖人以是前知吉凶者也。《書》曰：「天之曆數在爾躬。」

「五，皇極：

大而無際謂之皇。《莊子》曰：「無門無旁，四達之皇皇。」至而無餘謂之極。子思子曰：「喜怒哀樂之未發謂之中。」道有進此者乎？故曰「極」，亦曰「中」。孔子曰：「過猶不及。」學者因是以謂「中者，過與不及之間之謂也」。陋哉，斯言也！聵者之言，不粗則微，何也？耳之官廢，則粗微之制不在我也。聽者之言無粗微，豈復擇粗微之間而後言乎？中則極，極則中，中極一物也。學者知此，則幾矣。

「皇建其有極，

大立是道，以爲民極。

「斂時五福，用敷錫厥庶民。惟時厥庶民，

我有是道，五福自至，可以錫庶民矣。

「于汝極，

我有是道，則民皆取中于我。

「錫汝保極。

我有是道，則民皆保我以安。我以五福錫民，民以保安錫我。

「凡厥庶民，無有淫朋，人無有比德，惟皇作極。凡厥庶民，有猷有爲有守，汝則念之。不協于極，不罹于咎，皇則受之。而康而色，曰：『予攸好德。』汝則錫之福，時人斯其惟皇之極。無虐煢獨而畏高明。人之有能有爲，使羞其行，而邦其昌。凡厥正人，既富方穀。汝弗能使有好于而家，時人斯其辜。于其無好德，汝雖錫之福，其作汝用咎。

皇極之道大矣，無所不受，無所不可。苟非淫朋比德自棄於邪者，皆可受而成就之，與作極也。有猷者，有謀慮者也；有爲者，有材力者也；有守者，有節守者也，皆可與作極者也，汝則念之勿忘也。雖不協于極，而未麗於惡者，汝則受之勿棄也。有自言者曰「我所好者德也」，雖真僞未可知，汝則錫之福，則人知爲善之利，斯大作極矣。虐煢獨而畏高明，則人慕富貴，厭貧賤，利不在於爲善矣。人之有能有爲，皆得自進，而邦乃昌。雖正人亦有見而後仁，既富而後爲善者，汝知其不邪，斯可進矣，不必待其有善而後禄也。汝見正人而不能進，使與汝國家相好，則此正人亦或去而爲惡也。于其無好德者，所謂淫朋比德，自棄於邪者也，斯人而錫之福，則汝亦有咎矣。大哉，皇極之道！非大人其孰能行之？嗚呼！此固硜硜者之所大笑也歟？不協于極而受之，自言好德而信之，必有欺我而敗事者矣。然得者必多，失者必少。唐武氏之無道也，獨於進人無所留難，非徒人得薦，士亦許自舉其材。其後開元賢臣致刑措者，皆武氏所收也。德宗好察而多忌，士無賢愚皆不得進，國空無人，以致奉天之禍。故陸贄有言：「武后以易得人，而陛下以精失士。」至哉，斯言也！昔常衮爲相，艱於進人，賢愚同滯。及崔祐甫代之，未朞年，除吏八百，多其親舊，其曰非親舊莫由知之。若祐甫與贄，真可與論皇極者也。

「無偏無陂，遵王之義。無有作好，遵王之道。無有作惡，遵王之路。無偏無黨，王道蕩蕩。無黨無偏，王道平平。無反無側，王道正直。會其有極，歸其有極。

偏、陂、反、側，而作好惡，此最害皇極者。皇極無可作，可作非皇極也。去其害皇極而已。

「曰皇極之敷言，是彝是訓，于帝其訓。

天之錫禹九疇，不能如是諄諄也，蓋粗有象數而已。禹、箕子推而廣之，至皇極尤詳。曰：此非皆帝之言也，皇極之敷言也，帝以數象告，而我敷廣其言爲彝訓，亦與帝言無異，故曰「于帝其訓」。

「凡厥庶民，極之敷言，是訓是行，以近天子之光。曰天子作民父母，以爲天下王。

皇極非獨天子事也，使庶人而能訓行此敷言者，其功烈豈可勝言哉！亦足以附益天子之光明，且能使其民愛其君如父母也。

「六，三德：一曰正直，二曰剛克，三曰柔克。平康正直，彊弗友剛克，燮友柔克。

不剛不柔曰正直。孔子曰：「以直報怨。」平安無事，用正直而已。燮，和也。過彊不順者，則以剛勝之人治之；和順者，則以柔順之人養之。所謂「剛亦不吐，柔亦不茹」也。

「沈潛剛克，高明柔克。

沈潛，地也。坤至柔，而動也剛，是以剛勝也。高明，天也。天爲剛德，猶不干時，是以柔勝也。《坤》六二「直方大」，《乾》上九「亢龍有悔」。臣當執剛以正君，君當體柔以納臣也。

「惟辟作福，惟辟作威，惟辟玉食。臣無有作福、作威、玉食，臣之有作福、作威、玉食，其害于而家，凶于而國。人用側頗僻，民用僭忒。

聖人之憂世深矣，其言世爲天下則。既陳天地、君臣、剛柔之道矣，則憂後世因是以亂君臣之分，故復深戒之。

「七，稽疑：擇建立卜筮人，

將與卿士，皆謀及之，其可不擇而立乎？

「乃命卜筮。

卜筮必命此人，不使不立者占也。

「曰雨，

其兆如雨。

「曰霽，

如雨止。

「曰蒙，

如蒙霧。

「曰驛，

兆絡驛不相屬。

「曰克，

兆相錯入也。

「曰貞，曰悔，

《春秋傳》曰：秦伯伐晉，卜徒父筮之，遇蠱，曰：「蠱之貞，風也；其悔，山也。」是内卦爲貞，外卦爲悔也。卦之不變者，占卦而不占爻，故用貞、悔占者。❶變者，則止以所變之爻占之。其謂之貞、悔者，古語如此，莫知其訓也。

「凡七。卜五，占用二，衍忒。

衍，推也。忒，過也。謂變而適他卦者也。卜用其五，占也於二。曰貞曰悔，此其不變者耳，又當推其變者皆占之。

「立時人作卜筮，三人占，則從二人之言。

既立此人爲卜筮矣，則當信而從之。其占不同，則當從衆。

「汝則有大疑，謀及乃心，謀及卿士，謀及庶人。

---

❶「者」，學津本作「之」。

聖人無私之至，視其心，與卿士、庶人如一，皆謀及之。《周禮》有外朝致民之法，然上酌民言，聽輿人之誦，皆謀及之道也。

「謀及卜筮，汝則從，龜從，筮從，卿士從，庶民從，是之謂大同。身其康彊，子孫其逢吉。汝則從，龜從，筮從，卿士逆，庶民逆，吉。卿士從，龜從，筮從，汝則逆，庶民逆，吉。庶民從，龜從，筮從，汝則逆，卿士逆，吉。汝則從，龜從，筮逆，卿士逆，庶民逆，作內吉，作外凶。龜、筮共違于人，用靜吉，用作凶。

內，祭祀、昏冠之類。外，出師、征伐之類。

「八，庶徵：曰雨，曰暘，曰燠，曰寒，曰風，曰時。

貌，木也，其徵爲雨。言，金也，其徵爲暘。視，火也，其徵爲燠。聽，水也，其徵爲寒。思，土也，其徵爲風。聖人何以知之？以四時知之也。四時之氣，木爲春，春多雨，故雨爲貌徵。金爲秋，秋多旱，故暘爲言徵。火爲夏，夏多燠，故燠爲視徵。水爲冬，冬多寒，故寒爲聽徵。土爲四季，而風行於四時，故風爲思徵。箕子既敘此五徵矣，則又有「曰時」者，明此五徵以四時五行推知之也。

「五者來備，各以其敘，庶草蕃廡。一極備，凶；一極無，凶。

備者，皆有而不過也。極備者，過多也。極無者，過少也。此五者，有一如此，則皆凶也。

「曰休徵，曰肅，時雨若。曰乂，時暘若。曰哲，時燠若。曰謀，時寒若。曰聖，時風若。曰咎徵，曰狂，恒雨若。

貌不肅則狂。

「曰僭，恒暘若。

言不從則僭。僭，不信也。

「曰豫，恒燠若。

視不哲則豫。豫，淫樂於色也。

「曰急，恒寒若。

聽不聰則曰急。急，過察也。

「曰蒙，恒風若。

思不睿則蒙。蒙，暗也。

「曰王省惟歲，

自此以下，皆五紀之文也。簡編脱誤，是以在此。其文當在「五曰曆數」之後。《莊子》曰「除日無歲」，王省百官而不兼有司之事，如歲之總日月也。

「卿士惟月，師尹惟日。

卿士亦不侵師尹之職也。

「歲、月、日、時無易，百穀用成，乂用明，俊民用章，家用平康。日、月、歲、時既易，百穀用不成，乂用昏不明，俊民用微，家用不寧。

歲、月、日、時相奪，則百穀不成。君臣相侵，則治不明，俊民微而家不寧。

「庶民惟星，星有好風，星有好雨。日月之行，則有冬有夏。月之從星，則以風雨。

箕好風，畢好雨，月在箕則多風，在畢則多雨。言歲之寒燠由日月，其風雨由星，以明卿士之能爲國休戚，庶民之能爲君禍福也。

「九，五福：一曰壽，二曰富，三曰康寧，

無疾病。

「四曰攸好德，

作德，心逸日休，其爲福也大矣。

「五曰考終命。六極：

極，窮也。

「一曰凶短折，

不得其死曰凶。

「二曰疾，

多疾病。

「三曰憂，

人有常戚戚者，亦命也。

「四曰貧，五曰惡，

醜陋也。

「六曰弱。」

尫劣也。福之反則極也，極之對則福也。五與六，豈其盡之？皇極之建則多福，不建則多極，皆其大略也。必曰何以致之，則過矣。

武王既勝殷，邦諸侯，班宗彝，作《分器》。

宗彝，宗廟彝尊也。以爲諸侯分器。一篇，亡。

書傳卷十一　周書

宋　蘇軾　撰

旅獒第七

西旅獻獒，太保作《旅獒》。

召公也。

惟克商，遂通道于九夷八蠻。西旅厎貢厥獒，

西方之國，有以獒爲貢者。旅，陳也。《春秋傳》曰：「庭實旅百。」犬四尺曰獒。

太保乃作《旅獒》，用訓于王。曰：「嗚呼！明王慎德，四夷咸賓，無有遠邇，畢獻方物，惟服食器用。

王乃昭德之致于異姓之邦，無替厥服。

如「以肅慎楛矢分陳」之類，使知王能以德致四夷之物，況諸夏乎？

「分寶玉于伯叔之國，時庸展親。

如「以夏后氏之璜分魯」之類，以布親親之意。

「人不易物，惟德其物。

同是物也，有德則貴，無德則賤。

「德盛不狎侮。狎侮君子，罔以盡人心。

君使臣以禮。

「狎侮小人，罔以盡其力。

小人學道則易使。

「不役耳目，百度惟貞。

不以聲色爲役。

「玩人喪德，玩物喪志。志以道寧，言以道接。

玩人則人不我敬，故喪德；玩物則志以物移，故喪志。志喪則中亂，故志以道寧；德喪則人離，故言以道接。

「不作無益害有益，功乃成。不貴異物賤用物，民乃足。

民爭爲異物，以中上好，則農工病矣。

「犬馬非其土性不畜，珍禽奇獸不育于國。不寶遠物，則遠人格。

夷狄性貪，故喜廉而畏貪。古之循吏，能以廉服夷狄者多矣，而貪吏亦足以致寇，況於王乎？周穆王得狼鹿爾，而荒服因以不至。

「所寶惟賢，則邇人安。嗚呼！夙夜罔或不勤，不矜細行，終累大德。爲山九仞，功虧一簣。

大德，細行之積也。九仞，一簣之積也。

「允迪兹，生民保厥居，惟乃世王。」

巢伯來朝，芮伯作《旅巢命》。

芮在馮翊臨晉縣。一篇，亡。

金縢第八

武王有疾，周公作《金縢》。

《金縢》之書，緣周公而作，非周公作也。周公作金縢策書爾。

既克商二年，王有疾，弗豫。

猶言不懌也。

二公曰：「我其爲王穆卜。」

太公、召公也。穆，敬也。

周公曰：「未可以戚我先王。」

二公欲卜於廟，周公曰：王疾無害，未可以憂我先王。周公欲自以身禱，故以此言拒二公。

公乃自以爲功，

功，事也。

爲三壇同墠。

築土曰壇，除地曰墠。

爲壇於南方，北面，周公立焉。植璧秉圭，乃告太王、王季、文王。

植，置也。秉，執圭。

史乃册祝，

史，太史也。册，祝册也。告神祝辭，書之册以告。

曰："惟爾元孫某，遘厲虐疾。若爾三王，是有丕子之責于天，以旦代某之身。

某，發也。丕，壯大也。言爾三王，天必欲取其一壯大子孫者，則旦亦丕子也，可以代之。

"予仁若考，能多材多藝，能事鬼神。乃元孫不若旦多材多藝，不能事鬼神。乃命于帝庭，敷佑四方，用能定爾子孫于下地，四方之民，罔不祗畏。嗚呼！無墜天之降寶命，我先王亦永有依歸。

我仁孝，能順父祖，且多材多藝，於事鬼神爲宜。乃元孫材藝不若旦，而有人君德度，留以王天下爲宜。死生有可相代之理，世多疑之。予觀近世匹夫匹婦，爲其父母發一至誠之心，以動天地鬼神者多矣，況周公乎？且周公之禱，非獨弟爲兄、臣爲君也，乃爲天下、爲先王禱也。上帝聽而從之，無足疑者。世之所以疑者，以己之多僞，而疑聖人之不情也。

"今我即命于元龜，爾之許我，我其以璧與珪，歸俟爾命；爾不許我，我乃屏璧與珪。"乃卜三龜，一習吉。啓籥見書，乃并是吉。公曰：「體，王其罔害。予小子新命于三王，惟永終是圖。

龜之兆吉凶也詳矣，故許不許皆聽命于龜。已而視龜之體，知王之罔害，己亦莫之代也。故曰：予受命于三王，王之壽考長終可圖也。

茲攸俟能念予一人。」

「一人」者，指武王也。武王臨天下未久，人之念其德者尚淺，周公憂其崩而或叛之，故欲以身代。既見三龜之吉，知王之未崩，天假之年以紹其德，故曰此可以待天下之能念王也。

公歸，乃納冊于金縢之匱中。

縢，緘也。以金緘之，欲人之不發也。

王翼日乃瘳。武王既喪，管叔及其群弟乃流言於國，

管叔鮮，武王弟也。群弟，蔡叔度、霍叔處之流也。武王崩，成王幼，周公專國政，故群叔疑而流言也。

曰：「公將不利於孺子。」

成王也。

周公乃告二公曰：「我之弗辟，我無以告我先王。」

辟，誅也。管叔之當誅者，挾殷以叛也。

周公居東二年，則罪人斯得。

二年而後克，明管、蔡亦得衆也。

于後，公乃爲詩以貽王，名之曰《鴟鴞》。

《豳詩》。鴟鴞，惡鳥也，破巢取卵，以比管、蔡之害王室及成王也。

王亦未敢誚公。

未敢誚，明其心之疑也。

秋大熟，未穫，天大雷電以風，禾盡偃，大木斯拔，邦人大恐。王與大夫盡弁，以啓金縢之書。

皮弁也。意當時占國休咎之書皆藏金縢，故周公納册于此，而成王遇災而懼，亦啓此書也。

乃得周公所自以爲功代武王之説。二公及王乃問諸史與百執事，對曰：「信。噫！公命我勿敢言。」

王執書以泣，曰：「其勿穆卜。昔公勤勞王家，惟予沖人弗及知。今天動威，以彰周公之德。惟朕小子其新逆，

自新，且使人逆公。公時尚在東也。

「我國家禮亦宜之。」王出郊。

郊告，謝罪也。

天乃雨，反風，

雨降風回，天意得而災乃解。

禾則盡起。二公命邦人，凡大木所偃，盡起而築之。歲則大熟。

大木既拔，築之而復生，此豈人力之所及哉？予以是知天人之不相遠。凡災異，可以推知其所自。《五行傳》「未易盡廢也」。

大誥第九

武王崩，三監及淮夷叛。周公相成王，將黜殷，作《大誥》。

三監，管、蔡、武庚。淮夷，徐奄之屬也。

王若曰：「猷！大誥爾多邦，越爾御事。

猷，謀也。越，及也。

「弗弔，天降割于我家，不少延。

天弗弔恤我，降喪于我邦家，不少延武王之命。

「洪惟我幼冲人，嗣無疆大歷服。弗造哲迪民康，矧曰其有能格知天命。

服，事也。造，至也。大哉我幼冲人，繼此大歷事也。我尚不能至於知人迪哲以安民者，况能至於知天命乎？

「已！予惟小子，若涉淵水，予惟往求朕攸濟。

已矣，今予但求所濟而已。

「敷賁敷前人受命，兹不忘大功。

賁，飾也。我之所敷者，以飾敷前人受命，而不忘其功也。

「予不敢閉于天降威，

天降威，三監叛也。天欲絶殷，故使之叛也。

「用寧王遺我大寶龜，紹天明即命。

當時謂武王爲寧王，以見其克殷寧天下也。下文曰「乃寧考」，知其爲武王。舊説以爲文王，非也。曰「前寧人」者，亦謂武王之舊臣也。天降威于殷，予不敢隱閉，用武王所遺寶龜卜之，所以繼天明而待命也。

「曰：『有大艱于西土，西土人亦不静。』

此龜所以告者也。

「越兹，蠢。

蠢，動也。及此，三監果動。

「殷小腆，誕敢紀其敘。天降威，知我國有疵，民不康，曰：『予復。』反鄙我周邦。

腆，厚也。殷少富厚，乃敢紀其既亡之敘。蓋天降威，亦其心知我國有三叔之疵，而民不安，故欲作難，以鄙我周邦也。

「今蠢，今翼日，民獻有十夫予翼，以于敉寧武圖功。

獻，賢也。敉，撫也。四國蠢動之明日，民之賢者有十夫來助我，求往征四國，撫循寧王之武事，以圖功也。周公之東征，邦君、卿士皆疑天下騷動，而此十夫者至，故周公喜之，表其人以令天下。漢高祖討陳豨，至趙，得四人，皆封之千户，曰：「吾以羽檄徵天下兵，未有一人至者，吾何愛四千户，不以慰趙子弟乎？」此亦周公之意也。

「我有大事休，朕卜并吉。肆予告我友邦君，越尹氏、庶士、御事，曰：『予得吉卜，予惟以爾庶邦，于伐殷逋播臣。』爾庶邦君，越庶士、御事，罔不反曰『艱大』。民不静，亦惟在王宫邦君室，越予小子。考翼，不可征。王害不違卜？

休，美也。尹，正也，官之表正也。翼，敬也。害，曷也，《詩》曰「害澣害否」。我事既美矣，而我卜又吉，故告爾以東征殷之叛臣。今汝反曰難哉，此大事也。民之不静，亦惟在王與邦君之家，及王之身。考德敬事，脩己以正之，不可征也。王曷不違卜而用人言乎？

「肆予沖人永思艱，曰：嗚呼！允蠢鰥寡，哀哉！予造天役，遺大投艱于朕身。越予沖人，不卬自恤。義爾邦君，越爾多士、尹氏、御事，綏予曰：『無毖于恤，不可不成乃寧考圖功。』

卬，我也。毖，畏也。我聞汝衆言，亦永思其難，曰：是行也，信動鰥寡，哀哉。然予爲天子，作天之役，天實以大艱遺我，故勉而從天，非我自憂也。爾衆人義當以言安我，曰：「無畏此所憂之事，惟當一心以成汝寧考所圖之功。」今乃不然，故深責之也。

「已！予惟小子，不敢替上帝命。天休于寧王，興我小邦周，寧王惟卜用，克綏受兹命。今天其相民，矧亦惟卜用。嗚呼！天明畏，弼我丕丕基。」

已矣，予惟不敢替上帝命，帝美寧王之德，而興周，王惟用卜以安受帝命。至于今，天其猶助我民，況我亦用卜哉？天所以動四國、明威命者，非以困我，欲輔成我大業也。

王曰：「爾惟舊人，爾丕克遠省，爾知寧王若勤哉！

王又特命久老之人逮事武王者，曰：爾當大省久遠，爾知武王之勤勞若此也哉？

「天閟毖我成功所，予不敢不極卒寧王圖事。

閟，閉也。天所以閉塞艱礙我國者，使我知畏而成功於此。我其敢不盡力以終寧王所圖之事哉！

「肆予大化誘我友邦君。

王告此舊人，我已大化誘我友邦君，無不從我矣。

「天棐忱辭，其考我民。予曷其不于前寧人圖功攸終？

天既助我至誠之辭，其必考之於民以驗其實。我其可不與寧王之舊臣圖功之所終乎？

「天亦惟用勤毖我民，若有疾，予曷敢不于前寧人攸受休畢？」

天所以勤勞憂畏我民者，使我日夜思念，如人有疾之不忘醫也。予其可不與前寧人同受休終哉！

王曰：「若昔朕其逝，朕言艱日思。

如我本意，則昔者已往矣，所以至今者，以言艱而日思之也。

「若考作室，既厎法，厥子乃弗肯堂，矧肯構？

王以築室喻也。父已準望高下程度廣狹以致法矣，子乃不肯爲基，矧肯構屋乎？

「厥父菑，厥子乃弗肯播，矧肯穫？

王又以農喻也。菑，耕也。播，種也。穫，斂也。

「厥考翼，其肯曰『予有後，弗棄基？』」

父雖敬其事，而子不繼其父，其肯曰我有後，不棄我基乎？

「肆予曷敢不越卬敉寧王大命？

我其敢不及我身之存，以撫循寧王之大命乎？

「若兄考，乃有友伐厥子，民養其勸弗救？」

養，廝養也。父兄而與朋友伐其子，其家之民養當助父兄歟？抑助其子歟？其將相勸助其父兄弗救其子也。今王與諸侯征伐四國，如父兄與朋友伐其子，爾衆人孰當助乎？

王曰：「嗚呼！肆哉！爾庶邦君，越爾御事。

肆，過也。過矣哉，爾衆人也，不助父而助子。

「爽邦由哲，亦惟十人迪，知上帝命。

邦之明乃能用哲，今十人歸我而不助彼，則帝命可知矣。

「越天棐忱，爾時罔敢易法，矧今天降戾于周邦，惟大艱人誕鄰胥伐于厥室？爾亦不知天命不易。

及天之方輔誠以助我，爾時我猶不敢不畏法度，矧今天降戾，使我大艱難之民與强大之鄰相伐于厥室？鄰室相攻，可謂急矣。汝猶不知天命不易，欲安而不問也。

「予永念曰：天惟喪殷，若穡夫，予曷敢不終朕畝？

天使我喪殷，若農夫之去草，其敢不盡力乎？

「天亦惟休于前寧人，予曷其極卜，敢弗于從？率寧人有指疆土，矧今卜并吉？肆朕誕以爾東征，天命不僭，卜陳惟若茲。」

方是時，武王之舊臣皆欲從王征伐，故王曰：天若欲休息此前寧人者，予何敢盡用卜，敢不從衆而止乎？今寧人指我以疆域所至，不可坐受侵略，況今卜并吉，是天欲征，而不欲休也。我其必往，蓋卜之久矣。陳，久也。《盤庚》、《大誥》，皆違衆自用者所以藉口也。使盤庚不遷都，周公不攝政，天下豈有異議乎？平居無事，變亂先王之政而民不悦，則以盤庚、周公自比，此王莽所以作《大誥》也。

微子之命第十

成王既黜殷命，殺武庚，命微子啓代殷後，作《微子之命》。

王若曰：「猷，殷王元子，惟稽古，崇德象賢。

《禮》曰：「繼世以立諸侯，象賢也。」用庶人之賢者，不如用世家之賢者，民服也。

「統承先王，脩其禮物，

用其正朔禮樂，使不失舊物也。

「作賓于王家，

二王後，客禮。

「與國咸休，永世無窮。嗚呼！乃祖成湯，克齊聖廣淵。

齊，肅也。《史記》：「幼而徇齊。」

「皇天眷佑，誕受厥命。撫民以寬，除其邪虐，功加于時，德垂後裔。爾惟踐脩厥猷，舊有令聞，恪慎克孝，肅恭神人。予嘉乃德，曰篤不忘。上帝時歆，下民祗協。

予嘉乃德，曰：若厚而已。帝且歆之，民且歸之。

「庸建爾于上公，尹兹東夏。欽哉！往敷乃訓，慎乃服命。

服，章。命，令也。

「率由典常，以蕃王室。弘乃烈祖，

成湯也。

「律乃有民，

律，法也。

「永綏厥位，毗予一人。❶世世享德，萬邦作式，俾我有周無斁。嗚呼！往哉惟休，無替朕命。」

---

❶「予」，原作「于」，據阮刻本《尚書注疏》改。

方武庚叛後而封微子，微子蓋處可疑之地，而命之曰「上帝時歆」，又曰「弘乃烈祖」，又曰「萬邦作式」，此三代之事，後世所不能及也。

唐叔得禾，異畝同穎，獻諸天子。王命唐叔，歸周公于東，作《歸禾》。

成王弟唐叔虞也。禾各生一壟，而合爲一穟。

周公既得命禾，旅天子之命，作《嘉禾》。

二篇，亡。

書傳卷十二　周書

宋　蘇軾撰

康誥第十一

成王既伐管叔、蔡叔，以殷餘民封康叔，作《康誥》、《酒誥》、《梓材》。

康叔封，文王子，封爲衛侯。

惟三月哉生魄，周公初基，作新大邑于東國洛，四方民大和會。侯、甸、男邦、采、衛，百工播民和，見士于周。

百工，百官也。播民和，布法也。《周禮》：「正月之吉，始和，布治于邦國都鄙。」諸侯來朝，公行師從，故見士于周。

周公咸勤，

皆勞來之。

乃洪大誥治。

自「惟三月哉生魄」至此，皆《洛誥》文，當在《洛誥》「周公拜手稽首」之前。何以知之？周公東征，二年乃克管、蔡，即以殷餘民封康叔，七年而復辟。營洛在復辟之歲，皆經文，明甚，則封康叔之時決未營洛。又此文終篇初不及營洛之事，知簡編脱誤也。

王若曰：「孟侯，朕其弟，小子封。

孟，長也。康叔，成王叔父，而周公弟。謂之孟侯則可，謂之小子則不可，且謂武王爲寡兄，此豈成王之言？蓋周公雖以王命命康叔，而其實訓誥皆周公之言也，故曰「朕其弟，小子封」。

「惟乃丕顯考文王，克明德慎罰，不敢侮鰥寡，庸庸，祗祗，威威，顯民。

用可用，敬可敬，刑可刑，以治顯人。言敬鰥寡，而治强禦也。

「用肇造我區夏，越我一二邦以脩。我西土惟時怙冒，

怙，恃也。冒，被也。

「聞于上帝，帝休。天乃大命文王，殪戎殷，

殪，殺也。戎殷，比之戎虜也。

「誕受厥命。越厥邦厥民惟時敘，乃寡兄勗，肆汝小子封，在兹東土。」

民與國皆敘，乃汝寡有之兄武王勗勉之力。言汝小子封，承文、武之澤，乃得列爲諸侯也。

王曰：「嗚呼！封，汝念哉！今民將在祗遹乃文考，紹聞衣德言。

遹，循也。紹，繼也。衣，服也。繼其所聞而服行其德言也。

「往敷求于殷先哲王，用保乂民。汝丕遠惟商耇成人，宅心知訓，别求聞由古先哲王，用康保民。

文王與殷先哲王，及商耇成人之德，皆遠而易法，有以居己而知訓矣，❶則更求殷以前古先哲王之道，以安民也。

「弘于天，若德裕乃身，不廢在王命。」

既求古聖賢以弘大汝天性，順成其德，則汝身綽綽然有餘裕矣。然終不廢用天子之法令，此所謂雖有庇民之大德，而有事君之小心也。

王曰：「嗚呼！小子封。恫瘝乃身，敬哉！

恫，痛也。瘝，疾也。常若有疾痛在身，不忘治也。

「天畏棐忱，民情大可見，小人難保。往盡乃心，無康好逸豫，乃其乂民。

天威可畏也，然可恃以安者，輔誠也，誠則天與之者可必矣。民歸有道，懷有德，其情大略可見也。然不可恃以安者，小人也，故盡心於誠以求天輔，不可好逸豫，以遠小人也。

「我聞曰：『怨不在大，亦不在小。惠不惠，懋不懋。』

怨無大小，不順不勉皆足以致怨。

「已！汝惟小子，乃服惟弘王，應保殷民，亦惟助王，宅天命，作新民。」

服，事也。弘，廣也。應者，觀民設教也。作，治也。殷民，衛之舊民也。武庚之亂，征伐之餘民流

---

❶「己」，四庫薈要本作「心」。

徙無常居，故康叔之國有新民也。新誅武庚，故命康叔曰：「汝之事，在廣天子之意，觀民設教，以保安殷民。又當助王宅天命，治新民也。」方三監叛周之初，天命蓋岌岌矣。黜殷而封康叔，天命乃定。

王曰：「嗚呼！封，敬明乃罰。人有小罪，非眚，乃惟終，自作不典，式爾，有厥罪小，乃不可不殺。乃有大罪，非終，乃惟眚災適爾，既道極厥辜，時乃不可殺。」

近時學者解此書，其意以謂人有小罪，非過眚也，惟終成其惡，非詿誤也。乃惟自作不善，原其情，乃惟不以爾爲典式，是人當殺之無赦。乃有大罪，非能終成其惡也，乃惟過眚，原其情，乃惟適爾，非敢不以爾爲典式也，是人當赦之，不可殺。信如此言，周公虐刑，殺非死罪，且教康叔以人之向背以爲喜怒，而出入其生死也。法當死，原情以生之，可也；法不當死，而原情以殺之，可乎？情之輕重，寄於有司之手，則人人可殺矣。雖大無道嗜殺人之君，不立此法，而謂周公爲之歟？吾嘗問之知法者，曰：此假設法也。周公設爲甲乙二人皆犯死罪，而議其輕重也。甲之罪小於乙之謂也，非謂其罪不至死也。然其罪乃非眚災，而惟終之，乃惟自作不法，而曰法固當爾，如是者當據法殺之，不可讞也。乙之罪雖大，然非終之者，乃惟眚災適爾，適爾者，適會其如此也，是則真可讞也。末世法壞，違經背禮，然終無許有司論殺小罪之法，況使諸侯自以向背爲喜怒，而專殺非死罪者歟？以今世之法考之，謀殺已傷，雖未殺，皆死；雖未傷而置人於必死之地，亦死。鬭殺故殺，雖已殺而情可愍者，讞過失殺，雖已殺，皆贖。夫以未傷未殺，而皆云既殺，豈非小罪殺而大罪赦乎？豈可以非死罪爲小罪也？所謂「既道極辜」者，是人之罪重情輕，盡道以責備，則信有大罪矣，而以常情恕之，則不可殺。孟子曰：「夫謂非其有而取之爲盜者，是充類至義之盡也。」夫「充類至義」，則《書》之所謂盡道也。予恐後世好殺者以周公爲口實，故具論之。

王曰：「嗚呼！封，有敘。

如此則刑有敘也。

「時乃大明服，

《春秋傳》曰：「『乃大明服』，己則不明，而殺人以逞，不亦難乎。」

「惟民其敕懋和。

敕，正也。

「若有疾，惟民其畢棄咎。若保赤子，惟民其康乂。非汝封刑人殺人，

刑人殺人者，法也，非汝意也。

「無或刑人殺人非汝封。」

雖非汝意，然生殺必聽汝，不可使在人也。

又曰：「劓刵人，無或劓刵人。」

劓，割鼻。刵，割耳也。言非獨生殺也，劓、刵亦如此。其文略，蓋因前之辭也。

王曰：「外事，汝陳時臬，

德爲内，政爲外。臬，闑也。凡政事，汝當陳此法，以爲限節也。

「司師兹殷罰有倫。」

司，專也。專師此，❶則殷罰有倫矣。

又曰：「要囚。服念五六日，至于旬時，丕蔽要囚。」

要，獄辭也。服念至旬日，爲囚求生道也。求之旬日而終無生道，乃可殺。

王曰：「汝陳時臬事罰，蔽殷彝。

汝陳此以限節事罰，以蔽殷之常法也。

「用其義刑義殺，勿庸以次汝封。

次，就也。

「乃汝盡遜曰時敘，惟曰未有遜事。

常自以爲不足也。

「已！汝惟小子，未其有若汝封之心，朕心朕德，惟乃知。

將有以深告之，故言我與汝相知如此。

「凡民自得罪，寇攘姦宄，殺越人于貨，暋不畏死。

---

❶「師」，學津本作「司」。

越，顛越也。暋，强也。

憝，惡也。人無不惡之者。

「罔弗憝。」

王曰：「封，元惡大憝，矧惟不孝不友？子弗祗服厥父事，大傷厥考心。于父不能字厥子，乃疾厥子。于弟弗念天顯，乃弗克恭厥兄。兄亦不念鞠子哀，大不友于弟。惟弔兹，不于我政人得罪。天惟與我民彝，大泯亂。曰：乃其速由文王作罰，刑兹無赦，不率大戛。

商紂之後，三監之世，殷人之父子兄弟以相賊虐爲俗。周公之意蓋曰：孝友，民之天性也，不孝不友，必有以使之。子弟固有罪矣，而父兄獨無過乎？故曰凡民有自棄於姦宄者，此固爲元惡大憝矣，政刑之所治也。至于父子兄弟相與爲逆亂，則治之當有道，不可與寇攘同法。我將誨其子曰：「汝不服父事，豈不大傷父心？」又誨其父曰：「此非汝子乎，何疾之深也？」又誨其弟曰：「長幼天命也，其可不順？」又誨其兄曰：「此汝弟也，獨不念先父母鞠養劬勞之哀乎？」人非木石禽犢，稍假以日月，須其善心油然而生，未有不爲君子也。我獨弔閔此人，不幸而得罪於三監之世，不得罪於我政人之手。天與我民五常之性，而吏不知訓，以大泯亂，乃迫而蹙之，曰：乃其速由文王作罰，刑兹無赦。則民將辟罪不暇，而父子兄弟益相忿疾，至於賊殺而已。後雖大戛擊痛傷之，民不率也。舜命契爲司徒，曰「敬敷五教，在寬」，寬之言緩也。五教所以復其天性，當緩而不當速也。

「矧惟外庶子訓人？

《禮》曰：「庶子之正於公族者，教之以孝弟睦友子愛，明父子之義，長幼之序。」言治之以峻急，雖國君不能，況庶子乎？

「惟厥正人，越小臣諸節。

正人，官長也。諸節，諸符節之吏也。❶

「乃別播敷，造民大譽，弗念弗庸，瘝厥君，時乃引惡，惟朕憝。

汝既不由此道，諸臣等又各出私意以布教令，要一切之譽，不念人之不庸，以病厥君。如是長惡，我亦惡之矣。

「已！汝乃其速由茲義率殺，亦惟君惟長，不能厥家人。

汝若速用此道以率民，民不率則殺之，乃是汝爲人君長，而不能治其家人也。

「越厥小臣外正，惟威惟虐，大放王命，乃非德用乂。

至於小臣皆爲威虐，放棄王命，此速由茲義率殺之致也。

「汝亦罔不克敬典，乃由裕民，惟文王之敬忌，乃裕民，曰：『我惟有及。』則予一人以懌。」

居敬而行寬裕，先法文王之所敬畏，乃裕民，曰：我惟有及，緩之至也，欲速者，惟恐不及。

---

❶「諸」下，四庫薈要本、學津本有「有」字。

王曰：「封，爽惟民，迪吉康。

明哉，民之迪於吉且安也。

「我時其惟殷先哲王德，用康乂民，作求。

作求者，爲民所求也。王弼曰：「無者求有，有者不求所與；危者求安，安者不求所保。火有其炎，寒者附之；已苟安焉，則不寧方來矣。」是之謂作求。

「矧今民罔迪不適，不迪則罔政在厥邦。」

適，從也。矧今民無有道之而不從者，若聽其所爲而莫之道，則是民爲政也。

王曰：「封，予惟不可不監，告汝德之説于罰之行。

德有説，説者其理之謂也。《易》曰：「和順于道德而理於義。」作德而不知其所以然之理，則其德若假貸然，非己有也。己且不能有，安能移諸人？此罰所以不行也。

「今惟民不静，未戾厥心，迪屢未同。爽惟天其罰殛我，我其不怨。惟厥罪無在大，亦無在多，矧曰其尚顯聞于天？」

同，從也。戾，止也。今殷民不静其心，無所止戾。道之而屢不從者，罪在我也，天其罰殛我明矣。我其敢怨，無曰我無罪，罪豈在大與多乎？言行之失，毫釐爲千里，況其顯聞於天者乎？

王曰：「嗚呼！封，敬哉。無作怨，勿用非謀非彝蔽時忱，丕則敏德。

非謀，不與衆謀者也。非彝，非故常者也。非謀非彝，事之危疑者也。忱，言所信者也。汝當以所信者決危疑，不當以危疑決所信也。

「用康乃心，顧乃德，遠乃猷，裕乃以民寧，不汝瑕殄。」

汝惟寬裕則民安，不汝瑕疵，亦不汝遠絶也。

王曰：「嗚呼！肆汝小子封，惟命不于常，汝念哉！無我殄享。

無自絶天享也。

「明乃服命，

明汝車服教令。

「高乃聽，

聽於先王爲高。

「用康乂民。」王若曰：「往哉！封。勿替敬典，聽朕告汝，乃以殷民世享。」

酒誥第十二

王若曰：「明大命于妹邦。

妹，沬也。《詩》所謂「沬之鄉矣」，在朝歌以北。俗化紂德，沈湎於酒，故以酒戒。

「乃穆考文王，

文王，於世次爲穆。

「肈國在西土。厥誥毖庶邦庶士，越少正、御事，

少正，官之副貳也。

「朝夕曰：『祀茲酒。』

朝夕敕之，惟祭祀則用酒。

「惟天降命，肈我民，惟元祀。

酒行於天下，非小物細故也，故本之天。天始令民知作酒者，本爲祭祀而已。

「天降威我民，用大亂喪德，亦罔非酒惟行。越小大邦用喪，亦罔非酒惟辜。文王誥教小子，有正有事，無彝酒。

彝，常也。有正，有所繩治也。有事，有所興作也。有正有事，無常酒，容其飲於燕閒也。

「越庶國，飲惟祀，德將無醉。

因祭賜胙乃飲，猶曰以德自將，無醉也。

「惟曰我民迪小子，惟土物愛，厥心臧，聰聽祖考之彝訓。越小大德，小子惟一。妹土嗣爾股肱，純其藝黍稷，奔走事厥考厥長，肈牽車牛遠服賈，用孝養厥父母，厥父母慶，自洗腆，致用酒。庶士有正，越庶伯君子，其爾典聽朕教。爾大克羞耉惟君，爾乃飲食醉飽。丕惟曰：爾克永觀省，作稽中德。爾尚克羞饋祀，爾乃自介用逸。茲乃允惟王正事之臣，茲亦惟天若元德，永不忘在王家。」

純，大也。「純其藝黍稷」者，大脩農事也。洗腆，逸樂之狀也。羞，❶進也。「羞耇惟君」者，猶曰寡君之老也。介，副也。惟曰我民迪於小子之教，懷土安居，嗇於用物，其心無惡，以聽祖考之訓。小大上下，德我小子如一，如妹土之民，皆竭其股肱之力，以繼其上之事。或大脩農事，或遠服商賈，以養父母，父母洗腆自慶，則汝民可以飲食醉飽也。汝小子封，能自觀省，作稽中德，常有則於內，以察物至；又有耇老賢臣，可以代汝進饋于廟者，則汝亦可以此人自副，而休逸飲食醉飽。如此則汝小子乃爲王正事之臣，亦爲天所順予元德之君，永世不忘矣。飲酒，人情之所不免，禁而絶之，雖聖人有所不能。故獨戒其沈湎之禍，而開其德飲之樂，則其法不廢。聖人之禁人也蓋如此。

王曰：「封，我西土棐徂邦君、御事、小子，尚克用文王教，不腆于酒。

徂，往也。我西土邦君，輔武王同往伐紂者，下至於其御事、小子，皆用文王教，不腆于酒。

「故我至于今，克受殷之命。」王曰：「封，我聞惟曰：在昔殷先哲王，迪畏天，顯小民，經德秉哲。自成湯咸至于帝乙，成王畏相。惟御事厥棐有恭，不敢自暇自逸，矧曰其敢崇飲？越在外服，侯、甸、男、衛邦伯；越在內服，百僚、庶尹，惟亞惟服宗工。越百姓里居，罔敢湎于酒。不惟不敢，亦不暇，惟助成王德顯，越尹人祗辟。

崇，聚也。宗工，大臣也。我聞惟曰：殷之先王，畏天道，顯民德，常德秉哲。自成湯、太甲、太戊、

❶「羞」，原作「脩」，據經文及學津本改。

祖乙、盤庚、武丁、帝乙七王，皆成德之王，皆畏敬其輔相。至於御事之臣，所以輔王者，皆恭敬不敢暇逸，况敢聚飲？至於外服諸侯，内服百僚，皆服事其大臣。至于百姓大族，居于閭里者，皆不湎于酒。不惟不敢，亦不暇，惟以助王之顯民德，及以助庶尹之祗厥辟也。

「我聞亦惟曰：在今後嗣王酣身，厥命罔顯于民，祗保越怨不易。誕惟厥縱淫泆于非彝，用燕喪威儀，民罔不盡傷心。惟荒腆于酒，不惟自息乃逸，厥心疾狠，❶不克畏死。辜在商邑，越殷國滅無罹？弗惟德馨香，祀登聞于天，誕惟民怨。庶群自酒，腥聞在上。故天降喪于殷，罔愛于殷，惟逸。天非虐，惟民自速辜。」

今後嗣王，紂也。祗，適也。盡，痛也。紂酣樂其身，命令不下行于民，本以求慢易之樂也，然其德，❷適足以爲怨仇之保，未嘗樂易也。紂燕喪其威儀，望之不似人君，民莫不痛其將亡也。而猶荒湎不少休息，其心爲酒所使，忿疾彊狠，不復畏死。不醉而怒曰奰，明醉者常怒也。國君醉則殺人，士庶人則相殺，明酒之能使人怒也。紂之怒，至於殺其身而不畏，惟多罪逋逃萃于商邑，上下沈湎。及殷之滅，此等能無罹乎？言與紂俱死也。天不聞明德之馨，但聞刑戮之腥，故天之降喪於殷，無所愛慜者，皆以其逸耳。非天之虐，殷人自速其辜也。

---

❶「狠」，學津本作「很」。傳文「忿疾彊狠」同。

❷「德」，學津本作「得」。

王曰：「封，予不惟若茲多誥，古人有言曰：『人無於水監，當於民監。』今惟殷墜厥命，我其可不大監撫于時？

撫，安也。

「予惟曰：汝劼毖殷獻臣，侯、甸、男、衛，

劼，固也，堅固汝心，敬畏殷賢臣之在侯、甸、男、衛者。

「矧大史友，内史友？

當時二賢臣，封所友者。

「越獻臣百宗工，

及汝之賢臣，與凡大臣百執也。

「矧惟爾事服休、服采？

休，德也。采，事也。服休，以德爲事者也。服采，以事爲事者也。

「矧惟若疇圻父？

疇，誰也。司馬主封圻，曰「圻父」，所以訶問寇敵者。賈誼曰：「陳利兵而誰何？」

「薄違農父，

薄，近也。違，去也。司徒訓農，敷五教，曰「農父」，去民最近也。

「若保宏父，

保，安也。宏，大也。司空斥大都邑，曰「宏父」，以保安民居者。

「定辟，

諸侯以定位爲難，故《春秋傳》曰「厚問定君於石子」，又秦伯謂晉惠公「入而未定列」。故周公戒康叔敬畏衆賢士，以定位也。

「矧汝剛制于酒？

酒非剛者不能制。

「厥或誥曰：群飲，汝勿佚，盡執拘以歸于周，予其殺。

「予其殺」者，未必殺也。猶今法曰「當斬」者，皆具獄以待命，不必死也。然必立死法者，欲人畏而不敢犯也。「群飲」，蓋亦當時之法，有群聚飲酒、謀爲大姦者，其詳不可得而聞矣。如今之法有曰：「夜聚曉散者皆死罪。」蓋聚而爲妖逆者也。使後世不知其詳而徒聞其名，凡民夜相過者輒殺之，可乎？舊説以爲群飲者，周人則殺之，殷人則勿殺也。民同犯一罪，而殺其一，不殺其一，周人其肯服乎？民群飲則死，公卿大夫群飲可不誅乎？不誅吏則無以禁民，吏民皆誅則桀、紂之虐不至於此矣。皆事之必不然者，予不可以不論。

「又惟殷之迪諸臣惟工，乃湎于酒，勿庸殺之，姑惟教之。有斯明享，乃不用我教辭，惟我一人弗恤，弗蠲乃事，時同于殺。」

此謂凡湎于酒而不爲他大姦者也。不擇殷、周，而周公特言殷者，蓋爲妹邦化紂之德，諸臣百工皆沉湎，而況民乎？故凡湎于酒者，皆可教，不可殺，不分殷、周也。「有斯明享」者，哀敬之意達于民，如達于神也。如此，豈復有不用命者乎？若我初不知恤此，不潔治其事，則是陷民於死，同於我殺之也。

王曰：「封，汝典聽朕毖，勿辯乃司，民湎于酒。」

禁之難行者，莫若酒，周公憂之深矣，故卒告之曰：汝既常聽用我所畏慎者，又當專建一司，以察沉湎。若以泛責群吏而不辯其司，禁必不行矣。或曰：自漢武帝以來至于今，皆有酒禁，刑者有至流，賞或不貲，未嘗以少縱，而私釀終不能絶也，周公獨何以禁之？曰：周公無所利於酒也，以正民德而已。甲乙皆笞其子，甲之子服，乙之子不服，何也？甲笞其子而責之學，乙笞其子而奪之食。此周公所以能禁酒也。

書傳卷十三　周書

宋　蘇軾　撰

梓材第十三

王曰：「封，以厥庶民暨厥臣達大家，以厥臣達王，惟邦君。

「大家」者，如晉六卿，魯三桓，齊諸田，楚昭、屈、景之類，此晉、魯、齊、楚之所恃以爲骨幹者，無之則無以爲國也。故曰：「季氏亡，則魯不昌。」然其擅威福，竊國命，則有之矣。古者國君馭此爲難，孟子所謂「不得罪於巨室」者。周公教康叔曰：汝上不得罪於王，下不得罪於巨室，則國安矣。人君多疾惡於巨室，所惡於巨室者，惡其危國也。周公曰：無庸疾也，汝得民與臣而國自安，巨室何爲乎？故曰：「以厥庶民暨厥臣達大家，以厥臣達王。」上下情通謂之達。以爾臣民之心達大家之心，以爾賢臣聘于周以達王心，而國安矣。

「汝若恒，越曰：『我有師師、司徒、司馬、司空、尹、旅。』曰：『予罔厲殺人。』亦厥君先敬勞，肆徂厥敬勞。』肆往姦宄殺人、歷人宥。肆亦見厥君事戕敗人宥。王啓監厥亂，爲民，曰：『無胥戕，無胥虐。』至于敬寡，至于屬婦，合由以容。王其效邦君，越御事。厥命曷以？引養引恬。自古王若兹，監罔攸辟。

自此以下，文多不類，古今解者皆隨文附致，不厭人情，當以意求之乃得。蓋當時衛有大家，得罪於衛，當誅而未決者，周公之意，以謂新殺武庚、管叔，刑不可遂，故教康叔以和緩治之。越，及也。汝當晏然如平常時，及曰此我之官師相師，不可去也。以至於三卿之正長，及其旅士，亦皆曰我非危殺人者也。君臣皆爲寬辟，以逸罪人使亡也。此大家之長，先爲國君之所敬勞，今雖有罪，未可殺也。當徂此敬勞者而已，蓋使之去國也。然後治其餘黨，亦不可盡法也。往者，流也。「肆往，姦宄，殺人，歷人宥」者，謂以流宥五刑也。歷人者，罪人之所過，律所謂知情藏匿資給者。此殺人與歷人，皆以流宥之也。「肆亦見厥君事，戕敗人宥」者，傷毀人四肢面目，漢律所謂「疻」也，是人因爲君幹事，而疻傷人者，可以直宥也。於是王乃啓監厥亂，爲民而寬慰之，曰：「無相戕，無相虐。」王又收恤此大家破亡之餘而鎮撫之，禮敬其鰥寡，比次其婦女，使共由此道以相容也。至矣，王之仁也！邦君御事，所當則傚。其命令當何所用乎？亦用此而已。亂生於激，事不小忍而求速決，則釁故橫生，靡所不至。小引延之，人静而亂自衰，使相容養以至恬安，是謂「引養引恬」。古我先王，未有不順此者，監無所用殺也。

「惟曰，若稽田，既勤敷菑，惟其陳脩，爲厥疆畎。

稽，考也。敷，治也。菑，去草棘也。陳脩，脩舊也。疆，畔也。畎，壟也。

「若作室家，既勤垣墉，惟其塗墍茨。

塗墍，墐飾之也。茨，苫蓋也。

「若作梓材，既勤樸斲，惟其塗丹雘。

梓，良材可爲器者。丹雘，膠漆五采也。田既敷菑，室既垣墉，器既樸斲，則當因舊守成而潤色之，不當復有所建立除治也。以言康叔既已立國定位，不當復有所斬艾斲削也。

「今王惟曰：先王既勤用明德，懷爲夾。

夾，近也，懷遠爲近也。

「庶邦享，作兄弟，方來，亦既用明德。

享，朝享也。王謂諸侯爲兄弟。凡言用德者，皆謂不用刑也。

「后式典集，庶邦丕享。

后，今王也。亦用此常道以集天下也。

「皇天既付中國民，越厥疆土于先王。

此《書》專言王惟不殺，❶則子孫萬年享國，故以天付爲言。

「肆王惟德用，和懌先後迷民，

民迷失道，故先後之。

「用懌先王受命。

❶ 「書」，學津本作「言」。

不惟以悦民心，亦以悦天命也。

「已若兹監，惟曰欲至于萬年惟王，子子孫孫永保民。」

《大誥》、《康誥》、《酒誥》、《梓材》，其文皆奥雅，非世俗所能通，學者見其書紛然若有殺罰之言，因爲之説曰：《康誥》所戒，大抵先言殺罰，蓋衛地服紂成俗，小人衆多，所以治之先後、緩急當如此。予詳考四篇之文，雖古語淵慤，然皆粲有條理，反覆丁寧，以殺爲戒，以不殺爲德，此《易》所謂「聰明睿智神武而不殺者」，故周有天下八百餘年。後之王者，以不殺享國，以好殺殃其身及其子孫者，多矣。天人之際，有不可盡知者，至於殺不殺之報，一一若符契可見也。而世主不以爲監，小人又或附會六經，醖釀鐫鑿以勸之殺，悲夫殆哉！唐末、五代之亂，殺人如飲食。周太祖叛漢，漢隱帝使開封尹劉銖屠其家百口。太祖既克京師，夜召其故人知星者趙延義，問漢祚所以短促者，延義答曰：「漢本未亡，以刑殺冤濫，故不及期而滅。」時太祖方以兵圍銖及蘇逢吉第，旦且滅其族，聞延義言，矍然貸之，誅止其身。予讀至此，未嘗不流涕太息，故表其事於《書傳》以救世云。

召誥第十四

成王在豐，

文王都豐，豐在京兆鄠縣東。

欲宅洛邑，使召公先相宅，作《召誥》。

武王克商，遷九鼎于洛，則已有都洛之意，而周公、成王成之，且以殷餘頑民爲憂，故營洛而遷焉。太史公曰：洛邑，「武王營之」。成王使召公卜居，居九鼎焉，而周復都豐鎬。至犬戎敗幽王，周乃東遷洛邑。所謂周葬于畢，在郭東南社中。❶明成王雖營洛而不遷都，蓋嘗因巡狩而朝諸侯於洛邑云。

惟二月既望，越六日乙未，王朝步自周，則至于豐。

王自鎬至豐，以營洛之事告文王廟。鄗，在上林，昆明北有鎬池，去豐二十五里。

惟太保先周公相宅。越若來三月，惟丙午朏。

朏，明也，月三日明生之名。

越三日戊申，太保朝至于洛，卜宅。厥既得卜，則經營。越三日庚戌，太保乃以庶殷攻位于洛汭。越五日甲寅，位成。

庶殷，凡殷民也。位，朝市、宗廟、郊社之位。洛汭，洛水北。

若翼日乙卯，周公朝至于洛，則達觀于新邑營。

徧觀所營也。

---

❶「郭」，學津本作「鄠」。

越三日丁巳，用牲于郊，牛二。

帝及配者，各一牛。

越翼日戊午，乃社于新邑，牛一、羊一、豕一。

用太牢也。

越七日甲子，周公乃朝，用書命庶殷、侯、甸、男邦伯。

《春秋傳》曰：「士彌牟營成周，計丈數，揣高卑，度厚薄，仞溝洫，物土方，議遠邇，量事期，計徒庸，慮財用，書餱糧，以令役於諸侯。屬役賦丈，書以授帥，而效諸劉子。」此之謂「書」。

厥既命殷庶，庶殷丕作。

言殷人悦而聽命也。

太保乃以庶邦冢君出取幣，乃復入，錫周公，曰：「拜手稽首，旅王若公。

旅，讀如「庭實旅百」之旅。諸侯之幣旅王，而及公者，尊周公也。

「誥告庶殷，越自乃御事。嗚呼！皇天上帝，改厥元子兹大國殷之命。惟王受命，無疆惟休，亦無疆惟恤。嗚呼！曷其奈何弗敬？

庶殷諸侯皆在，故召公託爲遜辭，曰：誥告汝御事以下也，言殷嘗以元子嗣位，而帝改其命以授周。今王受命，雖無疆之福，亦無疆之憂，其可不敬乎？

「天既遐終大邦殷之命，兹殷多先哲王在天，越厥後王後民，兹服厥命，厥終智藏瘝在。夫知保抱攜持厥婦子，以哀籲天，徂厥亡出執。嗚呼！天亦哀于四方民，其眷命用懋，王其疾敬德。

此所謂無疆之憂也。殷雖滅，其先哲王固在天也。其後王後民，至于今兹，猶服用其福禄，其心終不忘報怨以復國也，如武庚蓄謀以伺隙者多矣。其智藏于中，其病則在也。夫，夫人也，猶曰人人也。各抱持其婦子，以哀痛呼天，徂往其逃亡，解出其囚執，以叛我者，蓋有之矣。王其可不大畏乎？天其哀我民，其亦眷命於勉德者，王其速敬德定天命也。召公之誥王也，庶殷皆在而出此言，亦如《微子之命》有「上帝時歆，萬邦作式」之語。古之人無所忌諱，忠厚之至也。

「相古先民有夏，天迪從子保，面稽天若，今時既墜厥命。今相有殷，天迪格保，面稽天若，今時既墜厥命。今沖子嗣，則無遺壽耇，曰其稽我古人之德，矧曰其有能稽謀自天？

從子，與子也。堯、舜與賢，禹與子。面，嚮也。言我觀夏、殷之世，天之迪夏也，迪其與子而保安之；其迪殷也，迪其能用伊尹格天之臣而保安之。夏、殷之哲王，皆能嚮天之所順以考其意，而其後王皆以失道而墜厥命矣。今王其無棄老成人，以考古人之德，況能博謀于衆，以求天心乎！

「嗚呼！有王雖小，元子哉！其丕能諴于小民，今休。

王雖幼，周之元子也，其大能以諴感民矣。當及今休其德。

「王不敢後，

王疾敬德，不肯遲也。

「用顧畏于民嵒。

嵒，險也。民猶水也，水能載舟，亦能覆舟，物無險於民者矣。

「王來紹上帝，自服于土中。

服，事也。洛邑爲天下中。

「旦曰：『其作大邑，其自時配皇天。毖祀于上下，其自時中乂。王厥有成命，治民今休。』王先服殷御事，比介于我有周御事，節性，惟日其邁。王敬作所，不可不敬德。

王能訓服殷之御事，使比附介副于我周御事矣，又當節文殷人之善性，使日進于善。作所者，所作政事也。既敬其事，又敬其德，則至矣。

「我不可不監于有夏，亦不可不監于有殷。我不敢知曰，有夏服天命，惟有歷年。我不敢知曰，不其延，惟不敬厥德，乃早墜厥命。我不敢知曰，有殷受天命，惟有歷年。我不敢知曰，不其延，惟不敬厥德，乃早墜厥命。今王嗣受厥命，我亦惟兹二國命，嗣若功。

召公恐成王恃天命以自安，故又戒之曰：夏、殷之所以多歷年，與其所以不永延者，其受天命，皆非我所敢知也。所知者，惟不敬德以墜厥命也。今王亦監此二國，脩人事而已。功，事也。

「王乃初服。嗚呼！若生子，罔不在厥初生，自貽哲命。

習于上則智，習于下則愚。

「今天其命哲，命吉凶，命歷年。知今我初服，宅新邑，肆惟王其疾敬德。王其德之用，祈天永命。

惟德是用，不用刑也。

「其惟王勿以小民淫用非彝，亦敢殄戮用乂民。若有功，其惟王位在德元。小民乃惟刑用于天下，越王顯。」

古今說者，皆謂召公戒王過用非常之法，又勸王亦須果敢殄滅殺戮以爲治。嗚呼！殄滅殺戮，桀、紂之事。桀、紂猶有所不果，而召公乃勸王使果於殄戮而無疑？嗚呼！儒者之叛道，一至於此哉！皋陶曰：「與其殺不辜，寧失不經。」人主之用刑，憂其不慎，不憂其不果也；憂其殺不辜，不憂其失不經也。今召公方戒王以慎罰，言未終而又勸王以果於殄戮，則皋陶不當戒舜以「寧失不經」乎？季康子問孔子曰：「如殺無道就有道，何如？」孔子曰：「子爲政，焉用殺？子欲善，而民善矣。君子之德風，小人之德草，草上之風必偃。」夫殺無道以就有道，爲政者之所不免，其言蓋未爲過也。而孔子惡之如此，惡其恃殺以爲政也。今予詳考召公之言，本不如說者之意，蓋曰：王勿以小民過用非法之故，亦敢於法外殄戮以治之，民自用非法，我自用法；民自過，我自不過，稱罪作刑而已。民之有過，罪實在我；及其有功，則王亦有德。何也？王之位，民德之先倡也。如此，則法用于天下，王亦顯矣。兵固不可弭也，而佳兵者必亂；刑固不可廢也，而恃刑者必亡。痛召公之意爲俗儒所誣，以啓後世之虐政，故具論之。

「上下勤恤，其曰我受天命，丕若有夏歷年，式勿替有殷歷年。欲王以小民受天永命。」

君臣一心以勤恤民，庶幾王受命歷年如夏、殷，且以民心爲天命也。

拜手稽首，曰：「予小臣，敢以王之讎民，百君子，越友民，保受王威命明德。王末有成命，王亦顯。我非敢勤，惟恭奉幣，用供王能祈天永命。」

庶殷雖以丕作，召公憂其間尚有反側自疑者，故因其大和會而協同之。讎民，殷之頑民與三監叛者。友民，周民也。百君子者，殷周之賢士大夫也。自今以往，殷人、周人與百君子，皆保受王之威德，王當終永天命，以顯于後世。我非敢以此爲勤勞也，奉幣贊王，祈天永命而已。

洛誥第十五

召公既相宅，周公往營成周，使來告卜，作《洛誥》。

周人謂洛爲成周，謂鎬爲宗周。此下有脱簡，在《康誥》，自「惟三月哉生魄」至「洪大誥治」，下屬「周公拜手稽首」之文。

周公拜手稽首，曰：「朕復子明辟。

周公雖不居位稱王，然實行王事。至此歸政，則成王之德始明於天下，故曰「復子明辟」。曰子者，叔父家人之辭。

「王如弗敢及天基命定命，予乃胤保，大相東土，其基作民明辟。

基，始也。周公以營洛爲定天命，何也？《易》曰：「渙，亨，王假有廟。」言天下方渙散，而王乃有宗廟，則民心一。方漢之初定，蕭何築未央宫，東闕、北闕、武庫、宫室極壯麗，亦所以示天下不渝而定民心也。周公言：我欲歸政久矣，王之意，若有所不敢及天命之始而定命者，我所以少留嗣行保佑之事，以卒營洛之功，❶爲復辟之始也。

「予惟乙卯，朝至于洛師。我卜河朔黎水，

今河朔黎陽也。周公營東都，本以處殷餘民，民懷土重遷，故以都河朔爲近便，卜不吉，然後卜洛也。

「我乃卜澗水東、瀍水西，惟洛食。我又卜瀍水東，亦惟洛食。

卜必以墨，墨食乃兆，蓋有龜不兆者。

「伻來以圖，及獻卜。」

伻，使也。

王拜手稽首，曰：「公不敢不敬天之休，來相宅，其作周匹休。公既定宅，伻來，來視予卜休恒吉。我二人共貞。公其以予萬億年，敬天之休。」拜手稽首誨言。

周公歸政，王未敢當，欲與周公共政，若二君然。故曰：作周匹休，再卜皆吉，我二人當共正天下也。

周公曰：「王肇稱殷禮，祀于新邑，咸秩無文。

稱，舉也。殷禮，盛禮也。雖不在祀典者，皆次秩而祭之。

---

❶「卒」，原作「率」，據學津本改。

「予齊百工，伻從王于周，予惟曰：『庶有事。』今王即命，曰：『記功宗，以功作元祀。』惟命曰：『汝受命篤弼。丕視功載，乃汝其悉自教工。』孺子其朋？孺子其朋其往？無若火，始焰焰，厥攸灼敘，弗其絶。厥若彝及撫事如予，惟以在周工。往新邑，伻嚮即有僚，明作有功，惇大成裕，汝永有辭。」

成王欲與周公共政如二君，周公不可，曰：汝用我言足矣，我整齊百官，使從汝于周者，將使辦事也。今王肇稱盛禮，祀于新邑，且命我曰：記功臣之尊者，使列于祭祀；又命曰：汝受命厚輔我，其重且嚴如此。今我大閱視爾功賞載籍，而所用者，乃汝自受教之官，皆汝私人，非我所齊百工也。於是周公乃訓責成王曰：孺子其有黨乎？自今以往，孺子其以黨爲政乎？此雖小過，如火始作，不即撲滅，則其所灼爍者漸不可絶矣。自今以往，凡處彝常及有所鎮撫之事，當如我爲政時，惟用周官，勿參以私人。今在新邑，使人有所嚮往，皆當即用舊僚，而明作其有功者，惇大汝心，裕廣汝德，勿牽於私昵，則汝永有辭於天下矣。

公曰：「已！汝惟沖子惟終，汝其敬識百辟享，亦識其有不享。享多儀，儀不及物，惟曰不享。惟不役志于享，凡民惟曰不享，惟事其爽侮。

享，朝享也。儀不及物，與不朝同。爽，失也。禮失而人慢也。小人以賄説人，必簡於禮，故孔子曰：「獨飽於少施氏者，遠小人也。」周公戒成王，責諸侯以禮不以幣，恐其役志于物而不役志于禮，則諸侯慢而王室輕矣。此治亂之本，故周公特言之。《春秋傳》曰：晉趙文子爲政，薄諸侯之幣而重其禮。謂魯穆叔曰：「自今以往，兵其少弭矣。」夫以列國之卿輕幣重禮猶足以弭兵，王而好賄則其致寇也必矣。唐之衰，君相皆可以賄取；方鎮争貢羨餘，行苞苴，而天子始失政，以至於亡。周公之戒，至矣哉！

「乃惟孺子頒朕，

徒以高爵厚禄賜我而已。

「不暇聽朕教汝于棐民彝。

曾不暇聽我教汝輔民之常道也。

「汝乃是不蘉，乃時惟不永哉。

蘉，勉也。成王曰公其以予億萬年，公荅以永年之道，如此則不永也。

「篤敘乃正父，罔不若予，不敢廢乃命。

正父，諸正國之老，如圻父、農父、宏父之類。

「汝往敬哉！兹予其明農哉！彼裕我民，無遠用戾。」

勸王脩農事者，民有餘裕則不去也。我不裕民而彼或裕之，則無遠而逝矣。

王若曰：「公明保予沖子，公稱丕顯德，以予小子揚文武烈，奉荅天命，和恒四方民，

和恒，常和也。

「居師，

定民居也。

「惇宗將禮，稱秩元祀，咸秩無文。

惇宗，厚宗族也。將禮，秉禮也。稱秩元祀，舉大祀也。

「惟公德明光于上下，勤施于四方，旁作穆穆，迓衡不迷，文武勤教，

迓衡，導我於治平。

「予沖子夙夜毖祀。」

祭則我沖子，政則周公。

王曰：「公功棐迪篤，

公之功，輔我以道者厚矣。

「罔不若時。」王曰：「公，予小子其退即辟于周，命公後。

成王許周公復辟之事，曰：我其退歸宗周而即辟焉，今當命伯禽爲公後。

「四方迪亂，未定于宗禮，亦未克敉公功。

方以道濟四方，凡宗廟之禮，所以鎮撫公之元勳者，亦未定也。成王蓋有賜周公以天子禮樂之意。

「迪將其後，監我士師工。

惟以伯禽爲諸侯，以監臨我士民及庶官也。

「誕保文武受民，亂爲四輔。」

保濟文、武所受民，爲周四方之輔也。❶

王曰：「公定，予往已。

公留相我，我歸宗周矣。

「公功肅將祗歡，

祗，大也。公之功肅將，民心大得其歡。

「公無困哉！

去我則困我也。

「我惟無斁其康事，

不厭康民之事。

「公勿替刑，四方其世享。」

刑，儀刑也。

周公拜手稽首，曰：「王命予來，承保乃文祖受命民，越乃光烈考武王，弘朕恭。

弘大成王之恭德。

「孺子來相宅，其大惇典殷獻民。

---

❶「周」，學津本無此字。

厚施典法於賢人。

「亂爲四方新辟，作周恭先。

後世言周之恭王者，以成王爲先。古之言恭者，甚盛德不敢居也。《詩》曰：「自古在昔，先民有作，温恭朝夕，執事有恪。」

「曰：其自時中乂，萬邦咸休，惟王有成績。予旦以多子，越御事，篤前人成烈，答其師，作周孚先。

多子，衆賢也。後世言周之信臣者，以周公爲先也。

「考朕昭子刑，乃單文祖德。

考我所以明子之法，乃盡文王德也。

「伻來毖殷，乃命寧予以秬鬯二卣，曰明禋，拜手稽首，休享。

秬，黑黍也。鬯，鬱金香草也。卣，中尊也。以黑黍爲酒，合以鬱鬯，所以祼也。宗廟之禮，莫盛於祼。王使人來戒飭庶殷，且以秬鬯二卣綏寧周公，拜手稽首而致之公。曰「明禋」，曰「休享」者，何也？事周公如神明也。古者有大賓客，以享禮禮之。酒清，人渴而不飲；肉乾，人饑而不食也。故享有體薦，豈非敬之至者，則其禮如祭也歟！

「予不敢宿，

周公不敢當此禮，即日致之文、武，不敢以王命宿于家。

「則禋于文王、武王，惠篤敘，無有遘自疾。萬年厭于乃德，殷乃引考。王伻殷乃承敘萬年，其永觀朕子懷德。」

周公以秬鬯二卣，禋于文、武，且祝之曰：使我國家順厚以敘，身其康彊，無有遇疾。子孫萬年，厭飽乃德，殷人亦永壽考。王使殷人承敘萬年，其永觀法我孺子而懷其德。

戊辰，王在新邑，烝祭歲。

是歲始冬烝於洛。

文王騂牛一，武王騂牛一。

宗廟用太牢，此云牛一者，告立周公後，加之周尚赤，故騂牛。

王命作册，逸祝册，惟告周公其後。王賓，殺禋，咸格，

王賓諸侯，殺騂以禋，諸侯咸格。

王入太室，祼。

太室，清廟中央室也。祼，以圭瓚酌秬鬯以灌地求神也。

王命周公後，作册逸誥。

前告神，後告伯禽也。

在十有二月，惟周公誕保文武受命，惟七年。

書傳卷十四　周書

宋　蘇軾撰

多士第十六

成周既成，❶遷殷頑民，周公以王命誥，作《多士》。

惟三月，周公初于新邑洛，用告商王士。

始於三月，❷冀王自遷也。商王士，有殷民在。

王若曰：「爾殷遺多士，弗弔旻天，大降喪于殷。我有周佑命，將天明威，致王罰，

明威、王罰一也。❸在天，則明威；在人，則王罰。

「敕殷命終于帝。肆爾多士，非我小國敢弋殷命。

❶「成周」至「多士」，學津本作「成王命多士，周公傳之，作《多士》」。

❷「始於三月」至「有殷民在」，原脱，據學津本補。

❸「明威」至「則王罰」，原脱，據學津本補。

敇，❶正也。不論勢而論理。曰小國，非有勝商之形；曰非敢，非有剪商之心。弋，取也。

「惟天不畀允罔固亂，弼我，我其敢求位？

固讀如「推亡固存」之固。信哉，天之固治而不固亂也。不固亂，所以輔我，我豈敢求之哉？

「惟帝不畀，惟我下民秉爲，惟天明畏。

秉，持也。帝既不畀殷矣，則民皆持爲此説曰：天將降威于殷也。人心不異乎天心，❷天心常導乎人心。

「我聞曰：『上帝引逸。』

引，去也，故逸者則天命去之也。

「有夏不適逸，則惟帝降格，嚮于時夏。

夏之先王，不往從放逸之樂，故上帝格嚮之。

「弗克庸帝，大淫泆有辭。

此桀也，淫泆且有辭飾非也。

「惟時天罔念聞，

---

❶ 「敇正」至「之心」，原脱，據學津本補。

❷ 「人心不異」至「導乎人心」，原脱，據學津本補。

順理則逸，❶從慾則危，雖有飾非之辭，帝不聽也。

「厥惟廢元命，降致罰。乃命爾先祖成湯革夏，俊民甸四方。

甸，治也。

「自成湯至于帝乙，罔不明德恤祀。亦惟天丕建保乂有殷，殷王亦罔敢失，帝罔不配天其澤。在今後嗣王，誕罔顯于天，矧曰其有聽念于先王勤家？誕淫厥泆，罔顧于天顯民祇。惟時上帝不保，降若兹大喪。惟天不畀不明厥德，凡四方小大邦喪，罔非有辭于罰。」

言天不畀紂，使不明于德，凡小大邦爲紂所刑喪者，皆有辭于罰不暇也。

王若曰：「爾殷多士，今惟我周王丕靈，承帝事。

言我周文王、武王，皆繼行大事。

「有命曰：『割殷，告敕于帝。』

將有割殷之事，必先告正于天而後行，曰將有大正于商是也。

「惟我事不貳適，惟爾王家我適。

我有事于四方，曷嘗有再舉而後定者乎？故曰「惟我事不貳適」。貳適，再往也。惟於伐殷，則觀政而歸，已而再往，是我先王不忍滅商之意也，故曰「惟爾王家我適」。不申言貳適者，因前之

---

❶「順理」至「則危」，原脱，據學津本補。

辭也。

「予其曰：『惟爾洪無度，我不爾動，自乃邑。』予亦念天即于殷大戾，肆不正。」

今三監叛予，惟曰此乃汝大無法，非予爾動，變起于爾邑。予亦念天命，不可不征，即於其首亂罪大者而誅之。謂殺武庚、管叔也。「肆不正」者，言其餘不盡繩治也。

王曰：「猷告爾多士。予惟時其遷居西爾。

洛邑在故殷西南。

「非我一人奉德不康寧，時惟天命。無違，朕不敢有後，無我怨。

既遷爾于洛，乃安居，無後命矣。

「惟爾知，惟殷先人，有册有典，殷革夏命。

言湯之革夏，其故事皆在典册，爾所知也。

「今爾又曰：『夏迪簡在王庭，有服在百僚。』

夏臣之有道者，湯皆選用爲近臣，在王庭。其可以任事者，則爲百僚。而今不然，以爲怨。

「予一人惟聽用德，肆予敢求爾于天邑商？

我知用德而已，爾乃與三監叛我，豈敢求爾於商邑而用之乎？

「予惟率肆矜爾，

循湯故事而矜赦汝則可。

「非予罪，時惟天命。」王曰：「多士，昔朕來自奄，予大降爾四國民命。我乃明致天罰，移爾遐逖，比事臣我宗，多遜。」

東征誅三監及奄，遷四國民于遠，當此時，爾協比以事我宗臣，多遜不違也。

王曰：「告爾殷多士，今予惟不爾殺，予惟時命有申。今朕作大邑于茲洛，予惟四方罔攸賓，亦惟爾多士，攸服奔走臣我，多遜。

我惟不忍爾殺，故申明此命爾。我所以營洛者，以四方諸侯至而無所容，亦爲爾等服事奔走臣我多遜，而無所居故也。

「爾乃尚有爾土，爾乃尚寧幹止。

幹，事也。止，居也。

「爾克敬，天惟畀矜爾；爾不克敬，爾不啻不有爾土，予亦致天之罰于爾躬。今爾惟時宅爾邑，繼爾居，爾厥有幹有年于茲洛。爾小子乃興，從爾遷。」

汝能敬天安居，汝子其有興者，❶非遷洛何從得之？殷人之怨不在王庭、百僚，故成王以此答其意也。

王曰，又曰：「時予乃或言，爾攸居。」

❶「子」，林之奇《尚書全解》引作「子孫」。

王言爾子孫當有顯者，殷人喜而記之。異日，王告之曰：及爾子孫之顯是時，我當復言之于爾所居。信其言以大慰之也。非一日之言，故以「又曰」別之。

無逸第十七

周公作《無逸》。

周公曰：「嗚呼！君子所其無逸，先知稼穡之艱難，乃逸，則知小人之依。

舊説先知農事之艱難，乃謀逸豫，非也。周公方以逸爲深戒，何其謀逸之亟也？蓋曰王當先知稼穡之道爲艱難，乃所以逸樂，則知小人之所依怙以生者。知此，則不妨農時，不奪民利，不盡民力也。

「相小人，厥父母勤勞稼穡，厥子乃不知稼穡之艱難，

雖農夫之子，生而飽煖則不知艱難，而況王乎？以訓王無忘太王、王季、文、武之勤勞王業也。

「乃逸，乃諺既誕，否則侮厥父母曰：『昔之人無聞知。』」

戲侮曰諺，大言曰誕。信哉，周公之言也！「曰昔之人無聞知」，至于今閭巷田里之民有不令子弟，猶皆相師爲此言也。是蠛蠓螻蟻，周公何誅焉，而載於《書》？曰以戒成王也。人君欲自恣於逸樂者，必先詆娸先王，戲玩老成；而小人譸張爲幻者，又勸成之。韓非之言曰：「堯之有天下也，堂高三尺，采椽不斲，茅茨不剪。雖逆旅之宿，不勤於此矣。冬日鹿裘，夏日葛衣，粢糲之食，藜藿

之羹。飲土匭，啜土鉶，雖監門之養，不觳於此矣。禹鑿龍門，通大夏，疏九河，曲九防，決停水，致之海。股無胈，脛無毛，手足胼胝，面目黧黑，遂以死于外，葬於會稽，雖臣虜之勞，不烈於此矣。然則天子所以貴於有天下者，豈欲苦形勞神，自取逆旅之宿，口食監門之養，手持臣虜之作哉！此不肖人之所勉，非賢者之所務也。」此其論，豈不出於昔之人無聞知也哉！其言至淺陋，而世主悦之，故韓非一言覆秦，殺二世如反掌。自漢以來學者，雖鄙申、韓不取，然世主心悦其言而陰用之，小人之欲得君者必私習其説，或誦言稱舉之，故其學至于今猶行也。予是以具論之。

周公曰：「嗚呼！我聞曰：昔在殷王中宗，嚴恭寅畏，天命自度，治民祇懼，不敢荒寧。肆中宗之享國，七十有五年。

中宗，太戊也。此《書》方論享國之長短，故先言享國之最長者，非世次也。

「其在高宗時，舊勞于外，爰暨小人。作其即位，乃或亮陰，三年不言。其惟不言，言乃雍。

雍，和也。以其久不言之故，言則天下信之。

「不敢荒寧，嘉靖殷邦，至于小大，無時或怨。肆高宗之享國，五十有九年。

高宗，武丁也。

「其在祖甲，不義惟王，舊爲小人，作其即位，爰知小人之依，能保惠于庶民，不敢侮鰥寡。肆祖甲之享國，三十有三年。

祖甲，太甲也。

「自時厥後立王，生則逸。生則逸，不知稼穡之艱難，不聞小人之勞，惟耽樂之從。自時厥後，亦罔或克壽，或十年，或七八年，或五六年，或四三年。」周公曰：「嗚呼！厥亦，惟我周太王、王季，克自抑畏。文王卑服，即康功田功。

康功，安人之功。田功，農功也。

「徽柔懿恭，懷保小民，惠鮮鰥寡。

鮮，貧乏者。

「自朝至于日中昃，不遑暇食，用咸和萬民。文王不敢盤于遊田，以庶邦惟正之供。

言不以庶邦貢賦供私事也。

「文王受命惟中身，

文王九十七而終，即位之年四十七。

「厥享國五十年。」

令德之主，欲其長有天下以庇民，仁人之意，莫急於此，此周公所以身代武王也。人莫不好逸欲，而其所甚好者生也。以其所甚好禁其所好，庶幾必信。此《無逸》之所爲作也。然猶不信者，以逸欲爲未必害生也。漢武帝、唐明皇，豈無欲者哉？而壽如此矣。夫多欲而不享國者皆是也，漢武、明皇，十一而已，豈可望哉！飲酖、食野葛必死，而曹操獨不死，亦可効乎？使人主不壽者五：一曰色，二曰酒，三曰便辟嬖佞，四曰臺榭游觀，五曰田獵。此五者，《無逸》之所諱也。既困其身，又困其民，民怨咨籲天，此最害壽之大者。予欲以惡衣食，遠女色，卑宫室，罷遊田，夙興勤勞，以此五物者爲人主永年之藥石也。

周公曰：「嗚呼！繼自今嗣王，則其無淫于觀、于逸、于遊、于田，以萬民惟正之供。無皇曰：『今日耽樂。』乃非民攸訓，非天攸若，時人丕則有愆。

以百日之憂而聞一日之樂，疑若可許也。然周公不許，防其漸也。曰此非所以訓民順天也，言此者必有大咎。

「無若殷王受之迷亂，酗于酒德哉！」

酗者，用酒而怒，輕用兵刑也。

周公曰：「嗚呼！我聞曰：古之人猶胥訓告，胥保惠，胥教誨，民無或胥譸張爲幻。此厥不聽，人乃訓之，乃變亂先王之正刑，至于小大。民否則厥心違怨，否則厥口詛祝。」

譸，狂也。張，誕也。變名易實，以眩觀者曰幻。古之人相與訓戒者，其言皆切近明白，世之所共知者也。若曰不殺爲仁，殺爲不仁，薄斂爲有德，厚賦爲無道，此古今不刊之語，先王之正刑也。及小人爲幻，或師申、韓之學，或誦六經以文姦言，則曰多殺所以爲仁也，厚斂所以爲德也，高臺深池、女色畋遊皆不害霸，此理之必不然。而其學之有師，言之有章，世主多喜之，此之謂幻。幻能害壽，以其能怨詛也。

周公曰：「嗚呼！自殷王中宗，及高宗，及祖甲，及我周文王，兹四人迪哲。

古之哲王莫不如此，而專言四人，此四人尤以此顯於世也。

「厥或告之曰：『小人怨汝詈汝。』則皇自敬德，厥愆，曰：『朕之愆。』允若時，不啻不敢含怒。此厥不聽，人乃或譸張爲幻，曰：『小人怨汝詈汝。』則信之。則若時，不永念厥辟，不寬綽厥心，亂罰無罪，殺無辜，怨有同，是叢于厥身。」

人不怨讒者而怨聽者。

周公曰：「嗚呼！嗣王其監于兹。」

書傳卷十五　周書

宋　蘇軾　撰

君奭第十八

召公爲保，周公爲師，相成王爲左右。

三公論道，左右相任事，周公、召公以師、保爲左右相。

召公不悦，周公作《君奭》。

舊説或謂召公疑周公，陋哉斯言也！　方周公攝政，管、蔡流言，周公晏然不自疑，當時大臣亦莫之疑者，何獨召公也？　今已復子明辟，召公復何疑乎？　然則何爲不悦也？　功成身退，天之道也，故伊尹既復政則告歸，而周公不歸，此召公所以不悦也。然則周公何以不歸也？　察成王之德，未可以舍而去也。　周公齊百官以從王，而王之所用，悉其私人受教於王者，此其德豈能離師輔而弗反也哉？　故召公之不悦，爲周公謀也，人臣之常道也。　而周公之不歸，爲周謀也，宗臣之深憂也。召公豈獨欲周公之歸哉！　蓋亦欲因復辟之初，而退老於厥邑，特以周公未歸，故不敢也。　何以知之？　此《書》非獨周公自言其當留，亦多留召公語，以此知召公欲去也。

周公若曰：「君奭！　弗弔天降喪于殷，殷既墜厥命，我有周既受，我不敢知曰，厥基永孚于休，若天棐忱。我亦不敢知曰，其終出于不祥。嗚呼！　君已曰：『時我。我亦不敢寧于上帝命，弗永遠念天威，越我民罔尤違，惟人。』

周公昔嘗告召公曰：天其將使周室永孚于休歟？抑將終出於不祥歟？皆未可知也。于時召公答曰：是在我而已，我若能祗上帝命，不敢荒寧，則天永孚于休。若其以念我天威，及使我民無所尤違，則天將終出于不祥，此皆在人而已。今我不去，正爲此耳。故舉其昔言以喻之。

「在我後嗣子孫，大弗克恭上下，遏佚前人光，在家不知天命不易。天難諶，乃其墜命，弗克經歷。嗣前人，恭明德。

此皆罪成王之言。在，察也。遏，絶也。佚，失也。經歷，歷年長久。言我察成王之德，大未能事天地，遏絶放失前人之光明，蓋生於深宫之中，不知天命不易。我若去之，其將弗永年矣。周公蓋以丕視功載，知其如此。

「在今予小子旦，非克有正，迪惟前人光，施于我沖子。」

沖子之不正，吾亦安能正之哉？獨示之以前人光明之德，使不習于下流。其爲正也大矣。

又曰：「天不可信，我道惟寧王德延。天不庸釋于文王受命。」

天命不常，我所以輔成王之道，惟以延武王之德，使天下不捨文王所受之命也。

公曰：「君奭，我聞在昔，成湯既受命，時則有若伊尹，格于皇天。在太甲，時則有若保衡。

即伊尹也。

「在太戊，時則有若伊陟、臣扈，格于上帝，

湯初克夏，欲遷夏社，作《臣扈》之篇。湯享國十三年。又七年而太甲立，太甲享國三十二年。又更四帝，乃至太戊，而臣扈猶在，豈非壽百餘歲哉！

「巫咸乂王家。在祖乙，時則有若巫賢。

賢，亦巫咸之子孫。

「在武丁，時則有若甘盤。

殷有聖賢之君七，此獨言五，下文云「殷禮陟配天」，豈配祀于天者止此五王，而其臣皆配食於廟乎？在武丁時，不言傅説，豈傅説不配食於配天之王乎？其詳不可得而聞矣。

「率惟兹有陳，保乂有殷，故殷禮陟配天，多歷年所。

陳，久也。陟，升遐也。言此諸臣爲政不久，則不能保乂有殷，且使其王升遐則配天，致殷有天下，多歷年所。此周公所以久留之意也。

「天惟純佑命，則商實百姓王人，罔不秉德明恤，小臣、屏侯、甸，矧咸奔走，惟兹惟德稱，用乂厥辟。故一人有事于四方，若卜筮，罔不是孚。」

此明主、賢臣爲政既久，則天乃爲純佑者是命。商之百族大姓，及王臣之微者，實皆秉德明恤，以至于小臣、藩屏侯、甸者，皆得其人。況於奔走執事之臣，皆以此道此德舉，用乂厥辟。以上下同

德，故有事于四方，則民信之若著龜然。此又周公久留之意也。

公曰：「君奭，天壽平格，保乂有殷，有殷嗣天滅威。

天壽此中宗、高宗、祖甲和平至道之王，使保乂有殷。此三王皆能繼天滅威。滅威者，除害也。

「今汝永念，則有固命，厥亂明我新造邦。」

汝若憂思深長，則天命乃可堅固。汝其念有以濟明我邦者。

公曰：「君奭，在昔上帝，割申勸寧王之德，其集大命于厥躬。

寧王，武王也。天降割喪文王，申勸武王之德，而集天命也。

「惟文王尚克脩和我有夏，

諸夏也。

「亦惟有若虢叔，

王季子，文王弟。

「有若閎夭，有若散宜生，有若泰顛，有若南宫括。」

五人皆賢臣有道德者。不及太公望者，太公專治兵事功臣，非周公所法也。

又曰：「無能往來，兹迪彝教文王，蔑德降于國人。

此五人者，文王疏附，先後奔走禦侮之友也。故曰：文王若不能與此五人者往來，使以常道教文王，則無德以降于國人也。

「亦惟純佑秉德，迪知天威，乃惟時昭文王，迪見冒聞于上帝，惟時受有殷命哉！

迪見者，以道顯也。冒聞者，以德被天下聞也。

「武王惟兹四人，

虢叔亡矣。

「尚迪有禄。後暨武王，誕將天威，咸劉厥敵。惟兹四人昭武王，惟冒丕單稱德。

凡周德之所被及者，其民盡稱誦武王也。

「今在予小子旦，若游大川，予往暨汝奭共濟，小子同未在位，誕無我責。

游大川者，必濟而後已。令予與汝奭同濟，小子其可以中流而止乎？

「收罔勗不及，耇造德不降，我則鳴鳥不聞，矧曰其有能格？」

周人以鸑鷟鳴於岐山，爲文王受命之符，故其《詩》曰：「鳳皇鳴矣，于彼高岡。」我與汝奭皆文王舊臣，同聞鳴鳥者也。我與汝同聞見受命之符，而今又同輔孺子，其可以不俟王業之大成而言去乎？我當收蓄成王不勉不及之心，又當留汝奭耇老成人以自助，汝若不降意小留，則是天不欲我終王業、定天命也。天如不欲我終王業、定天命，則當時必不使我與汝同聞鳴鳥矣，況能格于皇天乎？

公曰：「嗚呼！君肆其監于兹。我受命無疆惟休，亦大惟艱。告君乃猷裕我，

謀廣我意。

「不以後人迷。」公曰：「前人敷乃心，乃悉命汝，作汝民極。曰：『汝明勗偶王，在亶乘兹大命。惟文王德，丕承無疆之恤。』」

周公與召公同受武王顧命輔成王，故周公曰：前人敷其心腹以命汝，位三公，以爲民極。且曰：汝當明勗孺子，如耕之有偶也。在於相信，如車之有馭也，并力一心，以載天命。念文考之舊德，以丕承無疆之憂。武王之言如此，而可以求去乎？

公曰：「君，告汝朕允。

告汝以我誠心。

「保奭，其汝克敬以予監于殷喪大否。

殷之喪，其否塞大亂，至於如此，可不懼乎？

「肆念我天威，予不允惟若兹誥。予惟曰：『襄我二人。』

襄，成也。予本不欲如此告也，予惟曰：「王業之成，在我與汝二人而已。」

「汝有合哉！言曰：『在時二人，天休滋至，惟時二人弗戡。』

汝聞我言，而心有合也，曰：信如我言，在我二人而已。然今天方保周，王室日昌大，在我二人受此福乎？德勝福則安，福勝德則危。今天休滋至，恐二人德不能勝也。由此知召公之不悦，蓋以滿溢爲憂也。

「其汝克敬德，明我俊民，在讓後人于丕時。

周公言，汝奭以滿溢爲憂乎？ 則當求俊民而顯明之，他日讓此後人，惟昌大之時而去，未晚也。

「嗚呼！ 篤棐時二人，我式克至于今日休。

以我二人厚輔之故，周室乃有今日之休。

「我咸成文王功于不怠，丕冒海隅出日，罔不率俾。」

我以今日之休爲未足也，惟至於日月所照，莫不祗服乃已也。

公曰：「君，予不惠若茲多誥，

惠，猶言願也。❶

「予惟用閔于天越民。」

予惟哀天命之不終及民之無辜也。

公曰：「嗚呼！ 君，惟乃知民德，亦罔不能厥初，惟其終。 祗若茲，往敬用治。」

蔡仲之命第十九

蔡叔既没，王命蔡仲踐諸侯位，作《蔡仲之命》。

蔡叔死于囚，不得稱「没」。 仲爲卿士，無因父用子之理，蓋釋之矣。 仲踐蔡叔之舊國，以鮮爲始封

❶「猶」，學津本作「若」。

之君，則周既赦其罪矣，故得稱「没」。

惟周公位冢宰，正百工，群叔流言，乃致辟管叔于商，囚蔡叔于郭鄰，

郭，虢也。《周禮》六遂，五家爲鄰。

以車七乘；降霍叔于庶人，三年不齒。

周公不以流言殺骨肉，若管叔不挾武庚以叛，亦不誅也。蔡叔囚而不誅，至子乃封。霍叔降而不囚，三年復封之霍。此周公治親之道也。

蔡仲克庸祗德，周公以爲卿士。叔卒，乃命諸王邦之蔡。

蔡叔未卒，仲無君國之理。蒯聵在而輒立，衛是以亂。孔子將爲政於衛，必以正名爲先，則周公封蔡仲，必在叔卒之後也。

王若曰：「小子胡，惟爾率德改行，克慎厥猷。肆予命爾侯于東土。往即乃封，敬哉！爾尚蓋前人之愆，惟忠惟孝，爾乃邁迹自身，

邁德白已，使人可以循迹而法汝也。

「克勤無怠，以垂憲乃後。率乃祖文王之彝訓，無若爾考之違王命。皇天無親，惟德是輔。民心無常，惟惠之懷。爲善不同，同歸于治。爲惡不同，同歸于亂。爾其戒哉！慎厥初，惟厥終，終以不困。不惟厥終，終以困窮。懋乃攸績，睦乃四鄰，以蕃王室，以和兄弟。康濟小民，率自中，無作聰明亂舊章。

中，情也。治國濟民皆以情，不以僞也。中不足，則必彊諸外，故作聰明。而實聰明者，未嘗亂舊

章也。

「詳乃視聽，罔以側言改厥度，

以一偏之言而改其常度，非其本心也，生於視聽之不審爾。故患在欲速不在緩，緩則視聽審，而事無不中矣。

「則予一人汝嘉。」王曰：「嗚呼！小子胡，汝往哉，無荒棄朕命。」

成王東伐淮夷，遂踐奄，作《成王政》。

踐，滅也。

成王既踐奄，將遷其君於蒲姑，周公告召公，作《將蒲姑》。

晏子謂齊景公：「古之居此者，有蒲姑氏。」樂安縣北有蒲姑城。二篇，亡。

多方第二十

成王歸自奄，在宗周，誥庶邦，作《多方》。

自《大誥》、《康誥》、《酒誥》、《梓材》、《召誥》、《洛誥》、《多士》、《多方》八篇，雖所誥不一，然大略以殷人不心服周而作也。予讀《泰誓》、《牧誓》、《武成》，常怪周取殷之易，及讀此八篇，又怪周安殷之難也。《多方》所告不止殷人，乃及四方之士，是紛紛焉不心服者，非獨殷人也。予乃今知湯已下七王之德深矣。方紂之虐，人如在膏火中，歸周如流，不暇念先王之德。及天下粗定，人自膏火中出，即念殷先七王如父母。雖以武王、周公之聖，相繼撫之而莫能禁也。夫以西漢道德比之殷，猶珷玞之與美玉也，然王莽、公孫述、隗囂之流，終不能使人忘漢，光武之成功若建瓴然。使周無周公，則殷之復興也必矣。此周公之所以畏而不敢去也。

惟五月丁亥，王來自奄，至于宗周。周公曰：「王若曰：猷告爾四國多方，惟爾殷侯尹民，

周公以王命告諸侯及凡尹民者。

「我惟大降爾命，爾罔不知。

大降爾命，謂誅三監，黜殷時也。

「洪惟圖天之命，弗永寅念于祀。

圖天之命，猶曰徼福于天。小人之求福者，必以祭祀。念汝殷人，大惟徼福于天，而不念敬祀，是求非望也。

「惟帝降格于夏，有夏誕厥逸，不肯慼言于民。

帝非不降格于夏，而夏乃大厥逸，無憂民之言。雖無憂民之心而有其言，民猶不怒，天猶赦之，猶賢於初無言者。棄民之深也。

「乃大淫昏，不克終日勸于帝之迪，

桀未嘗肯以一日之力，勉行順天之道。

「乃爾攸聞。厥圖帝之命，不克開于民之麗。

麗，著也。蓂民之居，王政之本。民不土著，雖堯、舜不能使無亂。桀之所以徼福于天者，皆非其道，未嘗開衣食之源以定民居也。

「乃大降罰，崇亂有夏，因甲于内亂。

甲，始也。亂自内起。

「不克靈承于旅，罔丕惟進之恭，洪舒于民。

古者謂大祭祀曰旅。言不能承祀天地鬼神，又不知進德之恭，而大慢于民也。

「亦惟有夏之民叨懫，日欽劓割夏邑。

叨，貪也。懫，忿也。尊用此人，使劓割夏邑。

「天惟時求民主，乃大降顯休命于成湯，刑殄有夏。惟天不畀純，

不與桀者，亦大矣。

「乃惟以爾多方之義民，不克永于多享。

義民，正人也。桀所害者皆正人，天以此故，不可使桀永年而多享也。

「惟夏之恭多士，大不克明保享于民，

桀之所尊用者，皆不能知保享于民之道也。

「乃胥惟虐于民，至于百爲，大不克開。

開，明也。

「乃惟成湯，克以爾多方，簡代夏作民主。

簡，至也。

「慎厥麗乃勸，厥民刑用勸。以至于帝乙，罔不明德慎罰，亦克用勸。要囚，殄戮多罪，亦克用勸。開釋無辜，亦克用勸。

自湯以來，皆謹土著之政，民既奠居，則刑罰可以勸，而況於賞乎？

「今至于爾辟，弗克以爾多方，享天之命。嗚呼！王若曰：誥告爾多方，非天庸釋有夏，非天庸釋有殷，乃惟爾辟，以爾多方，大淫圖天之命，屑有辭。

屑，輕也。紂責命于天，輕出怨天之辭。

「乃惟有夏圖厥政，不集于享，天降時喪，有邦間之。

夏政不享于天，則其諸侯間而取之，亦如今殷之爲周取也。

「乃惟爾商後王，逸厥逸，圖厥政，不蠲烝，天惟降時喪。

蠲，潔也。烝，升也。其升聞于天者，不潔也。

「惟聖罔念作狂，惟狂克念作聖。

世未嘗有自狂作聖、自聖作狂之人，而有自聖作狂、自狂作聖之道，在念不念之間耳。

「天惟五年，須暇之子孫，誕作民主，罔可念聽。

須，待也。暇，閒也。武王服喪三年，還師二年，天佑殷之子孫，以此五年暇以待之。夫聖狂之間，如反覆手，而況五年之久，足以悔禍復天命矣。紂惟曰：我民主也，其若我何？其言無可念聽者。

「天惟求爾多方，大動以威，開厥顧天。惟爾多方，罔堪顧之。惟我周王，靈承于旅，克堪用德，惟典神天。天惟式教我用休，簡畀殷命，尹爾多方。今我曷敢多誥？我惟大降爾四國民命。爾曷不忱裕之于爾多方？爾曷不夾介乂我周王，享天之命？

夾，輔也。介，助也。

「今爾尚宅爾宅，畋爾田，爾曷不惠王熙天之命？爾乃迪屢不静，爾心未愛。

道爾而數不静者，以爾心未仁也。

「爾乃不大宅天命，爾乃屑播天命，

輕棄天命也。

「爾乃自作不典圖忱于正。我惟時其教告之，我惟時其戰要囚之。

我欲汝信于正，故教告之，不改則戰恐要囚之。

「至于再，至于三。乃有不用我降爾命，我乃其大罰殛之。非我有周秉德不康寧，乃惟爾自速辜。」王曰：「嗚呼！猷告爾有方多士，暨殷多士，今爾奔走臣我監五祀，

汝奔走事我，我監視汝所爲，五年於此矣。

「越惟有胥伯小大多正，❶爾罔不克臬。

伯，長也。汝自有相君、相長者，至於小大衆正之人，皆汝所能作止也。

「自作不和，爾惟和哉！爾室不睦，爾惟和哉！爾邑克明，爾惟克勤乃事。

家不和則邑不明，雖勤於事，無益也。

「爾尚不忌于凶德，亦則以穆穆在乃位，

服凶人，莫如和敬。

「克閱于乃邑謀介，

簡邑人以自介副。

「爾乃自時洛邑，尚永力畋爾田。天惟畀矜爾，我有周惟其大介賚爾。

介，助也。

「迪簡在王庭，尚爾事，有服在大僚。」王曰：「嗚呼！多士，爾不克勸忱我命，爾亦則惟不克享，凡民惟曰不享。

爾不我享，民亦不爾敬矣。

「爾乃惟逸惟頗，大遠王命。

---

❶「小大」，原倒乙，據學津本及傳文改。

迪簡之命也。

「則惟爾多方探天之威，我則致天之罰，離逖爾土。」

將遠徙之。

王曰：「我不惟多誥，我惟祗告爾命。」又曰：「時惟爾初，不克敬于和，則無我怨。」

今既戒汝以和敬，汝不能用，則他日又舉今言以告汝，無怨也。

書傳卷十六　周書

宋　蘇軾撰

立政第二十一

周公作《立政》。

周公若曰：「拜手稽首，告嗣天子王矣。」用咸戒於王曰：「王左右常伯、常任、準人，綴衣、虎賁。」周公曰：「嗚呼！休茲知恤鮮哉！

周公率群臣，進戒於王，贊曰：群臣皆再拜稽首，告天子：今王矣，不可以幼沖自待。則進戒曰：王左右有牧民之長，曰常伯；有任事之公卿，曰常任；有守法之有司，曰準人。此三事之外，則有掌服器者，曰綴衣；執射御者，曰虎賁。此褻御也。周公則戒之曰：非獨三事者當擇人，此褻御者亦當擇人也。能知憂此者，美哉鮮矣！

「古之人迪惟有夏，乃有室大競，籲俊尊上帝。

夏后氏之世，王室所以大强者，以求賢爲事天之實也。

「迪知忱恂于九德之行。乃敢告教厥后曰：『拜手稽首，后矣。』曰：宅乃事，宅乃牧，宅乃準，茲惟后矣。

事則向所謂常任也，牧則向所謂常伯也，準則向所謂準人也。一篇之中，所論宅俊者，參差不齊，然大要不出是三者，其餘則皆小臣百執事也。古今學者，解三宅三俊多不同，惟專以經訓經，庶得其正。《書》曰：「迪知忱恂於九德之行。」是九德爲三俊也。皋陶之九德，則箕子三德之詳者也。并三爲一，則九德爲三俊明矣。《書》曰：「宅乃事，宅乃牧，宅乃準。」是事也、牧也、準也爲三宅，所以宅三俊也。《書》曰：「流宥五刑，五流有宅，五宅三居。」又曰：「茲乃三宅無義民。」此三宅，所以宅五流也。人之有疾也，食而不藥不可，藥而不食亦不可，三宅、三俊，如藥食之交相養，而不知食之養藥耶？藥之養食耶？所以宅三俊，及所以宅五流者，皆曰三宅。如此，而後經之言可通也。

「謀面，用丕訓德，則乃宅人，茲乃三宅無義民。」

謀面，謀其耳目所及者。言自近及遠，皆大訓我德，則可以宅三俊之人。既宅三俊，然後可以宅五流，凡民之無義而有罪者。

「桀德惟乃弗作，往任是惟暴德，罔後。」

《書》曰「肆往姦宄」，是古者謂「流」爲「往」也。桀之所往者，無罪之人；所任者，皆小人殘民者也。所往所任，皆出於暴德，是以無後。

「亦越成湯陟，丕釐上帝之耿命，乃用三有宅，克即宅，曰三有俊，克即俊。嚴惟丕式，克用三宅三俊。其在商邑，用協于厥邑；其在四方，用丕式見德。」

耿，光也。成湯既以升聞，大治上帝之命，則以三宅去凶人。凶人各即其宅，然後宅俊。其所謂俊者，皆真有德者也，故「曰三有俊，克即俊」。殷人去凶而後用賢，夏后氏用賢而後去凶，各從當時之宜。要之，二者相資而成也。《禮》曰：「夏后氏先禄而後威，先賞而後罰；殷人先罰而後賞。」蓋緣《立政》之文而立此言，不知聖人之賞罰應物而作，無所先後也。湯惟嚴敬用宅俊，故能內協商邑，外以顯德於四方也。

「嗚呼！其在受德暋，惟羞刑暴德之人，同于厥邦。乃惟庶習逸德之人，同于厥政。帝欽罰之，乃伻我有夏，式商受命，奄甸萬姓。

甸，治也。帝欽我而伐紂，使我有諸夏，法湯受命而治萬姓也。

「亦越文王、武王，克知三有宅心，灼見三有俊心，以敬事上帝，立民長伯。

君子、小人，各知其本心，去凶進賢，各得其實。

「立政，任人、準夫、牧，作三事。

任人，常任也。準夫，準人也。牧，常伯也。此三事，皆大臣也。

「虎賁、綴衣，趣馬小尹，

自此以下皆小臣，或其遠外者。趣馬，掌馬也。小尹，小官之長也。

「左右攜僕、

執持器物者。

「百司庶府，

府，庫藏吏也。

「大都小伯、

大都之伯，在牧人中矣，此其小伯也。

「藝人、

執技以事上者。

「表臣百司，

表，外也。有兩百司，此其外者也。

「太史、尹伯、庶常吉士，

太史，下大夫，掌六典之貳。尹伯、庶常吉士，皆當時小官。

「司徒、司馬、司空亞旅，

六卿獨數其三，不及冢宰、宗伯、司寇者，周公以師兼冢宰。周公謂蘇忿生爲蘇公，是蘇公以公兼司寇也，而宗伯則召公兼之歟？亞其貳也，旅其士也，卿在常任中矣。此言其亞旅而已。

「夷微、盧烝，三亳阪尹。

蠻夷之民，微盧之衆，及三亳阪險之地，皆有尹正。湯始都亳，其後屢遷，所遷之地皆有亳名，故曰亳。或曰蒙爲北亳，穀熟爲南亳，偃師爲西亳。歷數此者，欲得其人也。

「文王惟克厥宅心，

能知君子小人之心。

「乃克立茲常事、司牧人，以克俊有德。

常任、常伯，必以德選。不言準人者，容以才進也。

「文王罔攸兼于庶言、庶獄、庶慎，惟有司之牧夫是訓用違。庶獄、庶慎，文王罔敢知于茲。

文王不識不知，順帝之則，其所知者，三宅三俊去凶用賢之事而已。至于庶言，有司所下教令也；庶獄，獄訟也；庶慎，國之禁戒儲備也。文王皆不敢下侵有司之事，惟使有司牧夫訓治用命及違命者而已。

「亦越武王，率惟敉功，不敢替厥義德，率惟謀從容德，以並受此丕丕基。

武王但撫存文王之功，不改其義德，而從其有容之德也。

「嗚呼！孺子王矣，繼自今，我其立政。立事、準人、牧夫，我其克灼知厥若，丕乃俾亂。

其心如其言，是謂若。

「相我受民，

助我所受民。

「和我庶獄、庶慎，時則勿有間之。

既灼知其心而後用，既用則勿以流言讒間之。

「自一話一言，我則末惟成德之彦，以乂我受民。

道隱於小成，言隱於榮華。一話一言，聞斯行之，則不勝其弊。以其不勝弊而舉棄之，則所喪亦多矣。必受而繹之，末惟成德之彦，則不可以小道小言眩也。故一話一言，終必付之而後可。

「嗚呼！予旦已受人之徽言，咸告孺子王矣。

我受美言於人，不敢自有，而獻之於王也。

「繼自今，文子文孫，其勿誤于庶獄、庶慎，惟正是乂之。

心有邪正，事有是非，正心而求其理，未有不得也。

「自古商人，亦越我周文王立政。立事、牧夫、凖人，則克宅之，克由繹之，兹乃俾乂。

人有臨事而失其常，不如所期者，故已宅則復繹之者，紬繹其所已行之事也。

「國則罔有立政用憸人，不訓于德，是罔顯在厥世。繼自今立政，其勿以憸人，其惟吉士，用勱相我國家。

勱，勉也。何謂憸人？賈誼賦曰：「鳳凰翔于千仞兮，覽德輝而下之；見世德之憸微兮，遥增擊而去之。」是之謂憸人。

「今文子文孫，孺子王矣，其勿誤于庶獄，惟有司之牧夫。

夫周公尤以獄爲憂，故此篇之終，特以囑司寇蘇公也。

「其克詰爾戎兵，以陟禹之迹。方行天下，至于海表，罔有不服。

罔有不服，則兵初不用也。然不可以不用，而不以時詰治之。

「以覲文王之耿光，以揚武王之大烈。嗚呼！繼自今，後王立政，其惟克用常人。」

人之才德長於此者，天下之所共推而不可易也，是之謂常人。如廷尉用張釋之、于定國，吏部尚書用山濤，度支用劉晏，此非常人乎？

周公若曰：「太史，司寇蘇公式，敬爾由獄，以長我王國。茲式有慎，以列用中罰。」

《春秋傳》曰：「昔武王克商，使諸侯撫封，蘇忿生以温爲司寇。」此言其能敬用獄，以長王國，是爲三公也。列者，前後相比，猶今之言例也。以舊事爲比，而用其輕重之中者也。呼太史而告之者，欲書之於史，以爲後世法也。

周官第二十二

成王既黜殷命，滅淮夷，還歸在豐，作《周官》。

殷未黜，淮夷未滅，則成王有所不暇。

惟周王撫萬邦，巡侯甸，四征弗庭，綏厥兆民。六服群辟，罔不承德。歸于宗周，董正治官。

《書》曰侯、甸、男邦、采、衛，此周五服之名也。《禹貢》五服，通畿内；周五服，在王畿千里之外，并畿内爲六服。董，督也。治官，治事之官也。

王曰：「若昔大猷，制治于未亂，保邦于未危。」曰：「唐、虞稽古，建官惟百。内有百揆、四岳，外有州牧、侯伯。庶政惟和，萬國咸寧。夏、商官倍，亦克用乂。

唐、虞官百而天下治，夏、商曷爲倍之？德衰而政卑也。堯、舜官天下，無患失之憂，故任人而不任法。人得自盡也，故法簡、官少而事省。夏、商家天下，惟恐失之，不敢以付人，人與法相持而行，故法煩、官多而事冗。後世德愈衰，政愈卑，人愈不信，而一付之法，吏不敢任事，相倚以苟免，故法愈亂、官愈多而事不舉。人主知此，則治一作「幾」。矣。

「明王立政，不惟其官，惟其人。

明王觀唐、虞、夏、商之政，而知爲國不在官多而在得人，故官不必備也。

「今予小子，祗勤于德，夙夜不逮。仰惟前代時若，訓迪厥官。立太師、太傅、太保，兹惟三公。論道經邦，燮理陰陽。

師、傅、保，皆論道。國以道爲經，以政事緯之，與刑無相奪倫，而陰陽和。

「官不必備，惟其人。少師、少傅、少保，曰三孤。貳公弘化，寅亮天地，弼予一人。

孤，特也。此雖三公之貳，而非其屬官，故曰「孤」以重之。

「冢宰掌邦治，統百官，均四海。

政教禮刑，無所不掌，謂之邦治，而百官總己以聽焉。故冢宰爲天官，必三公兼之，餘卿或兼或特命。

「司徒掌邦教，敷五典，擾兆民。

司徒之職，如地之生物，富而能教之，故爲地官。擾，馴也。

「宗伯掌邦禮，治神人，和上下。司馬掌邦政，統六師，平邦國。

王者以禮樂治天下，政所從出，本於禮而成於政。和如天之春，萬物生焉，而盛於夏。故宗伯爲春官，司馬爲夏官。

「司寇掌邦禁，詰姦慝，刑暴亂。

如秋之肅殺萬物，故司寇爲秋官。

「司空掌邦土，居四民，時地利。

民各有居室，如冬之蓋藏，故司空爲冬官。

「六卿分職，各率其屬，以倡九牧，

九州之牧也。

「阜成兆民。六年，五服一朝。

一朝，畢朝也。朝以遠近爲疏數，六年而遍，五服畢朝也。

「又六年，王乃時巡，考制度于四岳，諸侯各朝于方岳，大明黜陟。」

夏、商以來，人主奉養日侈，供衛日廣，亦不能數巡守，故以五載爲十二年也。

王曰：「嗚呼！凡我有官君子，欽乃攸司，慎乃出令。令出惟行，弗惟反。

令出不善，知而改之，猶賢於不反也。然數出數改，則民不復信上，雖有善令不行矣。故教以善令，非教其遂非也。

「以公滅私，民其允懷。學古入官，議事以制，政乃不迷。

《春秋傳》曰：鄭子産鑄刑書，晉叔向譏之曰：「昔先王議事以制，不爲刑辟。」其言蓋取諸此也。先王人法並任，而任人爲多，故律設大法而已。其輕重之詳則付之人，臨事而議以制其出入，故刑簡而政清。自唐以前治罪科條，止於今律令而已。人之所犯，日變無窮，而律令有限；以有限治無窮，不聞其有所闕。豈非人法兼行，吏猶得臨事而議乎？今律令之外，科條數萬而不足於用，有司請立新法者日益而不已。嗚呼！任法之弊，一至於此哉！

「其爾典常作之師，無以利口亂厥官，

小人不利於用常法，常以利口亂政。

「蓄疑敗謀，

人主聞讒言，不即辨而藏之中，曰蓄疑。敗謀害政，無大於此者。

「怠忽荒政，不學牆面，蒞事惟煩。戒爾卿士，功崇惟志，

未有志卑而功崇者。

「業廣惟勤，惟克果斷，乃罔後艱。

媮於初，必艱於終。

「位不期驕，祿不期侈，恭儉惟德，無載爾僞。

孟子曰：「恭儉豈可以聲音笑貌爲哉！」

「作德，心逸日休；作僞，心勞日拙。居寵思危，罔不惟畏，弗畏入畏。推賢讓能，庶官乃和，不和政厖。❶

士無賢不肖，入朝見嫉，自有君臣以來病之矣。惟讓爲能和，是以貴之。

「舉能其官，惟爾之能。稱匪其人，惟爾不任。」王曰：「嗚呼！三事，

三公也。

「暨大夫，敬爾有官，亂爾有政，以佑乃辟。永康兆民，萬邦惟無斁。」

成王既伐東夷，肅慎來賀。

東夷，淮夷也，在周之東。肅慎，東北遠夷也。

王俾榮伯，作《賄肅慎之命》。

《國語》曰：文王諏於蔡原，訪於辛尹，重之以周、召、畢、榮。豈此榮伯也與？

周公在豐，將歿，欲葬成周。公薨，成王葬于畢，告周公，作《亳姑》。

---

❶「厖」，原作「龎」，據阮刻本《尚書注疏》改。

畢有文、武墓，葬公于畢，示不敢臣也。亳姑，蒲姑也。周公告召公，作《將蒲姑》。至此，并告已遷歟？二篇，亡。

君陳第二十三

周公既殁，命君陳分正東郊成周，作《君陳》。

君陳命於周公之後、畢公之前，必周之老臣也。鄭玄以爲周公子，非也。畢公，成王之父師，弼亮四世，豈以周公之子先之？周公遷殷頑民于洛，不必遷舊人以宅新民也。洛人在内，殷人在郊，理必然也。分正者，《畢命》所謂「旌别淑慝，表厥宅里」，「殊厥井疆，俾克畏慕」也。

王若曰：「君陳，惟爾令德孝恭。惟孝，友于兄弟，克施有政。命汝尹兹東郊，敬哉！昔周公師保萬民，民懷其德。往慎乃司，兹率厥常，懋昭周公之訓，惟民其乂。我聞曰：『至治馨香，感于神明。黍稷非馨，明德惟馨。』

物之精華，發越于外者，爲聲色臭味，是妙物也。故足以移人，亦足以感鬼神。聖人以至治明德比于馨香，有以也。夫荀悦有言：「君子以情用，小人以形用。榮辱者，賞罰之精華，故禮教榮辱以加君子，化其情也；桎梏鞭朴以加小人，化其形也。君子不犯辱，况於刑乎？小人不忌刑，况於辱乎？若教化之廢，推中人而墜於小人之域；教化之行，引小人而納於君子之塗。」此之謂也。

「爾尚式時周公之猷訓，惟日孜孜，無敢逸豫。凡人未見聖，若不克見。既見聖，亦不克由聖。爾其戒哉！ 爾惟風，下民惟草。

豈獨聖也？ 凡有求而未得也，無所容其愛，既得則愛衰，此人之情也。 爲人君者，不能顯諸仁，藏諸用，凡所以治民之具，畢用而常陳，則民狎而玩之矣。 故教之「惟風，❶下民惟草」，德復有妙於風者乎？

「圖厥政，莫或不艱，有廢有興，出入自爾師虞，庶言同則繹。

有所興廢出納，皆咨于衆以度之，衆言同則繹之。 孔子曰：「巽語之言，能無悦乎？ 繹之爲貴。」

「爾有嘉謀嘉猷，則入告爾后于内，爾乃順之于外，曰：『斯謀斯猷，惟我后之德。』嗚呼！ 臣人咸若時，惟良顯哉！」

臣謀之而君能行，此真君之德也。 豈待其順之于外云爾也哉？ 成王之言此者，非貪臣之功，實欲歸功於臣，以來衆言也。

王曰：「君陳，爾惟弘周公丕訓，無依勢作威，無倚法以削，寬而有制，從容以和。 殷民在辟，予曰辟，爾惟勿辟；予曰宥，爾惟勿宥，惟厥中。 有弗若于汝政，弗化于汝訓，辟以止辟，乃辟。

辟而不能止辟者，勿辟也。

「狃于姦宄，敗常亂俗，三細不宥。

---

❶ 「惟風」上，朱鶴齡《尚書埤傳》引有「曰爾」二字，與經文合。

狃，習也。常者，國之舊法。俗者，民之所安。而敗亂之，害政之尤。故此三者，所犯雖小，亦不可宥也。

「爾無忿疾于頑，無求備于一夫。必有忍，其乃有濟。有容，德乃大。

有殘忍之忍，有容忍之忍。《春秋傳》曰：「州吁阻兵而安忍。」此殘忍之忍。孔子曰：「小不忍則亂大謀。」此容忍之忍也。古今語皆然，不可亂也。成王指言三細不宥，則其餘皆當宥之。曰「必有忍，其乃有濟」者，正孔子所戒「小不忍則亂大謀」者也。而近世學者乃謂「當斷不可以不忍，忍所以爲義」，是成王教君陳果於刑殺，以殘忍爲義也。夫不忍人之心，人之本心也，故古者以「不忍」勸人。以容忍勸人也則有之矣，未有以殘忍勸人者也。不仁之禍至六經而止，今乃析言誣經以助發之，予不可以不論。

「簡厥脩，亦簡其或不脩。進厥良，以率其或不良。惟民生厚，因物有遷，違上所命，從厥攸好。爾克敬典在德，時乃罔不變。允升于大猷。惟予一人，膺受多福，其爾之休，終有辭于永世。」

書傳卷十七　周書

宋　蘇軾撰

顧命第二十四

成王將崩，命召公、畢公率諸侯相康王，作《顧命》。

畢公高，周之同姓。

惟四月哉生魄，王不懌。

有疾不豫。

甲子，王乃洮頮水。

發大命，當齊戒沐浴。今有疾，不能洮，頮水而已。洮，盥也。頮，頮面也。

相被冕服，憑玉几。

相，相禮者，以衮冕服被王身也。大朝覲，設左右玉几。

乃同召太保奭、

召公爲保，兼冢宰。

芮伯、
　司徒。
彤伯、
　宗伯。
畢公、
　畢公，三公，亦兼司馬。
衛侯、
　《春秋傳》：康叔爲司寇。
毛公、
　司空也。《史記》有毛叔鄭。五人皆姬姓，惟彤伯姒姓。
師氏、
　師氏，中大夫，居虎門之左。
虎臣、
　虎賁氏。
百尹御事。王曰：「嗚呼！疾大漸，惟幾。
　漸，進也。幾，危也。

「病日臻，既彌留，

臻，至也。彌，甚也。疾甚將去而少留也。

「恐不獲誓言嗣，兹予審訓命汝。昔君文王、武王，宣重光，奠麗陳教則肄。肄不違，用克達殷，集大命。

麗，土著也。文、武先定民居，乃教之，既教則集之。民既集、教、用命，乃能開達殷之喪否也。

「在後之侗，

侗，愚也。揚雄曰：「倥侗顓蒙。」

「敬迓天威，嗣守文、武大訓，無敢昏逾。今天降疾殆，弗興弗悟。爾尚明時朕言，用敬保元子釗，

康王也。

「弘濟于艱難，柔遠能邇，安勸小大庶邦。思夫人自亂于威儀，爾無以釗冒貢于非幾。」

恭敬可以濟大難，但世以威儀爲文飾而已，不知其爲濟難之具也，故曰「自亂于威儀」。幾，危也；非幾者，安也。惟安爲可畏，不可以冒進也。死生之際，聖賢之所甚重也。成王將崩之一日，被冕服以見百官，出經遠保世之言，其不死於燕安婦人之手明矣，其致刑措宜哉！

兹既受命還，出綴衣于庭。

綴衣，幄帳也。群臣既出設幄帳于中庭，王反路寢之室也。

越翼日乙丑，王崩。太保命仲桓、南宫毛，俾爰齊侯吕伋，

伋，太公望子。爰，及也。《詩》曰：「爰及姜女。」

以二干戈、虎賁百人,逆子釗于南門之外。

成王之崩,子釗固在王所,今乃出之于路寢門外,而復逆之,蓋所以表異之也。

延入翼室,

路寢旁左右翼室也。成王喪在路寢,故子釗廬於翼室。

恤宅宗。

爲憂居之主也。

丁卯,命作册度。

以法度作册也。

越七日癸酉,伯相命士須材。

自西伯入爲相,召公也。須材,以供喪用。

狄設黼扆、綴衣。

狄,下士。扆,屏風爲斧文也。

牖間南嚮,

户牖間也。

敷重篾席,

桃竹枝席也。

黼純，

黼，黑白也。純，緣也。

華玉仍几。

華玉，色玉也。仍，因也。《周禮》：「吉事變几，凶事仍几。」因生時所設色玉左右几也。此見群臣、覲諸侯之坐也。

西序東嚮，

東西廂謂之序。

敷重厎席，

厎，蒻席也。

綴純，

綴，雜采也。

文貝仍几。

以文貝飾几，此旦夕聽事之坐也。

東序西嚮，敷重豐席，

豐，莞席也。

畫純，

繪緣也。

雕玉仍几。

以刻玉飾几，此養國老、享群臣之坐也。

西夾南嚮，

西廂夾堂。

敷重筍席，

筍，竹席也。

玄紛純，

紛，絀也。以玄絀爲緣。

漆仍几。

此親屬私燕之坐也，故几席質儉，無貝玉之飾。將傳先王之顧命也，不知神之所在於此乎？於彼乎？故兼設平生之坐也。

越玉五重，

及玉五重，謂弘璧、琬琰、大玉、夷玉、天球也。

陳寶，

謂赤刀以下衆寶。

赤刀、大訓、

虞、夏、商之《書》。

弘璧、

大璧也。

琬琰，在西序。大玉、夷玉、天球、河圖，

八卦也。

在東序。胤之舞衣、

胤國所爲舞者之衣。

大貝、鼖鼓，在西房。兑之戈、和之弓、

兑、和，古之巧人。

垂之竹矢，

垂，舜共工。

在東房。

舞衣、鼖鼓、弓、竹矢，皆以古物寳之，如後世寳孔子履也。

大輅在賓階面，

大輅，玉輅。

綴輅在阼階面，

綴輅，金輅。

先輅在左塾之前，

先輅，象輅。塾，夾門堂也。

次輅在右塾之前。

次輅，木輅也。革輅不陳。

二人雀弁，執惠，立于畢門之内。

雀弁，赤黑如雀頭色。惠，三隅矛。畢門，路寢門。

四人綦弁，執戈上刃，夾兩階戺。

綦弁，青黑色。堂廉曰戺。

一人冕，執劉，立于東堂。

劉，鉞屬。

一人冕，執鉞，立于西堂。一人冕，執戣，立于東垂。一人冕，執瞿，立于西垂。

戣、瞿，皆戟屬。

一人冕，執鋭，立于側階。

鋭，當作「鈗」。《説文》曰：「鈗，侍臣所執兵，從金，允聲。《書》曰『一人冕，執鈗』，讀若鋭。」冕，大夫服。弁，士服。

王麻冕、黼裳，由賓階隮。

麻冕，三十升麻爲冕，蓋衮冕也。衮冕之裳四章，此獨用黼者，以釋喪服吉，示變也。王方自外入受命，傳命者自阼階升，則王當從賓階也。

卿士、邦君麻冕、蟻裳，入即位。

《禮》曰：「子張之喪，公明儀爲志焉，褚幕丹質，蟻結于四隅。殷士也。」鄭玄云：「畫者之四角，其文如蟻行，往來相錯。」殷之蟻結，似今蛇文畫，豈蟻裳亦爲此文歟？君臣皆吉服，然皆有變。

太保、太史、太宗皆麻冕、彤裳。

太宗，上宗，皆大宗伯也。彤，纁也，纁裳亦變也。

太保承介圭，上宗奉同、瑁，由阼階隮。

介圭，大圭，尺有二寸，王所守也。同，爵名。瑁，四寸，王所執以朝諸侯。傳顧命，授圭瑁，當阼階升也。

太史秉書，由賓階隮，御王册命。

書，册也。王在西階上，故太史由此，以册御王。凡王所臨、所服用，皆曰「御」。

曰：「皇后馮玉几，道揚末命，命汝嗣訓，臨君周邦，率循大卞，燮和天下，用答揚文、武之光訓。」

成王顧命之言書之册矣，此太史口陳者。卞，法也。

王再拜，興，答曰：「眇眇予末小子，其能而亂四方，以敬忌天威？」乃受同、瑁，王三宿，三祭，三咤。上宗曰：「饗！」

太保實三爵於王，王受而置之曰宿。祭先曰祭。至齒而不飲曰咤，曰嚌，示飲而實不忍也。「上宗曰饗」，以嘏王也。

太保受同，降，盥以異同，

易爵而洗也。

秉璋以酢。

半珪曰璋，太保實此爵，以爲王酢己也。

授宗人同，拜，

宗人，小宗伯。

王答拜，太保受同，祭，嚌。宅，授宗人同，拜。

宅，居其所也。

王答拜，太保降，收。

收，徹也。

諸侯出廟門俟。

此路寢門也，而謂之廟，以正殯在焉。

康王之誥第二十五

康王既尸天子，遂誥諸侯，作《康王之誥》。

王出，在應門之内。

出畢門，立應門内之中庭，南面。

太保率西方諸侯，入應門左；畢公率東方諸侯，入應門右。

二公爲二伯，各率其所領諸侯，隨其方爲位，皆北面。成王之疾久矣，豈西方、東方諸侯來問王疾者歟？

皆布乘黄朱。

陳四黄馬朱鬣。

賓稱奉圭兼幣，

馬所以先圭幣。

曰：「一二臣衛，敢執壤奠。」

贄土所出。

皆再拜稽首。　王義嗣德，答拜。

王義諸侯不忘先王之德，故答拜。

太保暨芮伯咸進，相揖。

冢宰、司徒與群臣進戒。

皆再拜稽首，曰：「敢敬告天子，皇天改大邦殷之命，惟周文、武，誕受羑若，

文王出羑里之囚，天命自是始順。周人記之，謂之羑若，猶管仲、鮑叔願齊桓公不忘在莒時也。康王生而富貴，故於其初即位告以文武造邦之艱難，以憂患受命也。

「克恤西土。惟新陟王，

陟，升遐也。成王未有謚，故稱新陟王。

「畢協賞罰，戡定厥功，用敷遺後人休。今王敬之哉！張皇六師，無壞我高祖寡命。」王若曰：「庶邦侯、甸、男、衛，惟予一人釗報誥。昔君文、武丕平富，不務咎，底至齊，信用昭明于天下。

《詩》歌文王之德曰「陳錫哉周」，言其布大利以賜天下，則天下相率而載周。❶及其亡也，以滎夷公專利。今康王所謂「丕平富」者，豈非陳錫布利也歟？所謂「不務咎」者，豈非不專利以消怨咎也歟？即位而首言此，其與成王皆致刑措，宜也。

「則亦有熊羆之士、不二心之臣，保乂王家。用端命于上帝，皇天用訓厥道，付畀四方。乃命建侯樹屏，

❶「載」，原作「戴」。《毛詩·大雅·文王》作「哉」，毛傳訓「載」。《左傳》昭公八年引作「載」。朱鶴齡《尚書埤傳》引蘇傳作「載」，並注「依古注」。據改。

在我後之人。今予一二伯父，尚胥暨顧，綏爾先公之臣服于先王。

言諸臣忠於我，所以安汝先人事先王者，如《盤庚》告教之意也。

「雖爾身在外，乃心罔不在王室，用奉恤厥若。

使我雖宅憂，而人無不順者。

「無遺鞠子羞。」

鞠子，稚子也。

群公既皆聽命，相揖趨出。王釋冕，反喪服。

成王崩未葬，君臣皆冕服，禮歟？曰：非禮也。謂之變禮可乎？曰：不可。禮變於不得已，嫂非溺，終不援也。三年之喪，既成服，釋之而即吉，無時而可者。曰：先王之命，不可以不傳，既傳，不可以喪服受也。曰：何爲其不可也？曰：以喪冠者，雖三年之喪可也；既冠於次，入哭，踊者三乃出。孔子曰：「將冠子，未及期日，而有大功、齊衰之服，則因喪服而冠。」冠，吉一作「嘉」。禮也，猶可以喪服行之，受顧命、見諸侯，獨不可以喪服乎？太保使大史奉册，授王于次，諸侯入哭於路寢，而見王於次。王喪服受教戒諫，哭踊答拜。聖人復起，不易斯言也。始死方殯，孝子釋服離次，出居路門之外，受干戈、虎賁之逆，此何禮也？漢宣帝以庶人入立，故遣宗正太僕奉迎，以顯異之。康王，元子也，天下莫不知，何用此紛紛也？《春秋傳》曰：鄭子皮如晉，葬晉平公，將以幣行，子産曰：「喪安用幣？」子皮固請以行。既葬，諸侯之大夫欲因見新君，叔向辭之曰：「大夫之事畢矣，而又命孤，孤斬焉在衰絰之中，其以嘉服見，則喪禮未畢；其以喪服見，是重受弔也，大夫將若之何？」皆無辭以退。今康王既以嘉服見諸侯，又受乘黄、玉帛之幣，曾謂盛德之王，不若衰世之侯，召、畢公不如子産、叔向乎？使周公在，必不爲此。然則孔子何取於此一書也？曰：至矣，其父子君臣之間，教戒深切著明者，猶足以爲後世法。孔子何爲不取哉？然其失禮，則不可以不論。

書傳卷十八　周書

宋　蘇軾撰

畢命第二十六

康王命作册畢，分居里，❶成周郊，作《畢命》。

畢公弼亮四世，蓋嘗相文王也。至是耄矣，而猶勤小物，亦可謂盛德也哉！

惟十有二年，六月庚午朏，越三日壬申，王朝步自宗周，至于豐。以成周之衆，命畢公保釐東郊。

畢公蓋嘗相文王，故康王就豐文王廟命之。

王若曰：「嗚呼！父師，惟文王、武王敷大德于天下，用克受殷命。惟周公左右先王，綏定厥家，毖殷頑民，遷于洛邑。密邇王室，式化厥訓。既歷三紀，

十二年爲一紀。

「世變風移，四方無虞，予一人以寧。

❶「分」，學津本作「公」，屬下讀。

方三監叛，天下騷動，天子亦不安。

「道有升降，政由俗革，

子思子曰：「昔吾先君子，道隆則從而隆，道污則從而污，伋則安能？」惟聖人爲能與道升降、因俗立政也。

「不臧厥臧，民罔攸勸。惟公懋德，克勤小物，

有道者不以小大變易，不忽小物，斯不難大事矣。

「弼亮四世，正色率下，罔不祗師言。

雖正色不言而自服，然常敬衆言也。

「嘉績多于先王，

自文、武時，已立功矣。

「予小子垂拱仰成。」王曰：「嗚呼！父師，今予祗命公以周公之事，往哉！旌別淑慝，表厥宅里，彰善癉惡，

癉，病也。

「樹之風聲。弗率訓典，殊厥井疆，俾克畏慕。申畫郊圻，慎固封守，以康四海。政貴有恒，辭尚體要，不惟好異。商俗靡靡，利口惟賢，餘風未殄，公其念哉！

予以《書》考之，知商俗似秦俗，蓋二世似紂也。張釋之諫文帝：「秦以任刀筆之吏，争以亟疾苛察

相高，其弊徒文具，無惻隱之實，以故不聞其過。陵夷至於二世，天下土崩。今以嗇夫口辯而超遷之，臣恐天下隨風而靡，争爲口辯，而無其實。」凡釋之所論，則康王以告畢公者也。

「我聞曰：『世禄之家，鮮克由禮，以蕩陵德，實悖天道。敝化奢麗，萬世同流。』

惟惡能及遠，故秦「秦」，疑當作「殷」。之俗，至今猶在也。

「兹殷庶士，席寵惟舊，

乘勢勝物曰席。

「怙侈滅義，服美于人。

用美物多，則爲人所畏服。鄭子産言伯有用物弘而取精多，則生爲人豪，死爲厲鬼。

「驕淫矜侉，將由惡終。雖收放心，閑之惟艱。資富能訓，惟以永年。

富而能訓，則可以久安其富。

「惟德惟義，時乃大訓。不由古訓，于何其訓？」王曰：「嗚呼！父師，邦之安危，惟兹殷士。不剛不柔，厥德允修。惟周公克慎厥始，惟君陳克和厥中，惟公克成厥終。三后協心，同厎于道，道洽政治，澤潤生民。四夷左衽，罔不咸賴。予小子永膺多福。

康王以爲邦之安危在殷士，又以保釐之任爲足以澤生民，而服四夷。其言若過，然殷民至此，亦不能睥睨周室如三監時矣。然猶重其事如此。賈誼言：「秦俗婦乳其兒，與翁併踞；母取箕帚，立而誶語。」以此痛哭流涕太息，以爲漢之所憂無大於此者，正此意也。古之知治體者，其論安危蓋如此。

「公其惟時成周，建無窮之基，亦有無窮之聞。子孫訓其成式，惟乂。嗚呼！罔曰弗克，惟既厥心。罔曰民寡，惟慎厥事。

曰「弗克」者，畏其難而不敢爲者也。曰「民寡」者，易其事以爲不足爲者也。

「欽若先王成烈，以休于前政。」

前政，謂周公、君陳也。

君牙第二十七

穆王命君牙爲周大司徒，作《君牙》。

穆王滿，康王孫，昭王子。

王若曰：「嗚呼！君牙，惟乃祖乃父，世篤忠貞，服勞王家，厥有成績，紀于太常。

《周禮》：司勳，凡有功者，銘書于王之太常，祭于太烝。日月爲常。

「惟予小子，嗣守文、武、成、康遺緒，亦惟先王之臣，克左右，亂四方，心之憂危，若蹈虎尾，涉于春冰。今命爾予翼，作股肱心膂。纘乃舊服，無忝祖考。弘敷五典，式和民則。爾身克正，罔敢弗正，民心罔中，惟爾之中。夏暑雨，小民惟曰怨咨；冬祁寒，小民亦惟曰怨咨。厥惟艱哉！思其艱，以圖其易，民乃寧。

方周之盛，越裳氏來朝，曰：「久矣，天之無疾風暴雨也。中國其有聖人乎？」方是時，四夷之民莫不戴王，雖風雨天事非人力者，亦歸德於王。及其衰也，一寒一暑亦惟王之怨。是故聖人以民心爲存亡，一失其心，無動而非怨者。賞則謂之私，罰則謂之虐；作德則謂之僞，不作則謂之漫；出令而不信，無事而致謗：皆王之咎也。夏諺曰：「吾王不游，吾何以休？吾王不豫，吾何以助？」游、豫且以爲德，豈復有風雨寒暑之怨乎？

「嗚呼！丕顯哉，文王謨！丕承哉，武王烈！啓佑我後人，咸以正罔缺。爾惟敬明乃訓，用奉若于先王，對揚文、武之光命，追配于前人。」王若曰：「君牙，乃惟由先正舊典時式。

先正，周、召、畢公之流。

「民之治亂在兹。率乃祖考之攸行，昭乃辟之有乂。」

嗚呼！予讀穆王之書一篇，然後知周德之衰，有以也。夫昭王南征而不復，至齊桓公乃以問楚，是終穆王之世，君弒而賊不討也。而王初無憤恥之意，乃欲以車轍馬跡，周於天下。今觀《君牙》、《伯冏》二書，皆無哀痛惻怛之語，但曰「嗣先人，宅丕后」而已，足以見無道之情。非祭公謀父以《祈招》之詩收王之放心，則王不復矣。《吕刑》有哀敬之情，蓋在感悔之後，時已耄矣。

冏命第二十八

穆王命伯冏爲周太僕正，作《冏命》。

太僕正，太御，中大夫。

王若曰：「伯冏，惟予弗克于德，嗣先人，宅丕后，怵惕惟厲，中夜以興，思免厥愆。昔在文、武，聰明齊聖，小大之臣，咸懷忠良。其侍御僕從，罔匪正人。以旦夕承弼厥辟，出入起居，罔有不欽。發號施令，罔有不臧。下民祗若，萬邦咸休。惟予一人無良，實賴左右前後有位之士，匡其不及，繩愆糾謬，格其非心，俾克紹先烈。今予命汝作大正，正于群僕侍御之臣。懋乃后德，交修不逮。慎簡乃僚，無以巧言令色、便辟側媚，其惟吉士。僕臣正，厥后克正；僕臣諛，厥后自聖。

至哉此言！可以補《説命》之缺也。孔子取於《君牙》、《伯冏》二書者，獨斯言歟！

「后德惟臣，不德惟臣。爾無昵于憸人，充耳目之官，迪上以非先王之典。非人其吉，惟貨其吉。若時瘝厥官，惟爾大弗克祗厥辟，惟予汝辜。」

引小人以昵王，人臣不敬，莫大於此。

王曰：「嗚呼，欽哉！永弼乃后于彝憲。」

憲，典也。迪上以先王之典也。❶

---

❶ 此條傳文原脱，據學津本補。

書傳卷十九　周書

宋　蘇軾　撰

吕刑第二十九

吕命，穆王訓夏贖刑，作《吕刑》。

穆王命吕侯作此書，《史記》作「甫侯」。堯、舜之刑，至禹明備，後王德衰而政煩，故稍增重。積累世之漸，非一人之意也。至周公時，五刑之屬各五百，周公非不能改以從夏，蓋世習重法而驟輕之，則姦民肆而良民病矣。及成、康刑措，穆王之末，姦益衰少，而後乃敢改也。《周禮》之刑二千五百，❶穆王之三千，雖增其科條，而入墨劓者多，入宫辟者少也。贖者，疑赦之罰耳。然訓刑必以贖者，非贖之鍰數無以爲五刑輕重之率也。如今世徒、流皆折杖，非以杖數折不知徒、流增減之率也。《吕刑》，《孝經》、《禮記》皆作《甫刑》，説者謂吕侯後封甫，《詩》之「申甫」是也。

惟吕命，王享國百年，耄荒度作刑，以詰四方。

❶「禮」，學津本作「公」。

刑必老者制之，以其更事而仁也。「耄荒度作刑」者，以耄年而大度作刑，猶禹曰「予荒度土功」。度，約也，猶漢高祖「約法三章」也。

王曰：「若古有訓，蚩尤惟始作亂，延及于平民，罔不寇賊，鴟義姦宄，奪攘矯虔。

炎帝世衰，蚩尤作亂，黄帝誅之。自蚩尤以前，未有以兵强天下者。鴟義，以鷙殺爲義，如後世所謂俠也。矯，詐。虔，劉也。凡民爲姦者，皆祖蚩尤。

「苗民弗用靈，制以刑，惟作五虐之刑曰法。殺戮無辜，爰始淫爲劓、刵、椓、黥。越兹麗刑并制，罔差有辭。

蚩尤既倡民爲姦，苗民又不用善，但過作劓鼻、刵耳、椓竅、黥面、殺戮五虐之刑，而謂之法。苟麗於法者必刑之，并制無罪，不復以寃訴爲差别。有辭無辭，皆刑之也。自苗民以前，亦未有作五虐之刑者，故舉此二人以爲亂始。

「民興胥漸，泯泯棼棼，罔中于信，以覆詛盟。

人無所訴則訴於鬼神，德衰政亂則鬼神制世。民相與反覆，詛盟而已。

「虐威庶戮，方告無辜于上。上帝監民，罔有馨香德刑，

無德刑之香也。

「發聞惟腥。皇帝哀矜庶戮之不辜，報虐以威，遏絶苗民，無世在下。

皇帝，堯也。分北三苗，遷其君於三危。

「乃命重、黎，絶地天通，

民瀆於詛盟祭祀，家爲巫史，堯乃命重、黎授時勸農而禁淫祀，人神不復相亂，故曰「絶地天通」。

重、黎即羲、和也。

「罔有降格。

虢之亡也，有神降于莘，蓋此類也。

「群后之逮在下，明明棐常，鰥寡無蓋。

自諸侯以及其臣下，皆脩明人事而輔常道，故鰥寡無蔽塞之者。

「皇帝清問下民，鰥寡有辭于苗。

國無政，天子欲聞民言，豈易得其實哉？ 故政清而後民可問也。

「德威惟畏，德明惟明。

非德之威，所謂虐也。 非德之明，所謂察也。

「乃命三后，恤功于民。 伯夷降典，折民惟刑。

失禮則入刑，禮、刑一物也。 折，折衷也。

「禹平水土，主名山川。 稷降播種，農殖嘉穀。 三后成功，惟殷于民。

殷，富也。

「士制百姓于刑之中，以教祗德。

士，皋陶也。

「穆穆在上，明明在下，灼于四方，罔不惟德之勤。故乃明于刑之中，率乂于民棐彝。典獄，非訖于威，惟訖于富。

訖，盡也。威，貴有勢者。乘富貴之勢以爲姦，不可以不盡法。非盡于威，則盡于富，其餘貧賤者，則容有所不盡也。

「敬忌，罔有擇言在身。惟克天德，自作元命，配享在下。」

脩其敬畏，至於口無擇言，此盛德之士也。何以貴之於典獄？曰：獄，賤事也，而聖人盡心焉。其德入人之深，動天地，感鬼神，無大於獄者。故盛德之士，皆屑爲之。臯陶遠矣，莫得其詳，如漢張釋之、于定國，唐徐有功，民皆自以爲不寃，其不信之信，幾於聖與仁者，豈非「口無擇言、身無擇行」之人哉！若斯人者，將與天合德，子孫其必有興者，非「自作元命，配享在下」而何？漢楊賜辭廷尉之命，曰：「三后成功，惟殷于民，臯陶不與焉，蓋吝之也。」《書》蓋以爲「惟克天德，自作元命」者，何吝之有？此俗儒妄論也。或然之，不可以不辨。

王曰：「嗟！四方司政典獄，非爾惟作天牧？

爲天牧民，非爾而誰？

「今爾何監，非時伯夷播刑之迪？其今爾何懲？惟時苗民，匪察于獄之麗。

麗于獄輒刑之，不復察也。

「罔擇吉人，觀于五刑之中，惟時庶威奪貨。

貴者以威亂政，富者以貨奪法。

「斷制五刑，以亂無辜。上帝不蠲，降咎于苗。苗民無辭于罰，乃絶厥世。」

言當以伯夷爲監，苗民爲戒也。

王曰：「嗚呼，念之哉！伯父、伯兄、仲叔、季弟、幼子、童孫，皆聽朕言，庶有格命。

諸侯群臣，自其父行至于兄弟、子孫，皆聽朕言，庶以格天命。

「今爾罔不由慰日勤，爾罔或戒不勤。

獄非盡心力不得其實，故無獄不以勤爲主。由，用也。爾當用獄吏慰安之而日愈勤者，不當用戒敕之而終不勤者。

「天齊于民，俾我一日非終，惟終在人。

刑獄非所恃以爲治也，天以是整齊亂民而已。蓋使我爲一日之用，非究竟要道也。可恃以終者，其惟得人乎！

「爾尚敬逆天命，以奉我一人，雖畏勿畏，雖休勿休。

休，喜也。典獄者不可以有所畏喜。

「惟敬五刑，以成三德。一人有慶，兆民賴之，其寧惟永。」

三德，《洪範》「三德」也。以刑成德，王有慶，民有利，則其安長久也。

王曰：「吁！來。有邦有土，告爾祥刑。

祥，善也。

「在今爾安百姓，何擇非人？何敬非刑？何度非及？」

罪非己造，爲人所累曰及。秦、漢之間謂之逮。此最爲政者所當慎，故特立此法，謂之及。因有大獄，獄吏以多殺爲功，以不遺支黨爲忠，胥史皂隸以多逮廣繫爲利，故古者大獄有萬人者。國之安危，運祚長短，或寄於此，故曰「何度非及」，度其非同惡者，則勿逮可也。

「兩造具備，師聽五辭。」

訟者兩至，則士聽其辭。

「五辭簡孚，正于五刑。」

簡，核也。孚，審慮也。簡孚而無辭，乃正五刑。

「五刑不簡，正于五罰。」

罰，贖也。

「五罰不服，正于五過。」

過失，則當宥也。

「五過之疵：惟官，惟反，惟内，惟貨，惟來。其罪惟均，其審克之。」

刑之而不服則贖，贖之而不服則宥，無不可者，但恐其有疵弊耳。官者，吏爲請求也。反者，報也，報德怨也。内，女謁也。貨，鬻獄也。來，親友往來者爲言也。法當同坐，故曰「其罪惟均」。克，勝也，勝其非也。

「五刑之疑有赦，五罰之疑有赦，其審克之。簡孚有衆，惟貌有稽。

既簡且孚，衆證之矣。口服而貌不服，此必有故，不可以不稽也。

「無簡不聽，

初無核實之狀，則此獄不當聽也。

「具嚴天威，

所以如此者，畏天威也。

「墨辟疑赦，其罰百鍰，閱實其罪。

刻其顙而涅之曰墨。六兩曰鍰。

「劓辟疑赦，其罰惟倍，閱實其罪。

截鼻爲劓。倍之，爲二百鍰。

「剕辟疑赦，其罰倍差，閱實其罪。

刖足曰剕。倍之又半之，爲五百鍰。

「宮辟疑赦，其罰六百鍰，閱實其罪。

宮，淫刑也。男子腐，婦人閉。

「大辟疑赦，其罰千鍰，閱實其罪。

大辟，死刑也。五刑疑則入罰，不降相因，古之制也。所謂疑者，其罪既閱實矣，而於用法疑耳。

「墨罰之屬千，劓罰之屬千，剕罰之屬五百，宮罰之屬三百，大辟之罰其屬二百。

墨、劓、剕、宮、辟，皆真刑也。罰者，罰應贖者也。屬，類也。凡五刑、五罰之罪，皆分門而類別之也。

「五刑之屬三千。

《周禮》：五刑之屬二千五百，而此三千，《孝經》據而用之，是孔子以夏刑爲正也。

「上下比罪，

比，例也。以上下罪參驗而立例也。

「無僭亂辭，

僭，差也。亂辭，辭與情違者也。

「勿用不行，

立法必用衆人所能者，然後法行。若責人以所不能，則是以不可行者爲法也。

「惟察惟法，其審克之。

察，我心也。法，國法也。內合我心，外合國法，乃爲得之。

「上刑適輕，下服。下刑適重，上服。

世或謂大罪法重而情輕，則服下刑。此猶可也，不失爲仁。若小罪法輕情重而服上刑，則不可。

古之用刑者，有出於法内，無入於法外。「與其殺不辜，寧失不經」，故知此説之非也。請設爲甲乙以解此二言：甲初欲爲强盜，既至其所，則不强而竊，當以竊法坐之，此之謂「上刑適輕，下服」。乙初欲竊爾，既至其所則强，當以强法坐之，此之謂「下刑適重，上服」。刑貴稱罪，報其所犯之功，不報其所犯之意也。

「輕重諸罰，有權。」

一人同時而犯二罪，一罪應剕，一罪應劓，劓剕不並論，當以一重剕之而已。然是人所犯劓罪應刑，剕罪應贖，則刑之歟？抑贖之歟？蓋當其劓罪，而贖其餘。何謂餘？曰：劓之罰二百鍰，既刑之矣，則又贖三百鍰，以足剕罰五百鍰之數。以此爲率，如權石之推移，以求輕重之詳，故曰「輕重諸罰，有權」。

「刑罰世輕世重，惟齊非齊，有倫有要。」

穆王復古而不是古，變今而不非今，厚之至也。曰各隨世輕重而已。民有犯罪於改法之前，而論法於今日者，可復齊於一乎？舊法輕則從舊，今法輕則從今，任其不齊，所以爲齊也。倫者，其例也。要者，其辭也。辭例相參考，必有以處之矣。

「罰懲非死，人極于病。」

時有議新法之輕，多罰而少刑，恐不足以懲姦者。故王言罰之所懲，雖非殺之也，而民出重贖，已極于病。言如是亦足矣。

「非佞折獄，惟良折獄，罔非在中。

佞，口給也。良，精也。辯者服其口，不服其心也。

「察辭于差，

事之真者，不謀而同。從其差者而詰之，多得其情。

「非從惟從。

囹圄之中，何求而不得？固有畏吏甚者，寧死而不辯，故囚之言惟吏是從者，皆非其實，不可用也。

「哀敬折獄，明啓刑書胥占，咸庶中正。

律令當令獄囚及僚吏明見，相與占考之，庶幾共得其中正也。

「其刑其罰，其審克之。獄成而孚，輸而孚。

輸，不成也。囚無罪，如傾瀉出之也。孚，審慮也。成與不成，皆當與衆審慮也。

「其刑上備，有并兩刑。」

其上刑已有餘罪矣，則并兩刑從一重論。

王曰：「嗚呼，敬之哉！官伯、族姓，

呼其大官大族而戒之。

「朕言多懼。

民命之存亡，天意之喜怒，國本之安危在焉，不得不懼。

「朕敬于刑，有德惟刑。今天相民，作配在下，明清于單辭。民之亂，罔不中聽獄之兩辭，

欲濟民于險難者，當竭其中，以聽兩辭也。

「無或私家于獄之兩辭。獄貨非寶，惟府辜功。報以庶尤，永畏惟罰。非天不中，惟人在命。天罰不極，庶民罔有令政在于天下。」

府，聚也。辜功，猶言罪狀也。古者論罪有功、意。功，其迹狀也。言獄貨非所以爲寶也，但與汝典獄者聚罪狀耳。我報汝以衆罪，而所當長畏者，天罰也。非天不中，惟汝罪在人命也。天既罰汝不中之罪，則民皆咎我，我無復有善政在天下矣。

王曰：「嗚呼！嗣孫，今往何監？非德于民之中？尚明聽之哉！

王耄矣，諸侯多其孫矣。自今當安所監，非以此德爲民中乎？

「哲人惟刑，

古之哲人，無不以刑作德者。

「無疆之辭，屬于五極，咸中有慶。

無窮之聞，必由五刑，咸得其中則有慶。五極，五常也。

「受王嘉師，監于茲祥刑。」

嘉，善也。王所以能輕刑者，以民善故也。

書傳卷二十　周書

宋　蘇軾　撰

文侯之命第三十

平王錫晉文侯秬鬯、圭瓚，作《文侯之命》。

平王，幽王之子宜臼也。文侯仇，義和其字也。以圭爲杓柄曰圭瓚。

王若曰：「父義和，丕顯文武，克慎明德，昭升于上，敷聞在下，惟時上帝，集厥命于文王。亦惟先正，克左右昭事厥辟，越小大謀猷，罔不率從，肆先祖懷在位。

懷，安也。

「嗚呼！閔予小子嗣，造天丕愆。

痛幽王犬戎之禍也。

「殄資澤于下民，侵戎我國家純。

殄，絶也。純，大也。言無以資給惠利下民，民莫爲用者，故爲犬戎所侵害我國家者，亦大矣。

「即我御事，罔或耆壽俊在厥服，

西周之所以亡者，無人也。耇而俊者，皆不在位。《春秋傳》曰：惡角犀豐滿，而近頑童焉。

「予則罔克。曰惟祖惟父，其伊恤朕躬。

諸侯在我祖父行者，其誰恤我哉！

「嗚呼！有績予一人，

有能致功予一人者乎？

「永綏在位。父義和，汝克昭乃顯祖。

謂唐叔也。

「汝肇刑文、武，用會紹乃辟，追孝于前文人，

汝始法文、武之道，以和會紹接我，使得追孝于前文人，奉祭祀也。

「汝多脩，扞我于艱，

多所脩完，扞衛我于艱難也。

「若汝，予嘉。」王曰：「父義和，其歸視爾師，寧爾邦。用賚爾秬鬯一卣，彤弓一，彤矢百，盧弓一，盧矢百，

賜弓矢，使得征伐。

「馬四匹。父往哉！柔遠能邇，惠康小民，無荒寧。簡恤爾都，

簡，閱其士。惠，恤其民。

「用成爾顯德。」

予讀《文侯》篇，知東周之不復興也。宗周傾覆，禍敗極矣，平王宜若衛文公、越句踐然，今其書乃施施焉與平康之世無異。《春秋傳》曰：「厲王之禍，諸侯釋位以間王政，宣王有志而後效官。」讀《文侯》之篇，知平王之無志也。唐德宗奉天之難，陸贄爲作制書，武夫悍卒皆爲出涕，唐是以復興。嗚呼！平王獨無此臣哉！

費誓第三十一

魯侯伯禽宅曲阜，徐、夷並興，東郊不開，作《費誓》。

伯禽，周公子。費，在東海郡，後爲季氏邑，非魯近郊，蓋當時治兵於費。

公曰：「嗟！人無譁，聽命！

譁，讙也。

「徂兹淮夷、徐戎並興。

成王征淮夷，滅奄，蓋此徐州之戎及淮浦之夷，叛已久矣。及伯禽就國，則並起攻魯，故曰「徂兹淮夷、徐戎並興」。徂兹者，猶云往者云爾。

「善敹乃甲胄，敿乃干，無敢不弔。備乃弓矢，鍛乃戈矛，礪乃鋒刃，無敢不善。

敹、敿、鍛、礪，皆脩治也。弔，精至也。

「今惟淫舍牿牛馬，

牿，所以械牛馬者。今當用之於戰，故大釋其牿。淫，大也。

「杜乃擭，斂乃穽，無敢傷牿。牿之傷，汝則有常刑。

擭，機檻也。斂，塞也。恐傷此釋牿之牛馬，此令軍所在居民也。

「馬牛其風，臣妾逋逃，勿敢越逐，祗復之，我商賚汝。乃越逐，不復，汝則有常刑。

軍亂生於動，故軍以各居其所不動爲法。若牛馬風逸，臣妾逋逃，而聽其越逐，則軍或以亂，亦恐姦人規亂我軍。故竊牛馬、誘臣妾以發之，禁其主，使不得捕逐，則軍自定。得此風逃者，當敬復其主，我當商度有以賜汝。若其越逐與其得而不復者，皆有常刑。

「無敢寇攘，踰垣牆，竊馬牛，誘臣妾，汝則有常刑。甲戌，我惟征徐戎，峙乃糗糧，無敢不逮，汝則有大刑。魯人三郊、三遂，峙乃楨榦。甲戌，我惟築。

糗，糒也，師遠行則用之。楨、榦，皆木也，所以築者。徐戎、淮夷近在魯東郊，不伐之於郊，而載糗糧遠征其國，既以甲戌築，又以甲戌行，何也？古來未有知其説者。以予考之，伯禽初至魯，魯人未附，韓信所謂「非素拊循士大夫，驅市人而戰」者。若伐之於東郊，魯人自戰其地，易以敗散。築城而守之，徐夷必爭，使土功不得成。故以是日築，亦以是日行。徐夷方空國寇魯，魯侯乃以大兵往攻其巢穴，師興之日，東郊之圍自解。所謂「攻其必救」，築者亦得成功也。《費誓》言征言築，而終不言戰，蓋妙於用兵。周公之子，蓋亦多材藝耳。

「無敢不供，汝則有無餘刑，非殺。

汝敢不供楨、榦，則吾之刑汝，不遺餘力矣。特不殺而已。糗糧、芻茭不供則軍飢，故皆用大刑。大刑，死刑也。楨、榦不供，比芻糧差緩，故用無餘刑而非殺。近時學者乃謂「無餘刑」，孥戮其妻子，非止殺其身而已。夫至於殺而猶不止，誰忍言之？伯禽，周公子也，而至於是哉？

「魯人三郊、三遂，峙乃芻茭，無敢不多，汝則有大刑。」

言魯人以別之，知當時有諸侯之師也。楨、榦、芻、茭皆重物，故獨使魯人供之。三郊、三遂，南西北方郊、遂之人。東郊以備寇，不供也。徐夷作難久矣，魯國受其害，而以宅伯禽，知周公不私其子。伯禽生而富貴安佚，始侯於魯，遇難而能濟，達於政，練於兵，皆見於《費誓》，見周公教子之有方也。孔子敘《書》，蓋取此也。

秦誓第三十二

秦穆公伐鄭，

秦穆公任好。

晉襄公帥師，

襄公歡，文公子。

敗諸崤，還歸，作《秦誓》。

秦穆公違蹇叔，以貪勤民，爲晉所敗，不殺孟明，而復用之。悔過自誓，孔子蓋有取焉。崤，在弘農澠池縣西。

公曰：「嗟！我士，聽無譁！予誓告汝群言之首。

此篇首要言也。

「古人有言曰：『民訖自若是，多盤。』

孔子曰：「人之言曰，予無樂乎爲君，惟其言而莫予違也。」孔子蓋以爲一言而喪邦者，此言也。「民訖自若是」，民盡順我而不我違，樂則樂矣，不幾於游盤無度，以亡其國，如夏太康乎？

「責人斯無難，惟受責俾如流，是惟艱哉！

人知聲色之害己也，然終好之；知藥石之壽己也，然終惡之。豈好死而惡生哉？私欲勝也。夫惟少私寡欲者，爲能受責而不責人，是以難也。

「我心之憂，日月逾邁，若弗云來。

已犯之惡，既成而不可追。未遷之善，未成而不可補。日月逝而不復反，我心皇皇，若無明日，悔之至也。

「惟古之謀人，則曰未就予忌。惟今之謀人，姑將以爲親。

我視在朝之謀人，未見可以就問使我敬畏如古人者，故且用今之流親己者而已。

「雖則云然，尚猷詢茲黃髮，則罔所愆。

雖不免且用孟明，然必訪諸黄髮，如蹇叔之流也。

「番番良士，旅力既愆，我尚有之。

番番，老者。雖旅力既愆，我猶庶幾得而用之。

「仡仡勇夫，射御不違，我尚不欲。

仡仡勇者，雖射御不違，我猶庶幾疎而遠之。

「惟截截善諞言，俾君子易辭，我皇多有之。

諞，巧也。皇，暇也。仡仡勇夫且不欲，而巧言令色使君子變志易辭者，我何暇復多有之哉！

「昧昧我思之。如有一介臣，斷斷猗，無他技，其心休休焉，其如有容。人之有技，若己有之。人之彦聖，其心好之。不啻如自其口出，是能容之，以保我子孫黎民，亦職有利哉！

我昧旦而起，則思之矣。曰：安得是人哉，得是人而付之子孫黎民，我無恨矣。

「人之有技，冒疾以惡之。人之彦聖，而違之，俾不達。是不能容，以不能保我子孫黎民，亦曰殆哉！

至哉！穆公之論此二人也。前一人似房玄齡，後一人似李林甫。後之人主，鑒此足矣。

「邦之杌隉，

不安也。

「曰由一人。邦之榮懷，亦尚一人之慶。」

懷，安也。

附録

四庫全書總目《東坡書傳》提要

《東坡書傳》十三卷，内府藏本。宋蘇軾撰。軾有《東坡易傳》，已著録。是書《宋志》作十三卷，與今本同。《萬卷堂書目》作二十卷，疑其傳寫誤也。晁公武《讀書志》稱：「熙寧以後，專用王氏之説進退多士，此書駁異其説爲多。」今《新經尚書義》不傳，不能盡考其同異。但就其書而論，則軾究心經世之學，明於事勢，又長於議論，於治亂興亡披抉明暢，較他經獨爲擅長。其釋《禹貢》「三江」，定爲南江、中江、北江，本諸鄭康成，遠有端緒；惟未嘗詳審經文，考覈水道，而附益以味别之説，遂以啓後人之議。至於以羲、和曠職爲貳於羿而忠於夏，則林之奇宗之；以《康王之誥》「服冕」爲非禮，引《左傳》叔向之言爲證，則蔡沈取之。《朱子語録》亦稱其解《吕刑》篇，以「王享國百年耄」作一句，「荒度作刑」作一句，甚合於理；後與蔡沈帖，雖有「蘇氏失之簡」之語，然《語録》又稱：或問：「諸家《書》解誰最好？莫是東坡？」曰：「然。」又問：「但若失之太簡？」曰：「亦有只須如此解者。」則又不以簡爲病。洛閩諸儒，以程子之故，與蘇氏如水火，惟於此書有取焉，則其書可知矣。

四庫全書《書傳》提要

臣等謹案：《書傳》二十卷，宋蘇軾撰。《尚書》所載，皆帝王大政，軾究心經世之學，明於事勢而又長於議論，故其詮解經義，於治亂興亡之故披抉明暢，較他經獨爲擅長。其釋《禹貢》「三江」，定爲南江、中江、北江，本諸鄭康成，遠有端緒；但未嘗詳審經文，攷覈水道，而附益以味别之説，遂以啓後人之譏議。至於以羲、和曠職爲貳於羿而忠於夏，則林之奇宗之；以《康王之誥》「服冕」爲非禮，引《左傳》叔向之言爲證，則蔡沈取之。朱子亦稱其解《吕刑》篇，以「荒度作刑」爲句，甚合於理，則皆卓然具有特見。朱子雖有「惜其太簡」之説，然漢代訓詁文多簡質，自孔、賈以後徵引始繁；軾文如萬斛源泉，隨地涌出，非不能曼衍其詞，當以解經之體詞貴典要，故斂才就範，但取詞達而止，未可以繁省爲優劣也。乾隆四十三年五月恭校上。

總纂官　臣紀昀　臣陸錫熊　臣孫士毅

總校官　臣陸費墀

焦竑《兩蘇經解序》

余髫年讀書，伯兄授之程課，即以經學爲務，於古注疏，有聞必購讀。聞宋兩蘇氏分釋經、子，甚慕之，未獲也。弱冠，得子由《老子解》，奇之。尋於荆溪唐中丞得子瞻《易》、《書》二解。己丑，檢中秘書，始獲《論》、《孟》拾遺。壬辰，奉使大梁，於中尉西亭所，獲子由《詩》與《春秋》解。丁酉，侍御畢公哀而刻之。而子瞻《論語解》卒軼不傳。刻成而予爲之序。

序曰：六經者，先儒以爲載道之文也，而文之致極於經，何也？世無舍道而能爲文者也。無論言必稱先王，學必窺原本；即巧如承蜩，捷如轉丸，甘苦徐疾如斲輪運斤，亦必有進於技者。技豈能自神哉？技進於道，道載於經。而謂舍經術而能文，是舍泉而能水，舍燧而能火，舍日月而能明，無是理也。兩蘇氏以絶人之資，刳心經術，沉浸涵泳之餘，妙契其微旨。若見夫六通四辟，無之而非是者。故發之爲文，如江河滔滔汩汩，日夜不已，衝砥柱、絶吕梁，歷數千里，而放之於海。雖舒爲安流，激爲怒濤，變幻百出，要以道其所欲言而止。故世代遞更，好憎屢變，而二子之文，卒與六經爲不朽。何者？彼誠有所自得也。不然，操觚之士，代不乏人，而灰飛煙滅，隨影響而盡，此其故可知已。二子既以文章顯於世，及其老而多難也，思深見定，始徘徊而詮次先聖之文。嘗伏而讀之，古之微言渺論，班班具在。蓋浮華剥而真實見，斯二子之至者也。世方守一家言，目爲文人之經而絀之，而傳者稀矣。夫道非一聖人所能究，前者開之，後者推之，略者廣之，微者闡之，而其理始著，故經累而爲六也。乃談經者欲暖暖姝姝於一先生之言，而以爲經盡在是也，豈不謬哉！此不知二子之文，又不知二子有進於文者故也。畢公視鹾之暇，建精廬瀛海閒，簡燕趙之雋而造之，而兼刻是書以行。豈第使燕趙多文士乎？余意通經學古，以紹明先聖之道，必是編爲嚆矢矣。

萬曆丁酉冬日，琅琊焦竑書

淩濛初《東坡書傳序》

傳注之家有二派焉，一曰博洽，旁蒐廣列，引客證主，裴松之之注《三國志》、劉孝標之注《世説》、酈道元之注《水經》也。一曰聰明，發揮己見，以意逆志，韓非之《解老》《喻老》、向秀之注《莊》、王冰之解《素問》、張商英之注《素書》也。訓詁而餖飣之，下矣。釋義而經生之，下之下矣。國朝以宋儒蔡沈《尚書傳》頒之學宫，而「七政」、「左旋」之説，業已不愜高皇帝意。楊用修氏之説經，多取漢儒，其言曰：「漢世去孔子未遠，傳之人雖劣其説，宜得其真。宋儒去孔子千五百年，雖其聰穎過人，安能一旦盡棄舊而獨悟於心耶？」故自謂觀《尚書》不可廢古注，以孔安國爲漢人，又孔子後也，見固卓然矣。蘇氏雖亦宋人乎，然其博洽異常，可於其詩知之；其聰明蓋世，可於其文知之，固非一時諸儒所可望項背者。此其於餖飣、經生之二竪未入膏肓也。與其祧漢而宗宋乎，則毋乃廊廡諸儒而兩楹蘇矣。

吴興淩濛初撰并書

書疑

〔南宋〕王柏 撰
曹書傑 校點

校點説明

《書疑》九卷，南宋王柏（一一九七—一二七四）撰。王柏字會之，號長嘯、魯齋，謚文憲，婺州金華（今屬浙江）人。平生未仕，以教授著述終其身，曾受聘於麗澤、上蔡兩書院，死後追贈承事郎。《宋史·儒林傳》有傳。王柏受業於朱熹再傳弟子何基，爲金華學派代表學者之一，與何基、金履祥、許謙並稱金華四先生。著述頗豐，《宋史》本傳記載有四十多種，傳世者有《詩疑》二卷，及後人輯編的《魯齋王文憲公文集》二十卷、《宋魯齋王文憲公遺集》十二卷、《金華王魯齋先生傳集》二卷等。《書疑》是其最有代表性的學術著作。

世傳所謂古文《尚書》，經明清兩代學者考定，確非孔壁所出古文《尚書》之舊，乃是真今文與假古文之合編本。然對傳本《尚書》的懷疑自宋代已成風氣，「疑古文者自吴棫、朱子始，併今文而疑之者自趙汝談始，改定《洪範》自龔鼎臣始，改定《武成》自劉敞始，其併全經而移易補綴之者則自柏始」。（《四庫全書總目》卷十三《書疑》提要）《書疑》以懷疑的態度討論《尚書》經文，不僅認爲古文《尚書》不可靠，且認爲今文各篇亦多錯亂，並以己意加以釐定。王氏對《尚書》的改易有些頗具説服力，如認爲《堯典》、《舜典》本爲一篇，《益稷》、《皋陶謨》也本爲一篇等，前承孔穎達之説，後爲清儒論定，承上啟下，足資參考。王氏對於各篇主題皆有所把握，如認爲：「《堯典》是敍舜一代之始終，《禹貢》是敍禹一事之始終。」「典、貢，敍事體也；二謨，敍言體也。此四篇者，實訓、誥、誓、命之祖也。」（《書疑》卷二首）這些論斷也頗有參考價值。

該書主要缺點在於論證不尚考據，論定經文，内不求證於本經，旁不考據於他書，凡不合己意者則一以己意斷之，概以錯簡爲説，全不顧及古書之體制格式，故四庫館臣曾批評曰：「至於《堯典》、《皋陶謨》、《説命》、《武成》、《洪範》、《多士》、《多方》、《立政》八篇，則純以意爲易置，一概託之於錯簡。有割一兩節者，有割一兩句者，何脱簡若是之多？而所脱之簡又若是之零星破碎，長短參差，其簡之長短廣狹，字之行款疏密，茫無一定也？其爲師心杜撰，竄亂聖經，已不辨而可知矣。」（《四庫全書總目》卷十三《書疑》提要）這種批評是中肯的。此不足之一也。《尚書》今文、古文各篇迥然有别，今文傳承歷歷可考，歷代學者皆以爲真實可靠，獨王氏將其與「僞古文」諸篇同樣大加懷疑，然所舉之證無幾，實不足服人之心。此不足之二也。

王氏處於理學興盛時代，不尚考據乃一時風氣，王氏無法脱離當時環境，这是歷史的局限。《書疑》作爲《尚書》研究一個階段的代表作之一，在學術史上的意義是不容忽視的。然《書疑》所存在的歷史局限，也是研讀者必須注意的。

《書疑》現存版本，以清康熙十九年《通志堂經解》本最早，前有清人納蘭成德《王魯齋書疑序》一篇；以清同治八年永康胡鳳丹退補齋刻《金華叢書》本流傳爲最廣，此本有胡鳳丹《重刻書疑序》，又增附《宋史》本傳。《金華叢書》本以《通志堂經解》爲底本翻刻，對文字有較多校訂，但所改文字也未可盡信。此次整理，以《續修四庫全書》影印《通志堂經解》本爲底本，以《金華叢書》本（簡稱「金華本」）爲校本，胡序附於成德《序》後，《宋史》本傳則捨而弗録。原書目録與正文標題風格差異較大，仍予保留，以供參稽。

校點者　曹書傑

王魯齋書疑序

《書疑》九卷，宋金華王文憲公柏所著。《書》自伏、孔二家傳出，於是有今文古文之别。由唐以前，未有疑之者。有宋諸儒始疑古文後出，非盡孔壁之舊，然於今文固未有擬議也。其并今文而疑之，則自公始。公高明絶識，於群經穿穴鑽研，不狃於訓詁之舊，故雖以二千年相傳口授壁藏之書，漢唐諸儒所服習者，猶有缺佚脱誤之疑。至謂《大誥》「寧王遺我大寶龜，西土有大艱，人亦不靖」之語，無異於唐德宗奉天之難委之於定數，聖如姬公寧肯爲此語？《洛誥》復辟之事，謂成王幼，周公代王爲政，成王長，周公歸政於王，蘇氏所謂「歸政初無害義，何所嫌而避此名乎」，其不苟爲同如此。元吴禮部師道言：公初見何北山，北山謙抑不敢以弟子視之；公宏論英辯，質疑往復，一事或十數過。公之爲此書也，豈有得於北山與？是書之最善者，如訂正「皇極」之經傳，謂《論語》「咨爾舜」二十二言、《孟子》「勞」、「來」、「匡」、「直」數語宜補《堯典》缺文，《禹貢》敍一事之終始，《堯典》敍一代之終始，《禹貢》當繼《堯典》之後，居三《謨》之前，皆卓然偉論，即以補伏、孔所未逮可也。

康熙丁巳納蘭成德容若序

重刻書疑序

士必通經尚矣，顧經義浩如淵海，貴於善信，尤貴於善疑。余序公所著《詩疑》亦既詳論之矣。夫可疑者不獨《詩》也，惟《書》亦然。孟子曰：「盡信《書》則不如無《書》。」就《武成》一册而類推之，其間可疑者不知凡幾，視讀《書》者之會心何如耳。自漢以下，註《書》者無慮數十百家，乃箋釋愈繁而辭意愈晦者，何哉？孔壁所藏既非完帙，伏生所授又苦聱牙不濬，以論古之識而穿鑿附會以求其通，是滋之惑也。王文憲公嘗謂《書》有三變，秦火一變也，傳言之訛再變也，以意屬讀三變也，惟解此三變然後可用我疑，亦惟解此三變斯可用我疑以堅我信。自《書疑》九卷出而學者遂昭若發矇，世有泥官禮以誤蒼生者，讀此可以悟矣。同治八年冬十一月同郡後學胡鳳丹月樵甫謹序

書疑目録

書疑卷第一

金華王柏著

書大序

予嘗讀古文《尚書序》，謂伏生老不能正言，使其女傳言以教晁錯。齊人語多與潁川異，錯所不知者十二三，略以意屬讀而已。由是觀之，《書》之爲書，至於聱牙艱澀而不可曉者，我知之矣。漢初，《書》已三變：秦火一變也，傳言之訛再變也，以意屬讀三變也。《書》之爲書，元氣微矣。及孔壁之藏既出，又增多伏生二十五篇，宜學者之所甚喜而甚幸，固當尊尚而表章之，篤信而訓詁之，又何敢復致疑於其間？今讀《大序》，鋪張廢興之由粲然備具，及熟復玩味則不能不疑。所可疑者大略有三：其一曰：三墳之書言大道，五典之書言常道。此説程子嘗疑之，已得其要。所謂三墳、五典、八索、九丘者，古人固有此書，歷代相傳，至夫子時，已删而去之，則其不足取以爲後世法可知矣！序者欲誇人以所不知，遂敢放言而斷之曰：此言大道，此言常道也。使其果有聖人經世治民之道登載於簡籍之中，正夫子之所願幸，必爲之發揮紀述傳之方來，必不芟夷退黜使堙没於後世。夫子既去之矣，序者乃敢妄加言道之詞，則是夫子不當去而去之。若曰「大道」，固自可常行者也；又曰「常道」，則亦豈不大哉？「大」

與「常」何自而分别也？如其言則墳之道不可常，典之道未至於大，豈不悖哉？夫天下之論至夫子而定，帝王之書自《堯典》而始，上古風氣質樸，隨時致治，史官未必得纂記之要，故夫子定《書》所以斷自唐虞者，以其立政有綱，制事有法，可以爲萬世帝王之軌範也。唐虞之下且有存有亡、有脱有誤，唐虞之上千百年之書，孰得其全而傳之，孰得其要而繹之？予嘗爲之説曰：凡帝王之事不出於聖人之經者，皆妄也。學者不當信而惑之，反引以證聖人之經也。

其二曰：孔壁之書皆科斗文字。予嘗求科斗之書體，茫昧恍惚不知其法，後世所傳夏商鬴鬲盤匜之類，舉無所謂科斗之形。或謂科斗者，顓帝之時書也。序者之言不過欲耀孔壁所藏之古耳，而不計其説之自相反覆而不可通也。謂科斗始於顓帝者，亦不過因序者之言，實以世代之遠而傅會之。且曰科斗書廢已久，時人無能知者，又不知何以參伍點畫、考驗偏傍而更爲隸古哉？於是遂遁其詞曰：以所聞伏生之書考論文義，定其可知者，則是古文之書初無補於今文，反賴今文而成書，本欲尊古文而不知實陋古文也。其原起於「皆科斗文字」一句，展轉乖謬，不能自脱。予欲獨求伏生《尚書》已不可得，觀《史記》所載雅俚雜糅，雖多太史公妄加點攛，而伏生本語亦不爲少，以今日見行之書考之，賴古文以訂定其口傳之謬者十不止於二三，而序者反欲假重伏生爲變科斗之計，不知爲孔壁羞亦甚矣。

其三曰：增多伏生之書二十五篇。其所增之篇固伏生之所無也，然伏生之所有，恐孔壁亦未必盡存。若以有無互相較數，竊意所增者未必果二十五篇也。何以言之？伏生之書最艱澀而不可解者，惟《盤庚》三篇與《周書·大誥》以下十篇而已，今古文乃亦有之。古文之所以異於伏生者，以其所載之平易也，今亦從而艱澀之如此，則是原本已如此之艱澀，而實非伏生之訛也。後世儒先曰「缺文」、曰「脱簡」、曰「此不可曉」，皆過矣。朱子嘗謂伏生偏記其所難，而安國專得其所易，蓋疑詞也。以愚觀之，伏生於此十三篇之外未嘗不平易，安國於此十三篇之中未嘗不艱澀也。若論其實，伏生之耄，口傳之訛自不能免，竊恐此十三篇之艱澀，孔壁未必有也。是故無所參正而艱澀自若，安國但欲增多伏生之數，掩今文而盡有之，反有以累古文也。夫自宣王之時史籀之書法道行於天下，始皇時李斯小篆方盛，屋壁之藏，爲夫子之故書邪，必篆籀也，爲秦政之新書邪，必小篆也。豈有不夏不商不籀不斯而獨傳顓帝之書法，本欲流傳適所以堙廢？孔氏子孫必不如是之疏也。且孔氏之遺書如《周易》十翼、《論語》、《大學》、《中庸》之屬，皆流傳至今，初不聞有科斗之字於它書，而獨記載於《書大序》，其張皇妄誕欺惑後世無疑。假曰科斗之法與史籀並行於世，豈有二三千年之遺法尚存于秦，自秦至漢未百年，而其體致遽無識之者？序者徒欲誇張藏書之甚古，不意千百年之後亦有疑者。朱子雖取此序於《書傳》之首，謂其言本末之頗詳，且取其掃小序自爲一篇，而不殺雜於經文之上，亦未嘗不言其非西京文字，固已洞矚其僞矣，且俾讀者宜考焉，此予之所以益疑也。

二典三謨

堯之德至矣！廣矣！固難於形容矣！上稽曆象，下授民時，舉天下之大而遜之於舜，其德固無以加於此矣。以《舜典》紀載如此之詳，而《堯典》反簡略若未斷章，何二典之不同如此？

命羲和、降二女事之，所關者固大，以在位七十載之久，其它豈無可書者？夫子亦以其登載之約而有「巍巍蕩蕩，民無能名」之嘆。愚竊謂史官本爲虞作典推及堯耳，蓋舜之功即堯之功，故繫之曰《堯典》，稱之曰「放勳」，不亦宜乎？其命羲和也，固堯之大政，舜又因堯之成績，察於璿璣玉衡而加詳焉。丹朱嚚訟之言，所以開揚仄陋之幾，驩兜共工之吁，方命圮族之咈，此四罪之張本也，合爲一篇，豈不首尾相涵，血脈相貫，氣象亦且渾全？不見堯之簡，不覺舜之多，此亦作經之體也。然亦何以證之？舜之命契也，曰「敬敷五教，在寬」，語意未盡，疑有缺文。幸孟子亦嘗舉此章，又有數語曰：「勞之來之，匡之直之，輔之翼之，使自得之，又從而振德之。」孟子既曰命契之詞，朱子於《集注》亦曰「命契之詞」。乃於《尚書》命契之下舉孟子之言而繫之，曰「亦此意也」，此則不能無疑。且孟子非泛引之云，既提其名謂之「放勳曰」，繫於命契五教之下，則是出於《堯典》矣；又曰「《堯典》曰『二十有八載，放勳乃殂落』」，今卻皆載於《舜典》，有以證戰國之時孟子所讀《堯典》未嘗分也，亦明矣。孔壁之分，尚可曰以册書舒卷之長不得已而分之，無它義也。自蕭齊姚方興亂以二十八字於「慎徽五典」之上，然後典分爲二，而勢不得而合矣。且「玄德」二字，六經無此語也，此莊老之言而晉之所崇尚，愚知其決非本語也，黜之無疑。

又

虞氏之史官，其有道之君子歟？何其識之精而詞之密也，何其敍事之法度森嚴也，何其體用備而本末先後之不紊也！其頌堯也，首以「放勳」兩字總之，後世遂疑爲堯之號。夫子曰：「大哉堯之爲君也！巍巍乎！唯天爲大，唯堯則之。蕩蕩乎民無能名焉，巍巍乎其有成功也。」此即是「放勳」之注脚。其第一章以四德爲放勳之本，而「欽」之一字又是德之本。第二章是放勳之序，《大學》一篇其原出於此，「明德」、「新民」、「至善」皆在其中。只此二章，其體用本末先後已極分明。此後方載實事，其「命羲和也」，首三句，已盡一事之體用，分命四官，整整有條。再提羲和授以閏法，而責敬授人時之效，此自有一章之綱目。此下即繼授舜一節，先之以朱之不可負荷，次之以三凶之不可任使，然後述四岳之辭，而使之求於仄陋而得舜，又繼以歷試而又遜位，此所謂推原其始之法也。其頌舜也，只是「慎徽五典」一句，終於「烈風雷雨弗迷」，其德已隱然具於歷試之内，與頌堯者無一字同。「受終」之下詳陳其事。首以「在璿璣玉衡」以補羲和之未備，見人君之職莫先于奉天時，而裁成輔相之道在是，而後次以祭告之禮，次之以召四岳群后之禮，又次以巡守四朝之事，又次以封山濬川，而後及典刑、四罪。中間以二十八載更端以限攝位即位之兩節，然後具紀咨四岳命九官之詞，總提以二十有二人，止結以告戒之一語，而以「黜陟」之法終焉。又總以舜歷事之歲月云，條理粲然，制度綱維極其詳密。命之以典，真萬世帝王之法則也。自是而降，更未有一篇似之。雖然，其中猶有缺文也，猶有錯簡也。昔堯之試舜也如此之詳，而遜位之際止一二語而已，此非小事也。以天下與人，而略無叮嚀告戒之意，何也？愚讀《論語》終篇，乃見堯曰：「咨！爾舜！天之曆數在爾躬，允執厥中，四海困窮，天禄永終。」書中脱此二十有四字，而命夔之下又有十二字，此所謂錯簡也。愚不揣僭，欲合二典之舊章補以孔孟之逸語，黜錯簡，削僞妄，以全聖人之書，輒述於後。

堯典　虞書

粤若稽古，帝堯曰放勳，欽明文思安安，允恭克讓，光被四表，格於上下。○克明俊德，以親九族。九族既睦，平章百姓。百姓昭明，協和萬邦，黎民於變時雍。○乃命羲和，欽若昊天，曆象日月星辰，敬授民時。❶分命羲仲，宅嵎夷，曰暘谷。寅賓出日，平秩東作。日中星鳥，以殷仲春。厥民析，鳥獸孳尾。申命羲叔，宅南交。有缺文。平秩南訛，敬致。日永星火，以正仲夏。厥民因，鳥獸希革。分命和仲，宅西，曰昧谷。寅餞納日，平秩西成。宵中星虛，以殷仲秋。厥民夷，鳥獸毛毨。申命和叔，宅朔方，曰幽都。平在朔易。日短星昴，以正仲冬。厥民隩，鳥獸氄毛。帝曰：「咨！汝羲暨和。期三百有六旬有六日，以閏月定四時成歲。允釐百工，庶績咸熙。」○帝曰：「疇咨若時登庸？」放齊曰：「胤子朱啟明。」帝曰：「吁！嚚訟，可乎？」○帝曰：「疇咨若予采？」驩兜曰：「都！共工方鳩僝功。」帝曰：「吁！静言庸違，象恭滔天。」○帝曰：「咨！四岳，湯湯洪水方割，蕩蕩懷山襄陵，浩浩滔天。下民其咨，有能俾乂？」僉曰：「於鯀哉。」帝曰：「吁！咈哉，方命圮族。」岳曰：「異哉，試可乃已。」帝曰：「往欽哉！」九載績用弗成。○帝曰：「咨！四岳。朕在位七十載，汝能庸命巽朕位？」岳曰：「否德忝帝位。」曰：「明明揚側陋。」師錫帝曰：「有鰥在下，曰虞舜。」帝曰：「俞！予聞，如何？」岳曰：「瞽子，父頑，母嚚，象傲，克諧，以孝烝烝，乂不格姦。」帝曰：

---

❶「民」，原避唐諱作「人」，今據通行本《尚書》改。

「我其試哉！」女于時，觀厥刑于二女。釐降二女于嬀汭，嬪于虞。帝曰：「欽哉！」慎徽五典，五典克從，納于百揆，「納」字疑是「宅」字。百揆時敍。賓於四門，四門穆穆。納於大麓，烈風雷雨弗迷。○帝曰：「格！汝舜。詢事考言，乃言厎可績，三載。汝陟帝位。」舜讓於德，弗嗣。帝曰：「咨！汝舜！天之曆數在爾躬，允執厥中。四海困窮，天禄永終。」以夫子言補。正月上日，受終于文祖。在璿璣玉衡，以齊七政。肆類于上帝，禋于六宗，望于山川，徧于群神。輯五瑞。既月乃日，覲四岳群牧，班瑞于群后。歲二月，東巡守，至于岱宗，柴。望秩于山川，肆覲東后，協時月正日，同律度量衡。修五禮、五玉、三帛，二生、一死贄。如五器，卒乃復。五月南巡守，至于南岳，如岱禮。八月西巡守，至于西岳，如初。十有一月朔巡守，至于北岳，如西禮。歸，格于藝祖，用特。五載一巡守。群后四朝，敷奏以言，明試以功，車服以庸。肇十有二州，封十有二山，濬川。象以典刑，流宥五刑，鞭作官刑，扑作教刑，金作贖刑。眚災肆赦，怙終賊刑。欽哉，欽哉，惟刑之恤哉！流共工于幽州，放驩兜于崇山，竄三苗于三危，殛鯀于羽山，四罪而天下咸服。○二十有八載，帝乃殂落。百姓如喪考妣，三載，四海遏密八音。月正元日，舜格于文祖。詢于四岳，闢四門，明四目，達四聰。咨十有二牧，曰：「食哉！惟時柔遠能邇；惇德允元，而難壬人，蠻夷率服。」舜曰：「咨！四岳。有能奮庸熙帝之載。使宅百揆，亮采惠疇？」僉曰：「伯禹作司空。」帝曰：「俞！咨！禹，汝平水土，惟時懋哉！」禹拜稽首，讓于稷、契暨皋陶，帝曰：「俞！汝往哉！」帝曰：「棄，黎民阻饑，汝后稷，播時百穀。」帝曰：「契，百姓不親，五品不遜，汝作司徒，敬敷五教，在寬。勞之來之，匡之直之，輔之翼之，使自得之，又從而振德之。」以孟子言補。帝曰：「皋陶，蠻夷猾夏，寇賊姦宄。汝作士，五刑有服，五服三就；五流有宅，五宅三居，惟明克允。」帝曰：「疇若予工？」僉曰：「垂哉！」帝曰：「俞！咨！垂。汝共工。」垂拜稽首，讓于殳斨暨伯與。帝曰：「俞！往哉！汝諧。」帝曰：「疇若予上下草木鳥獸？」僉曰：「益哉！」帝曰：「俞！咨！益，汝作朕虞。」益拜稽首，讓于朱虎、熊羆。帝曰：「俞！往哉！汝諧。」帝曰：「咨！四岳。有能典朕三禮？」僉曰：「伯夷。」帝曰：「俞！咨！伯。汝作秩宗。夙夜惟寅，直哉惟清。」伯拜稽首，讓于夔、龍。帝曰：「俞！往，欽哉！」帝曰：「夔！命汝典樂，教胄子，直而溫，寬而栗，剛而無虐，簡而無傲。詩言志，歌永言，聲依永，律和聲。八音克諧，無相奪倫，神人以和。」帝曰：「龍！朕堲讒説殄行，震驚朕師。命汝作納言，夙夜出納朕命，惟允。」帝曰：「咨！汝二十有二人，欽哉，惟時亮天功。」三載考績，三考，黜陟幽明，庶績咸熙。分北三苗。舜生三十徵庸，三十在位，五十載陟方乃死。

右《堯典》一篇。二帝之治盡于此，何以多爲？蓋其中綱内有目，目内有綱。其事則萬世經綸之法，其辭則萬世文章之祖也。然亦不能不疑者：如四岳之爲人，其賢可知矣，堯初欲以位讓之，舜每有大政必詢叩之，其位尊德厚如此，而卒無姓名聞于後世，此可疑者一也。舜之朝，賢而受任至二十有二人，可謂盛矣。後世有所謂八元八凱者，卒不見於用，或以其位卑年少未之紀述，尚可言也。若堯之朝相與吁咈者，四岳之外，放齊而已，共工、驩兜、鯀而已。則堯七十載之天下，它何人與之共治邪？❶略不聞一姓名於四人之外，又何其希闊寂寥如此之甚乎？此可疑者二也。又有注文之可疑者，「宅南交」之間，疑有缺文

❶「它」，金華本作「他」。

焉。説者指交趾之地，愚恐未然，交趾在舜時爲要荒之外，而洞庭、彭蠡之間，三苗方負固不服，則何以萬里建官於獸蹄鳥跡之中乎？且欲以南交爲嵎夷之對，則「宅西」之下亦當有缺文。説者欲補之，曰「明都」与「幽都」對，恐史氏未必然。愚竊意本文是「宅南，曰交都」。午位，蓋陰陽之交也。「交都」與「幽都」對，「宅南」與「宅西」對，「嵎夷」與「朔方」對，此史臣互文也，此所疑者三也。贊舜之詞曰「納于百揆」，又曰「納于大麓」。「大麓」可謂之納，「百揆」不可言納也。後，舜有「使宅百揆」之文，必亦一「宅」字而傳悮爲「納」也。又恐「納于大麓」而後「賓于四門，宅于百揆」，其序當然，此所疑者四也。夫天體之圓二十八宿，隨天之運，其流行無端，循環無始，非如地之形方而静也，何以分截而以某星爲東方、西方、南方之星也？堯之命止以昏見一星以定四時，其法尚疎也。曰虚、曰昴、曰火尚可，曰二十八宿之星，而星之躔度淺深亦未爲甚準。曰星鳥者，已非二十八宿之星也。午之辰名曰鶉鳥，則所指者尤闊，當其占候之初，於既昏之時，仰觀天象，昭然環列，獨指一星，以爲四序之證，固亦已爲審矣。然而後出者益巧，既定於昏，又測於旦，久之又推以度數，可謂精矣。而天象曆法之差自若也，况創法之初乎？至舜之時，遂察斗柄之所指，比堯之法尤爲簡易而詳明。故史臣喜而書之曰「在璿璣玉衡，以齊七政」。説者疑「璿璣玉衡」之名非斗也，此周髀、宣夜、渾天儀象之制也。古人自名斗爲「璿璣玉衡」，此固未可知，若果爲渾天儀之類，制度精巧如此之至，而史臣不應不略提其綱，而但以「在璿璣玉衡」五字而止之。愚之所疑者此爲五也。其他如「陟方」、「亮采」之類，訓詁之不可通者，直缺之。

書疑卷第二

金華王柏著

《堯典》之後當次《禹貢》。《禹貢》之書，文勢開闔，法度森嚴，一句之中各有紀律，一篇之内綱領粲然。《堯典》是敍舜一代之始終，《禹貢》是敍禹一事之始終。禹之位司空，宅百揆，皆在告厥成功之後。二謨又當次之。典、貢，敍事體也；二謨，敍言體也。此四篇者，實訓、誥、誓、命之祖也。百篇之義，皆從此出。百篇雖亡而四篇獨存，不害其爲全書；四篇或亡而百篇存，無益也。《禹謨》者，因禹陳謨併敍遜位一節，後及伐苗，中間雖有益、皋陶之言，而主意是禹，故總曰《禹謨》；《皋陶謨》者，中間亦有禹之昌言，而始終皋陶也，故總曰《皋陶謨》。二謨各自首尾不相沿襲，如伐苗事先後交互而不相害也。禹，一禹也，於貢止曰禹，於謨加一大字，無義也，今去之。貢與二謨皆夏書，古人亦有稱爲夏書者，今從之。

禹貢　夏書

禹謨　夏書

皋陶謨復聯《益稷》爲一篇　夏書

愚讀《皋陶謨》、《益稷》二篇，而疑其有錯簡也。蘇氏固嘗疑其首數語有缺文焉，而未及討索其爲錯簡。「粤若稽古皋陶」之下曰「允迪厥德，謨明弼諧」八字，亦史臣贊皋陶之語也，與《堯典》之例一，而有詳略之不同，與《禹謨》「文命敷于四海，祗承于帝」實無以異。其下曰「慎厥身，修思永。惇敍九族，庶明厲翼，邇可遠，在兹」，此方爲皋陶之言；禹曰「俞，如何」，皋陶曰「都」云云，方爲昌言。昌之云者，有敷衍盛茂之意，不應只此四句。而禹遽拜昌言於「敬哉有土」之下卻欠一荅，「禹拜昌言曰『俞』」當移在此明矣！《皋陶謨》之終，蔡氏從蘇氏、王氏、張氏説，改「曰」爲「日」，以皋陶之言「予未有知」爲絶句，「思日贊贊襄哉」政與禹曰「帝，予何言？予思日孜孜」句法一樣，且相接也。此下則有錯簡。帝曰「來！禹，汝亦昌言」，而禹但述治水之勞，已非不矜不伐之素，而皋陶遽曰「師汝昌言」，禹未曾昌言而皋陶何師之有？與「禹拜昌言」之失一也。其先皋陶昌言之後禹始拜之，帝亦因「禹拜昌言」之後始命禹，「汝亦昌言」，禹既昌言後，而皋陶方曰「師汝昌言」，前後次第當然也。自「洪水」以下數語亦是錯簡，當在「荒度土功」之下，「弼成五服」之上。而皋陶「師汝昌言」當在「象刑惟明」之上，然後血脈貫通，渾然天成。舜之「賡歌」亦與「昌言」聯續，後世乃以「夔曰」三段間之，而「賡歌」一段尤無著落。自禹昌言之初即有「惟幾惟康，其弼直」一段，舜深然之，即有「臣哉鄰哉」，反覆其詞以贊之，此作歌之意已萌於此。其下復推言君臣相與之義，禹又卒言無忌，皋陶既曰「師汝昌言」，帝再提禹之意，敍述于歌之先，皋陶又再賡其歌，而禹獨不敢任爲己功也。賡歌畢而韶樂作，故以夔曰終之。此史臣敍事之微意，首尾一貫，精密如此！惜伏生□與之斷續也，今輒正於後。

粵若稽古，皋陶曰：「允迪厥德，謨明弼諧。」曰：「慎厥身，修思永。惇敍九族，庶明勵翼，邇可遠，在茲。」禹曰：「俞！如何？」皋陶曰：「都！在知人，在安民。」禹曰：「吁！咸若時，惟帝其難之。知人則哲，能官人。安民則惠，黎民懷之。能哲而惠，何憂乎驩兜？何遷乎有苗？何畏乎巧言令色孔壬？」皋陶曰：「都！亦行有九德。亦言其人有德，乃言曰，載采采。」禹曰：「何？」皋陶曰：「寬而栗，柔而立，愿而恭，亂而敬，擾而毅，直而温，簡而廉，剛而塞，彊而義。彰厥有常，吉哉！日宣三德，夙夜浚明有家。日嚴祗敬六德，亮采有邦。翕受敷施，九德咸事。俊乂在官，百僚師師，百工惟時，撫于五辰，庶績其凝。無教逸欲有邦，兢兢業業，一日二日萬幾。無曠庶官，天工人其代之。天敍有典，敕我五典五惇哉！天秩有禮，自我五禮有庸哉！同寅協恭和衷哉！天命有德，五服五章哉！天討有罪，五刑五用哉！政事懋哉！懋哉！天聰明，自我民聰明，天明畏，自我民明威，達于上下，敬哉有土。」禹拜昌言，曰：「俞！」皋陶曰：「朕言惠可底行？」禹曰：「俞！乃言底可績。」皋陶曰：「予未有知，思日贊贊襄哉！」帝曰：「來！禹，汝亦昌言。」禹拜曰：「都！帝，予何言？予思日孜孜。」皋陶曰：「吁！如何？」禹曰：「都！帝，慎乃在位。」帝曰：「俞！」禹曰：「安汝止，惟幾惟康。其弼直，惟動丕應。徯志以昭受上帝，天其申命用休。」帝曰：「吁！臣哉鄰哉，鄰哉臣哉。」禹曰：「俞！」帝曰：「臣作朕股肱耳目。予欲左右有民，汝翼。予欲宣力四方，汝爲。予欲觀古人之象，日、月、星、辰、山、龍、華蟲作會，宗彝、藻、火、粉米、黼、黻、絺繡，以五采彰施于五色作服，汝明。予欲聞六律、五聲、八音，在治忽，以出納五言，汝聽。予違汝弼，汝無面從，退有後言。欽四鄰。庶頑讒説，若不在時，侯以明之，撻以記之，書用識哉，欲並生哉。工以納言，時而颺之。格則承之庸之，否則威之。」禹曰：「俞哉！帝光天之下，至於海隅蒼生，萬邦黎獻，共惟帝臣。惟帝時舉，敷納以言，明庶以功，車服以庸，誰敢不讓，敢不敬應？帝不時，敷同日奏，罔功。無若丹朱傲，惟慢遊是好，傲虐是作。罔晝夜頟頟，罔水行舟。朋淫于家，用殄厥世，予創若時。娶于塗山，辛壬癸甲。啟呱呱而泣，予弗子，惟荒度土功。洪水滔天，浩浩懷山襄陵，下民昏墊。予乘四載，隨山刊木，❶暨益奏庶鮮食。予決九川，距四海，濬畎澮距川；暨稷播，奏庶艱食鮮食。懋遷有無化居。烝民乃粒，萬邦作乂。弼成五服，至于五千，州十有二師，外薄四海，咸建五長。各迪有功，苗頑弗即工。帝其念哉。」皋陶曰：「俞！師汝昌言。」帝曰：「迪朕德，時乃功惟敍。」皋陶方祗厥敍，方施象刑惟明。帝庸作歌曰：「敕天之命，惟時惟幾。」乃歌曰：「股肱喜哉！元首起哉！百工熙哉！」皋陶拜手稽首，颺言曰：「念哉！率作興事，慎乃憲，欽哉！屢省乃成，欽哉！」乃賡載歌曰：「元首明哉，股肱良哉，庶事康哉！」又歌曰：「元首叢脞哉，股肱惰哉，萬事墮哉！」帝拜曰：「俞！往欽哉！」夔曰：「戛擊鳴球，搏拊，琴瑟，以詠。祖考來格，虞賓在位，群后德讓。下管鼗鼓，合止柷

❶「木」，原作「水」，今據金華本改。

敔。笙鏞以間，鳥獸蹌蹌；《簫韶》九成，鳳凰來儀。」夔曰：「於！予擊石拊石，百獸率舞，庶尹允諧。」

甘誓　夏書

五子之歌　夏書

胤征　夏書

《夏書》凡六篇，前三篇夏之所以興也，後三篇夏所以亡之漸也。帝德下衰，誓會始於禹，一傳而啟，去禹未遠，而有扈氏已不奉正朔，至於大戰于甘。再傳而太康，則以遊畋而失國，《五子之歌》亦可悲也。唐虞之下忽有此氣象，何哉？元會既轉，世運漸漓，此《書》之變體也。仲康自立於權臣執國命之時，僅能壯軍旅，征羲和，小翦其羽翼，終不得返國少加於羿，至相而羿弑矣。少康艱難中興，不失舊物，其功亦盛，而無一句一字見於《書》。禹之後，四百年間乃無一嘉言善政之可紀，何以爲國？豈非史氏之疎漏也？止有二誓五歌。至桀之亡可以見「履霜，堅冰至」，其所由來者漸矣。若《胤征》之誓「火炎崐岡」一章，此則萬世討畔之大法也。

湯誓　商書

序者曰：「伊尹相湯伐桀，升自陑，遂與桀戰於鳴條之野，作《湯誓》。」今讀其書，初非鳴條臨戰之誓，乃亳邑興師之誓也，可謂大疎謬者矣。既而思之，湯之所以治其國者，德政素孚，號令素明，賞罰素信，安得一時糾率師徒而反有怨言者？雖曰安於湯之寬仁而不知桀之暴虐，然上之使下，下之奉命，何爲有憚征惡役者於湯之國乎？今乃勞其曉諭，斷以必往，示以大賚，懼以孥戮，若勉强以驅之者，以此衆戰，豈不殆哉？蓋成湯肇修人紀，於君臣上下之分素嚴，於逆順從違之理素著。湯之所以事桀也，進以聖輔，共惟臣職，平時無纖芥之嫌，此衆庶之所素知也。忽一旦興兵而欲伐之，聞見駭愕，心驚膽喪，相與聚言，以吾君之聖明而有干名犯義之舉，以吾君之衆庶而爲捨順從逆之事，此所以群疑填臆而駕言以不恤我穡事也。彼豈知有弔民伐罪之大義，有應天順人之大權者哉？及其誓言既決，衆心釋然，不待鳴條對陣之再誓而左右恭命。卒能勝夏者，政以其初非有憚勞惡役之本心，不恤穡事之實怨故也。

仲虺之誥　商書

成湯嘗播於衆以元聖稱伊尹矣，愚攷其大用，誠聖人也。既有大德量，又有大識見，故能數用權而略無沮禦扞格之患。五就桀而桀不忌，五就湯而湯不疑。知桀之終不悛也，創此大義，主此大謀，相成湯伐而放之，而天下不驚。算無遺策，如探諸囊取物之易也，豈不謂之聖人乎？湯之慚德，蓋非湯之素心也。若仲虺者，想接聞伊尹之大議，密與伐桀之大謀，習其本末，不以爲疑，其亦亞聖之大賢也歟？是故湯之慚德，虺大誥以慰之，湯之盤銘，虺倡論以開之。告之以「懋昭大德」，此帝堯「克明俊德」之緒餘也；告之以「建中于民」，此《洪範》「皇極」之祖宗也。其曰「以義制事，以禮制心」，欲其由乎中以御乎外，制於外以安乎中，非亞聖大賢，能之乎？謂之誥者，有上告下之體，有下告上之詞，即大禹、皋陶之昌言，爲後世諫疏之原也。蓋書有六體：典、謨、訓、誥、誓、命也。《堯典》、《禹貢》，此史官敍事之文也；《大禹》、《臯陶謨》，此君臣問答之言也。播告天下謂之誥，告戒幼主謂之訓，軍中之號令謂之誓，大臣之封爵謂之命。此篇不可名之曰謨、訓，因進昌言以曉喻天下，故變體而謂之誥，所以爲後世諫疏之原也。吴氏疑「簡賢附勢」以下不相續，愚謂此段當在「布命于下」之後，「帝用不臧」之前，則勢聯矣。

湯誥　商書

此篇之書起頭立論極淵奥，中間氣魄弘大，後面工夫細密，可謂得唐虞之心傳者也。「危微精一」之傳萬世帝王之寳典，湯則曰：「惟皇上帝，降衷于下民，若有恒性，克綏厥猷惟后。」此即天命之性，《書》中「性」字始於此。「克綏厥猷惟后」者，此君師之任，品節其氣質之性者也。帝舜司徒之職，典樂之官，所以拳拳於此者，爲不如此不足以勝是任，稱是責也。後世人主據崇高富貴之勢，徒能以官爵奔走天下，豈知有天命之常職哉？只此數語已足以奄有萬方。想當時諸侯異乎所聞，莫不變换耳目，洗滌腸胃，脱慆淫之末習以復其本然之天矣。其數夏王之罪，不過是「滅德作威，以敷虐于爾萬方百姓」一句，言若輕而實重，罪若簡而實弘。「滅德作威」便是逆其常性，「敷虐于爾萬方」便是不克綏猷，失爲君之職，莫此爲甚。與衆請命「輯寧爾邦家」，便是自任綏猷之責，其曰「予未知獲戾于上下」，慄慄危懼，有許多警戒之意，此心洞洞屬屬對越天地，此是綏猷之本。「凡我造邦」以下是勉其各綏此猷，「萬方有罪，在予一人」，是自任其不克綏猷之咎詞。義之精密，無以踰此，非聖人不能道也。成湯只此一書傳於後世，豈特爲治道之最？所以得舜禹之心傳者，實在於此。

伊訓　商書

太甲三篇　商書

咸有一德　商書

湯學於伊尹，伊尹之相湯，其格言大訓宜不少矣，一字不傳於後世。至湯崩後，始有五篇之書，皆老臣教戒嗣王之辭，俱謂之訓可也。然五篇之體不同，《伊訓》、《太甲》下、《咸有一德》皆伊尹作意造詞，以訓于王。《太甲》上、中篇乃史官敍事，因載二訓語者也。伊尹舉三風十愆之戒，申之以天命不常之理，其訓亦可謂嚴矣。至於《太甲》上篇，先言我左右汝祖有此天下，君相之間須各保終始，所以鞭辟者尤切，曰「惟尹躬先見于西邑夏，自周有終，相亦惟終」。緣「周」字之義，費先儒詞説，終不明白，不應伊尹前後許多言語如此分曉，獨於此下一艱深字。愚意只是一箇「君」字，籀體與「周」字相似，傳者之差悮也。「西邑夏」是對「其後嗣」，「王」字對「君」字，「罔克罔終」對「有終惟終」，極爲整齊坦明。次言湯以我開導汝，汝不可顛越其命，自取覆亡，所以再三叮嚀告戒，可謂至矣！太甲猶不改行，營桐之役有不得已者，此君臣之再變也。幸太甲之悔過，伊尹得奉而歸商，得全終始，其喜可知。《太甲》三篇只主在一箇初終字。太甲悔過之言亦只説一個初終。第二篇伊尹喜其悔過之言，又勉其只法乃祖，不可有一時怠豫之心，是乃所以爲謹終之道。第三篇猶慮其終之難保，謂今王方續有此善端，猶不可以不守之。以敬敬字與豫怠相反，既敬方敢告之以進德之序，終之以謹思力行。伊尹將告老，然後告以一德之用，一箇「一」字變換幹旋，❶反覆推衍，精妙無窮，此百王之大法，聖人之功用備矣。前後五篇只是一片文章，典謨之後四百餘年，方有此段精微之論。湯以元聖稱伊尹，伊尹亦以哲人自任，其實德光輝，力量重厚，朝廷服之而不敢議，天下信之而不敢疑。故經此君臣之再變，而無纖瑕之可指，嗣王亦竟以是而率德，爲商令主，伊尹之用權，不可學也。孟子曰「有伊尹之志則可」，孟子亦不敢以此自任也，況它人乎？

❶「幹」，疑當爲「斡」。

書疑卷第三

金華王柏著

盤庚　商書

土氣有厚薄，風俗有盛衰。冀之爲都，天下之形勢也。山河險阻，沃壤迫隘，民淳俗儉，足以自固。後世人民文物漸至繁阜，風氣日耗，遂自北而南，勢使之然也。夫契始封於商，八遷而後都亳。湯以七十里而有天下，此興王根本之地，後世子孫不可輕去者也。是時濱河之郡近古帝都，地壤土豐，民稠物饒，人之所共趨。亳在中土之東南，去河爲遠，湯始大而未盛，子孫無遠慮，往往輕徙，曰囂、曰相、曰耿、曰邢皆際河之境。常人之心知利而不知患，雖數有水禍，時圮時壞而不悔者，政以厚利奪其避患之心也。盤庚，賢君也，不忍民之沈陷淪没。治亳殷而歸於先王創業之都，非爲己利也，爲民避害也。故其言告戒諄勤，而無一毫怒民之意。然小民亦何敢逆君命而憚遠遷哉？皆世家大室嗜利忘患，動以浮言蠱惑百姓，恐懼盤庚。故盤庚知之，喻百姓之言少，而辨論反復於世家舊臣者爲詳。其喻民曰「爾謂朕曷震動萬民以遷」，「今我民用蕩析離居，罔有定極」，「汝萬民乃不生生」，「予迓續乃命于天，予豈汝威，用奉畜汝衆」。藹然温厚之意，淪浹心髓。民之浮言，烏得不息？民之胥怨，烏得不消？民之生生，烏得不裕？自是高宗祖甲相繼百年，殷邦嘉靖。蘇氏猶以此少之，謂先王處此必不致於民怨，責之亦甚矣。其後祖乙復遷河北，國内衰弊，至紂而亡，是以知盤庚之遠慮絶識，豈不賢乎？但盤庚之言所欠者理明辭達，而盤庚之書加以殺亂脱簡，此所以未易傳釋也。

説命上　商書

《説命》三篇最爲明白，而猶有可疑者。以其書中有「命之曰」三字，故謂之「説命」，自無可疑，但前輩以爲「猶《蔡仲之命》、《微子之命》，後世命官制辭，其原蓋出於此」則非也。蓋命有二體，有命官制詞之命，有面命口授之命。如《堯典》之命羲和，此制詞之命；如舜之命九官，此口授之命；如堯之命舜，舜之命禹，雖無命字，亦此體也。若傅説之命非制詞之命，乃口授之命也。高宗之求傅説其亦異乎？君臣之遇合也。高宗之不言，一敬貫徹内外，用工深矣。至群臣咸諫而猶不言，退而若有所得，始以書誥群臣。只細味其「恭默思道」四字，足以見其講學之精，求治之切，自任之重。此心純一不二，與天無間，感應之機有必然者，是其不言之中，乃治國平天下之大功也。蓋恭默思道之時，無迹之可尋，無法之可授，商家一箇天下，密運於方寸之間，一誠既孚，傅説已在左右。此誥一出，想群臣聳然屏息以俟命，於是果得於版築之間，爰立作相，豁然無疑。當其求説之切，望説之深，一形於言，即自其心流出，傾倒無餘，皆恭默思道之所發見，此豈他人所能揣摩潤色之乎？而況説有復于王之語承於其下，此其爲答問之詞明矣。

說命中　商書

昔舜之興也，先之以群臣之言，次之以歷試之事，古今之常法也。高宗之用説也，神交氣合，一見如故，任之而不疑，非古今之常法也。然則爲高宗也難，爲傅説也易。高宗不知有傅説，形於夢寐而後求，傅説知有高宗，故一徵求而即起。高宗恭默思道於不言之表，傅説奉若天道於版築之中，此則同一機也。傅巖之野人見其一匹夫也，而高宗學問之淺深，行事之得失，先王之成憲，後王之損益，一代治道之規模皆已定於胸中久矣。高宗不之求，亦終老於巖穴之間，孰得而測之？及既見高宗也，無一語不切，想當時老師宿儒在位，碩德重望，皆竦然自以爲不及也。今觀其中篇，是説既受命領職之後所進言，此非問答之比，其詞當有端緒，與高宗所求相應，決不泛然雜舉散而無統也，其間疑有錯簡焉。蘇氏亦嘗謂説之言散而不一，然一語一藥以爲古之立言者，反以其龐雜而益奇之，此愚之所以不容不疑也。今妄以意聯輯，未必非當時之本語，雖無所證，不敢質言之，似與高宗所求者不相遠。自「明王奉若天道」止「亂民」，此言立君之本。自「惟天聰明」止「惟民從乂」，此言爲君之本。凡進言之端當如此，從原頭説來，兩段是總言爲君之道。自「惟口起羞」止「省厥躬」，宜屬「惟事事，乃其有備，有備無患」。又屬「慮善以動，動惟厥時」。此段是答其納誨輔德之言，專以一審字戒之。「無啟寵納侮，無恥過作非」，宜聯「有其善，喪厥善；矜其能，喪厥功」，又聯「黷于祭祀」四句，次及「王惟戒兹！允兹克明，乃罔不休」。此段答其瞑眩之求。已上皆是高宗身上事。「惟治亂在庶官」止「惟其賢」，次聯後篇「惟説式克欽承」止「列於庶位」，而後及於「惟厥攸居，政事惟醇」。此段是答「惟暨乃僚，罔不同心以匡乃辟」之意，此是説職分事，然後接「王曰『旨哉』」至篇終。未知其果得當時之序否？伊尹之訓太甲於「一」字上轉换極有工夫，傅説之告高宗於「惟」字上尤不苟。「一」字是實字，「惟」字是虚字，中篇凡二十一箇「惟」字，字字著落精妥，此可謂古之立言者之法也，今考定中篇本文於後。

惟説命總百官，乃進于王曰：「嗚呼！明王奉若天道，建邦設都，樹后王君公，承以大夫師長，不惟逸豫，惟以亂民。此一節立君之本。惟天聰明，惟聖時憲，惟臣欽若，惟民從乂。此一節爲君之本。惟口起羞，惟甲胄起戎，惟衣裳缺一審字之類。在笥，惟干戈省厥躬。惟事事，乃其有備，有備無患。慮善以動，動惟厥時。此是戒一箇審字。無啟寵納侮，無恥過作非。有其善，喪厥善；矜其能，喪厥功。黷于祭祀，時謂弗欽。禮煩則亂，事神則難。王惟戒茲，允茲克明，乃罔不休。此一節是瞑眩之藥，皆高宗身上病。惟治亂在庶官。官不及私昵，惟其能；爵罔及惡德，惟其賢。惟説式克欽承，旁招俊乂，列于庶位。惟厥攸居，政事惟醇。」此一節答「惟暨乃僚」之意。王曰：「旨哉，説！乃言惟服。乃不良于言，予罔聞于行。」説拜稽首，曰：「非知之艱，行之惟艱。王忱不艱，允協于先王成德；惟説不言，有厥咎。」

説命下　商書

下篇所敍乃高宗從容閒暇，君臣疇酢，交相切磋，交相責望，氣象粹然，此三代之盛時也，二帝之都俞也。

此篇論學凡三節：第一節，高宗先言問學之原，廢學之因，開心見誠，無一毫滯吝之意，今汝當有以戒吾之志，吾其能行汝之言。第二節，是説對以人主之所以學，蓋欲立事也，學不見於事，是懸虚之學耳。以己未知效前人之已知，以己未能效前人之已能，是謂師古，是先之以爲學之實也。高宗所謂「爾交修予」，是求之之精也，説則曰「遜志」，此細密之工也，曰「時敏」，此無間斷之意也。其來其積皆自細密，不間斷中得之大率。工夫細密者，則有勞擾沈滯之病而進不能敏；勇往奮厲者，則有麤率遺棄之失而志不能遜。「遜志時敏」四字所以爲交修之良方，實萬世爲學之鉗鎚也。此是答「罔顯」之病，「交修」之言。第三節，説「斅」字是方説受教之人不應遽及教人事，夫受人之教，得其指示，正途開説，工程大略得其一半，若不自去探討尋究，如何得盡其精微曲折之詳？必孜孜惟日不足始終，主一於此而不敢有期，必自足之心則其進也。不知其所以然而忽入於聖賢之域，或自覺其進，則止於此而已矣。此答其舊學之廢鑒於先王，此又關鎖其師古之訓，尤親密者也。豈特帝王之學爲然？雖經生學士之工夫亦何以加於此哉？高宗欲傳説鑒于先正保衡，傳説欲高宗鑒于先王成憲，君臣遇合之歡，彼此相期之實，虞廷之後幾寂寥無聞。前乎伊尹、成湯不詳其記録之傳，後乎周公、成王不幸有流言之間，紹續前猷，粲然方册。舍高宗、傳説吾將誰與？嗚呼盛哉！

高宗肜日　商書

高宗恭默思道，公天下之心也，故帝賚以良弼；高宗祈天永命，私一己之心也，故雉雊於廟鼎，同此一心也。所感有公私則其應也亦異，祈天永命之請，何以知其然也？以祖己之言推而知之。祖己所謂「先格王」者，首開以天命之正，死生壽夭定於受命之初，而無可求之理。若臣子之於君父則有禱祈之事，一念之誠發于忠孝，非發於君父，發於忠孝者亦公心也，若出於自求是不受命也。《説命》三篇固佳矣，於源頭猶有所未講，成湯之所謂降衷建中者，缺然不聞。説之諫，雖有「黷于祭祀」乃所以爲「弗欽」，終未若祖己之言淵粹也。首曰「天監下民，典厥義」，其辭甚嚴，終曰「王司敬民」，其辭甚婉，而祈天永年在其中矣。又曰「罔非天胤」，「無豐于昵」，其辭甚直，足以破其惑而復於禮。高宗之世但知甘盤、傅説之賢而少有稱祖己者，何哉？

西伯戡黎　商書❶

祖己之後，又有祖伊，夫世家之多賢，足以見先王涵養之澤。湯征葛，西伯戡黎，皆剥床及膚之勢，不待智者而後知。當時周家王業已成，商紂徒以一日天命之尚留，忠臣義士猶冀其一念之或悛，警戒恐懼，未嘗敢廢，此秉彝之至情也。其曰「不有康食，不虞天性，不迪率典」，所以望受者猶厚也。紂恃天命而不知天命之靡常，雖以利口禦人而幸值其未怒，故言峻事迫而未至於殺。若比干之諫或值其怒歟？或其言之甚於此歟？天命之絶未絶，正繫於比干之殺未殺也。若祖伊者，凛乎其幸免也。

---

❶「商書」，原無，今據全書體例補。下「商書」同。

微子　商書

賢者之去就出處不可苟也，以三仁之賢猶相與審處其制事之宜，微子憂宗國之心焦勞危迫形於言，如此之至也，而猶不敢輕萌棄去之念。祖伊謂其淫戲，微子謂其沈酗，不過是酒色二字而已，遂至於卿士相師法，容庇有罪，此最爲喪亡之本。哀痛之言有惻其隱，千古讀之有餘悲也。箕子決策，指其當去，爲商家宗祀計，則箕子自策我既不可去，亦無爲人僕之理，所以謀己謀人兩盡於數言之中，比干之自處，已見於不言之表，事不必同，同歸於仁，成湯之德澤深長如此。

書疑卷第四

金華王柏著

泰誓　周書

湯、武皆以征伐而得天下，其並稱也久矣。識者謂湯之詞裕，武之詞迫，湯之數桀也恭，武之數紂也傲，學者不能無遺憾，此善觀《書》者也。愚謂湯、武之事有大不同者：湯以七十里興，其事桀也甚忠，進伊尹於桀凡五就之，其用心也甚仁。伊尹大聖也，既醜有夏，創此大義，相湯伐之，蓋非湯之本心也，是以既放桀而方慚色。舉兵之初，亳衆疑之，當時諸侯莫有助之，罪人已黜，始大誥於四方，所以其詞裕，其禮恭。先儒謂湯既歸亳，諸侯率職來朝而告之，此不然也。自禹之後，疑述職之典已廢，玩其告意曰「誕告萬方曰『嗟爾，萬方有衆』」，只是與天下更始告之以受命之由，俾之各守爾典而已。武王之事則不然，周家積累之久，至文王有天下三分之二，其實則已王矣。文王小心翼翼，謹守名義，以服事殷，此所以爲至德。至武王則承祖父之餘慶，藉友邦之歸心，氣燄既張，體貌且盛，改元紀年，視紂猶諸侯，然不期王而自王矣。後世曲爲覆護，支離纏繞，反生荆棘，若「十有一年」之號，「於征伐商」之語，「王若曰」之稱，與夫「杖黄鉞」、「巡六師」等詞，借曰史臣追述也。如「受命文考，類於上帝」，曰「弼予一人」，曰「奉予一人，恭行天罰」，曰「惟我文考若日月之照臨，光于四方，顯于西土」，曰「惟我有周誕受多方」，曰「我文考克成厥勳，誕膺天命，以撫方夏。大邦畏其力，小邦懷其德」，曰「周王發」，曰「昭我周王」，此皆三篇之原辭也。大概以王自處久矣。後世覆護，徒爲心術之害，惟蘇氏之言直截，曰「周之王不王，不係紂之存亡也」，此說得之，故其辭迫，其禮傲，勢使之然，此所以與湯異，不得而並稱也。

又

《泰誓》上篇非誓也，實誥也，如今之檄文。方召諸侯，約以大會于孟津。史臣之敍當曰：「惟十有一年春，誥我友邦冢君大會于孟津。」妄意原敍未必然，往往中篇之敍錯簡在此，未應有「明聽誓」三字。蓋終篇只是告之以同伐商，未聞有誓語也。此篇大略與《湯誥》相似，但湯告於已勝夏之後，周則告於將伐商之初，此爲異耳。惟其既勝夏，則曰「各守爾典，以承天休」；惟其方伐商，則曰「以爾有衆，底天之罰」，又曰「爾尚弼予一人，永清四海」。此篇當名曰「周誥」，不當名曰「泰誓」也。其辭曰「惟天地萬物父母」、「元后作民父母」，此是一大議論，即橫渠《西銘》中「理一分殊」之祖，後面止有「殘害于爾萬姓」一句，失爲民父母之心，其他更不稱此語，非如《湯誥》縝密也。如「大勳未集」一句，此是武王餒處，說得欠明白，後人極費詞解，蓋是時天固以征伐之威命文王矣。而文王未肯集大勳，所以爲盛德。及武王，又十餘年，與爾友邦冢君觀商之政改與不改，受既不悛，只得舉此大事，意蓋如此。後世悮以觀政爲觀兵，又生出一段事端，皆是欠細玩意脈，爲穿鑿傅會之過。此下舉紂之惡亦不出於祖伊、微子之言，自不爲不實，而其體終不脫於迫而傲也。

又

《泰誓》中篇是諸侯之師應期而畢會，當曰：「嗟！我友邦冢君，及我御事庶士，明聽誓。」不當曰：「西土有衆。」凡言「西土」止是稱本國之人，與後面「西土君子」一般，此篇既是誓諸侯之師，豈獨西土之諸國？三篇之敍互有錯簡故也。惟其合諸侯之師，心未必齊，德未必一，利害既輕，未必戒懼，故誓有「罔或無畏，寧執非敵」之語，終之以「一德一心，立定厥功」也。此是次於河朔之誓，當曰「河誓」，不當名「泰誓」也。下篇是河誓之明日，誓本國之師，當曰「明誓」，亦不當題爲「泰誓」也。此篇之誓所以異於前者，蓋有「古人有言」一段，云「獨夫受洪惟作威，乃汝世讎」，謂我國與諸侯不同，繼湯之功與諸侯共伐者，天下之大義也。我國兼有世讎者，當洗文王羑里之辱也，是故作其果毅之氣，嚴其賞罰之令，辭固已窮矣。又再言文考之德，且慮未必勝紂爲文王考羞，雖武王臨事而懼，反復述情如家人父子言。前章其令嚴，此章其情親，令嚴則不敢不用命，情親則自然宜用命，聖人之運用縝密當如此。

牧誓　周書

此篇是正與受對壘之時，諸侯之師與本國之衆悉陳於郊，於是軍容肅整，號令精明，其詞簡而要，其法恕而嚴。教其坐作、進退，不過乎六步七步，教其攻殺、擊刺，不過乎六伐七伐。既作其勇奮，又戒其殺降，三稱「勖哉夫子」，其辭郁然。總之以「爾所不勖，其于爾躬有戮」，其辭凜然，此亦誓師之常法也。於是可以觀王者之兵矣。大概牧野之役，諸侯之師皆期而來會者，惟庸、蜀、羌、髳、微、盧、彭、濮，皆不期而來會者也。彼諸侯何爲而來，蓋其素受西伯之令者，既受播告之書，奔趨惟恐後。彼八國者何爲而亦來，蓋其素被文王之化者，雖無播告之書，有聞而必來周之。不期者，皆小國也，其兵革不足以係勝負，其事力不足以供師旅。是以不欲勤其會，周家之仁也；聞風而自奮者，八國之義也。後世欲夸張而侈大之，遂於「八」字下又加一「百」字，謂孟津之師不期而會者八百，固其言可謂妄矣。

武成 周書

《武成》者，此武事告成之書也。史官敍伐商之本末，存一代之典章，因録武王二詞於内。後世得其錯簡，遂致諸儒先之疑，皆欲比而輯之，故程子、劉氏、王氏各與改正次序，其後朱子又加參考比諸家，固已整然有條。而「大邑周」之下非可結之語，劉氏、蔡氏皆疑有缺文焉，是蓋猶有未滿人意者。如「厥四月哉生明」至「大告武成」，即繼「於征伐商」之下，其爲錯簡，曉然易見。若只移此段於「萬姓悦服」之下，「列爵惟五」之上，卻似簡易渾成，❶不露斤斧。或謂告山川之詞雜於告群后之中，未爲安妥，猶以爲疑。若因見群后，告以征伐之意，併舉其告山川之言，固亦無害於義，細玩「予承厥志」與「厎商之罪」意自聯屬，若如程子、朱子剔出告山川之詞於前，告群后之詞於後，固爲明潔。但告群后之語必欲見於歸豐之後，此則未能無疑，蓋二先生之意以爲諸侯來見新君受命正始當在歸豐之後，禮固然也。但始朝受命，此舜禹時禮

---

❶ 「似」，金華本作「是」。

也，意太康之後則已失之。湯之初興，亦不聞有此禮，止「誕告萬方」而已。況武王在孟津之時，群后以師畢會固已受命來朝，不待歸豐而後行此禮。二先生未察《泰誓》上篇是期會之辭，非誓師之語。中篇只作誓諸侯之師看，而未察「群后以」三字，故受命之禮必欲舉行于歸豐之後。又覺「厥四月」無庚戌、丁未，又推中間王曰群后之辭既居後，❶則「大邑周」之下非結語，遂又疑有缺文，以至展轉費力。愚嘗考《武成》中「戊午」、「群后」四字，正與《泰誓》中「戊午」、「群后」相應，此史臣以爲紀事之實可以參考處，間亦因推究征商大略次第。疑是武王嗣位第十有三年春元日發《泰誓》上篇，播告諸侯，次日曰「旁死魄」，武王啟行，十六日曰「既生魄」，群后受命來朝，遠近先後之不齊，至二十八日爲戊午，群后之師始畢至，次日又自誓本國之師。癸亥陳于商郊，甲子會於牧野併誓，至四月始歸豐，至丁未庚戌告武成，然後史臣總此本末爲此篇，大略如此。又緣史臣於《武成》「戊午」之下，易《泰誓》中篇「王次于河朔」五字，爲師渡孟津。以事言之，渡孟津即次河朔，若無可疑，但欲省文而字異，而不知卻有起疑之迹。後人遂以孟津至朝歌近四百里，五日而至商郊，非師行之常法。殊不知師徒既衆，其渡也非一日，亦非一處。曰「孟津」則名拘而狹，曰「河朔」則地闊而無定，名曰「次」則有從容不迫之意，詞語之不可輕易也如此。今再考《武成》於後。

惟一月壬辰，旁死魄。越翼日癸巳，王朝步自周，于征伐商。厎商之罪，告于皇天后土，所過名山大川，曰：「惟有道曾孫周王發，將有大正于商。今商王受無道，暴殄天物，害虐烝民。爲天下逋逃主，萃淵藪。予小

❶「王曰」，原作「閏月」，今據金華本改。

子既獲仁人，敢祇承上帝，以遏亂略。華夏蠻貊罔不率俾。惟爾有神，尚克相予以濟兆民，無作神羞。」既生魄，庶邦冢君暨百工，受命于周。王若曰：「嗚呼，群后！惟先王建邦啟土，公劉克篤前烈。至于太王，肇基王迹，王季其勤王家。我文考文王，克成厥勳，誕膺天命，以撫方夏。大邦畏其力，小邦懷其德。惟九年，大統未集，予小子其承厥志，恭天成命，肆予東征，綏厥士女。惟其士女篚厥玄黄，昭我周王。天休震動，用附我大邑周。既戊午，王次于河朔，以《泰誓》修。癸亥陳于商郊，俟天休命。甲子昧爽，受率其旅若林，會于牧野。罔有敵于我師，前徒倒戈，攻于後以北，血流漂杵。一戎衣，而天下大定。乃反商政，政由舊。釋箕子囚，封比干墓，式商容閭。散鹿臺之財，發鉅橋之粟，大賚于四海，而萬姓悦服。」厥四月哉生明，王來自商，至于豐。乃偃武修文，歸馬于華山之陽，放牛于桃林之野，示天下弗服。丁未，祀于周廟，邦、甸、侯、衛駿奔走，執豆、籩。越三日庚戌，柴望，大告武成。列爵惟五，分土惟三。建官惟賢，位事惟能。重民五教，惟食喪祭。惇信明義，崇德報功。垂拱而天下治。

書疑卷第五

金華王柏著

洪範　周書❶

此書，王者繼天立極之大典也。其綱目爲最明，其義理爲最密，其功用所關者爲最廣，其歸宿樞機爲最精。朱子謂此是人君爲治之心法也。又曰順五行、敬五事，所以修其身也；厚八政、協五紀，所以齊其政也，此皇極所以立也。權之以三德，審之以卜筮，驗其休咎於天，考其禍福於人，此皇極所以行也。其微詞奥義又見於《皇極辨》，可謂詳矣。愚竊嘗玩味「皇極」之章，疑其有錯簡焉。自「五、皇極：皇建其有極」二句之下，宜即接「無偏無陂」，前三韻語所以會其有極也，後三韻語所以歸其有極也。曰「會」曰「歸」，所以爲建極之功也。前後四「極」字包六韻語，文勢既極縝密，字義備於形容，使人悠揚吟詠，意思尤覺深長，此宜爲皇極之經。先儒亦有謂此乃帝王相傳之訓，非箕子之言，是也。自「曰」以下指上文爲「皇極之敷言」，始爲箕子語，此當爲皇極傳。上曰敷言告其君也，下曰敷言告其民也，再曰「天子作民父

---

❶「周書」，原無，今據全書體例補。

母」，此指皇極之位而言，合接「惟辟作福」至「僭忒」，言此分之不可干也。舊綴於「三德」之下，其義紊戾。後四疇實含兩端：若皇之極建，則民之訓行，六之德能以剛柔克矣，七之卜筮從而吉矣，八之庶徵時而休矣，九之五福亦備矣；若皇之極不建，民之訓不行，則六之德偏矣，七之卜筮逆而凶矣，八之庶徵恒而咎矣，九之六極至矣。自「斂時五福」之下止「其作汝用咎」宜爲福極之末章，此非皇極之正訓而冠於六韻語之上，使讀者反不知其本末，豈不誤哉！人君固秉敷斂之權，其曰「斂時五福」，蓋指第九疇而言。斂者，皇也；時者，是也，此也。非指皇極也，指五福也。且其叮嚀反覆、諄諄告戒，又歸宿於「攸好德」之一語，此所以爲福極之判。愚不自揆，妄疑本文，未必如此，然亦莫知其果無悖於理否也。近見洪氏亦有是言，始信其非獨愚之疑也。至於「王省惟歲」而下，自蘇氏、葉氏、張氏、洪氏皆謂當在「五紀」之下，其説若可通，愚則疑其「易不易」、「成不成」等語，實庶證也。上以作於人而應驗於天者言之，下以運於天而體驗於人者言之，以此歲、月、日合雨、暘、燠、寒、風而爲八中，以一「時」字貫之，其義甚明。雖有諸説，不敢從也。

惟十有三祀，王訪于箕子。王乃言曰：「嗚呼！箕子。惟天陰騭下民，相協厥居，我不知其彝倫攸敘。」箕子乃言曰：「我聞在昔，鯀陻洪水，❶汩陳其五行。帝乃震怒，不畀洪範九疇，彝倫攸斁。鯀則殛死，禹乃嗣興，天乃錫禹洪範九疇，彝倫攸敘。

❶「陻」，原作「湮」，今據金華本改。

右序武王、箕子問答。

「初一曰五行，次二曰敬用五事，次三曰農用八政，次四曰協用五紀，次五曰建用皇極，次六曰乂用三德，次七曰明用稽疑，次八曰念用庶徵，次九曰嚮用五福，威用六極。

右《洪範》經六十有五字。

「一、五行：一曰水，二曰火，三曰木，四曰金，五曰土。水曰潤下，火曰炎上，木曰曲直，金曰從革，土爰稼穡。潤下作鹹，炎上作苦，曲直作酸，從革作辛，稼穡作甘。

右五行傳。

「二、五事：一曰貌，二曰言，三曰視，四曰聽，五曰思。貌曰恭，言曰從，視曰明，聽曰聰，思曰睿。恭作肅，從作乂，明作哲，聰作謀，睿作聖。

右五事傳。

「三、八政：一曰食，二曰貨，三曰祀，四曰司空，五曰司徒，六曰司寇，七曰賓，八曰師。

右八政傳。恐有缺文。

「四、五紀：一曰歲，二曰月，三曰日，四曰星辰，五曰曆數。

右五紀傳。

「五、皇極：皇建其有極。無偏無陂，遵王之義；無有作好，遵王之道；無有作惡，尊王之路。無偏無黨，王道蕩蕩；無黨無偏，王道平平；無反無側，王道正直。會其有極，歸其有極。

右皇極經六十有四字。即舜、禹執中之義，而《詩》之祖也。

「曰皇極之敷言，是彝是訓，于帝其訓。○凡厥庶民，極之敷言，是訓是行，以近天子之光。○曰：天子作民父母，以爲天下王。惟辟作福，惟辟作威，惟辟玉食。臣無有作福、作威、玉食。臣之有作福、作威、玉食，其害于而家，凶于而國。人用側頗僻，民用僭忒。

右皇極傳。

「六、三德：一曰正直，二曰剛克，三曰柔克。平康，正直；彊弗友，剛克；燮友，柔克。沈潛，剛克；高明，柔克。

右三德傳。

「七、稽疑：擇建立卜筮人，乃命卜筮。曰雨，曰霽，曰蒙，曰驛，曰克，曰貞，曰悔，[1]凡七。卜五，占用二，衍忒。○立時人作卜筮，三人占，則從二人之言。汝則有大疑，謀及乃心，謀及卿士，謀及庶人，謀及卜筮。○汝則從，龜從，筮從，卿士從，庶民從，是之謂大同。身其康彊，子孫其逢吉。○汝則從，龜從，筮從，卿士逆，庶民逆，吉。○卿士從，龜從，筮從，汝則逆，庶民逆，吉。○庶民從，龜從，筮從，汝則逆，卿士逆，吉。○汝則從，龜從，筮逆，卿士逆，庶民逆，作內吉，作外凶。○龜筮共違于人，用靜吉，用作凶。

右稽疑傳。

---

[1] 「悔」，原作「晦」，今據《尚書》改。

「八、庶徵：曰雨，曰暘，曰燠，曰寒，曰風。曰時五者來備，各以其敍，庶草蕃廡。一極備，凶；一極無，凶。○曰休徵：曰肅，時雨若；曰乂，時暘若；曰哲，時燠若；曰謀，時寒若；曰聖，時風若。○曰咎徵：曰狂，恒雨若；曰僭，恒暘若；曰豫，恒燠若；曰急，恒寒若；曰蒙，恒風若。○曰王省惟歲，卿士惟月，師尹惟日。歲月日時無易，百穀用成，乂用明，俊民用章，家用平康。○日月歲時既易，百穀用不成，乂用昏不明，俊民用微，家用不寧。○庶民惟星，星有好風，星有好雨。日月之行，則有冬有夏。月之從星，則以風雨。

右庶徵傳。

「九、五福：一曰壽，二曰富，三曰康寧，四曰攸好德，五曰考終命。○六極：一曰凶、短、折，二曰疾，三曰憂，四曰貧，五曰惡，六曰弱。○斂時五福，用敷錫厥庶民。惟時厥庶民于汝極，錫汝保極。凡厥庶民，無有淫朋，人無有比德，惟皇作極。凡厥庶民，有猷有爲有守，汝則念之。不協于極，不罹于咎，皇則受之。而康而色，曰予攸好德，汝則錫之福。時人斯其惟皇之極。無虐煢獨而畏高明。人之有能有爲，使羞其行，而邦其昌。凡厥正人，既富方穀。汝弗能使有好于而家，時人斯其辜。于其無好德，汝雖錫之福，其作汝用咎。」

右福極傳。

愚嘗讀《漢書·五行志》，未嘗不掩卷而嘆曰：「固哉！漢儒之説經也。必以爲某事得則某證必休，某事失則某證必咎。穿鑿傅會，援據支離，使造化之機果如是，不幾於淺乎？」愚竊謂《洪範》之經，六十有五字，謹嚴精密，所以爲聖人之格言。五行獨不言用，蓋不言事非五行之用也。五行者，天地陰陽之氣也。人禀五行之氣以成形。五行之靈，發於五事，而人生動静之用也。人孰無是用，而能敬其用者鮮矣！夫敬者，涵動静，徹表裏，貫始終，爲一心之存亡，此心敬則卓然爲一身之主，而四支百骸皆有所聽命而供其役，此聖道之大原，脩身之大本也。故經曰：「敬用五事。」蓋敬則五德之體凝然，五德之用粲然；不敬則五德之體昏矣，五德之用亂矣。「敬」之一字，實此心之主宰，皇極之樞要歟？而漢儒乃易「敬」字爲「羞」字，注曰：「羞者，進也。」理晦而言疎，功荒而用舛。以聖人謹嚴精密之格言，易而爲迂闊無用之虚字，是可陋也。逮孔壁古文出，而「敬」字始明甚矣。伏生之耄，女子之訛，而諸儒之不察也。夫皇極不言數，猶五行之不言用。即其位之數無所往而非五也。人君稟五行之精，全五事之德，爲萬化根本，四方八面環嚮而皆取法焉。八政雖八而五亦寓，食、貨、祀、賓、師五政也，三其司以異其詞，所以存八。以曆數而紀歲、月、日、星，以五統乎四也。六雖三德而剛柔各克，二亦五也。七稽疑者，卜存五，而筮存七也。庶徵者，休咎各五，參以歲月日則八矣。五福，固五也。六極，實四也。錯綜而言，所以存九。憂疾者，康寧之反；惡弱者，好德之反。貧爲富之反。曰短折、凶折，則壽與考終之反也。此八疇者皆本於皇極，皇極之建不建，由五事之敬不敬也。五事之中而思者，所以主此敬也。亦猶五行之土也，水火之所寄，金木之所資，居中而應四方，一體而載萬類。是故心者，言動之所發，耳目之所制。静而具衆理，動而應萬事，此心不得其正，發而爲視聽言動，焉能各盡其則，視聽言動既違其則，見之於萬事又豈得各盡其理哉？皇極者，固天下之所取正也，而此心者又皇極之所以正也。然則五數者，統體一皇極也。五數之中數者，又皇極之大極也。故曰「敬」之一字，實此心之主宰，皇極之樞要歟？漢儒不是之察而易之以「羞」字，可勝歎哉！即此一字觀之，而盤誥之難通者可盡信而曲爲之説乎？

又

班固用劉向之説，推五事之配。以貌屬木，言屬金，視屬火，聽屬水，思屬土。是以曰恭，曰肅，曰狂，皆歸之木而爲雨徵；曰從，曰乂，曰僭，皆歸之金而爲暘徵；曰明，曰哲，曰豫，皆歸之火而爲燠徵；曰聰，曰謀，曰急，皆歸之水而爲寒徵；曰睿，曰聖，曰蒙，皆歸之土而爲風徵。以皇不建極，添一咎曰眊，添一罰曰恒陰，此於五行分配已爲疎謬。而又分福極，亦歸之五行，以好德與惡爲木之應，以康寧與憂爲金之應，以壽與疾爲火之應，以富與貧爲水之應，以考終命與凶短折爲土之應，而六極餘一「弱」字，不知其所配焉，而爲極不建之應，此尤可陋也。

本朝老蘇氏，遂以恭、從、明、聰、睿爲皇極之建，而雨、暘、燠、寒、風之皆時，由是而有五福；以狂、僭、豫、急、蒙爲皇極之不建，而雨、暘、燠、寒、風之皆恒，由是而有六極。其剖析亦稍明，自可一洗漢儒之陋。然木金火水土之配尚襲舊説，奈何？於是長蘇氏、少蘇氏用醫家之論，以貌爲木，言爲金，視爲火，聽爲水，思爲土，此固一説也。然遂以雨爲土徵，暘爲金徵，風爲火徵，可乎？諸説紛紛，訖無確然一定之論。惟朱子只以五行之序配五事之序，而庶徵之序亦然。是知貌爲水之生，而雨之爲水也明矣；言爲火之發，而暘之爲火也亦明；視爲木之精，而燠之爲木也亦合；聽爲金之靈，而寒之爲金也有據；思猶風之無所不之，亦猶土之無不資也。其理有自然之應而未嘗穿鑿，蓋分而言之，事各有本，德各有屬，氣各有類，應各有徵；合而言之，一事脩則五事皆脩，一氣和則五氣俱和。今夫一念之差，則視之而不見，聽之而不聞，語言無章，舉動失措，是五事俱失，豈有五徵俱見於一時乎？惟五事不敬則皇極不建，所以驗之於天時者，當雨而不雨，當暘而不暘，當燠、當寒、當風率皆反是，如是而已。愚故曰：「固哉！漢儒之説經也。善乎！朱子之言。吾心正而天地之心亦正，吾氣和而天地之氣亦和。必如是而可以言造化之機，感應之妙。非知之至者，孰能識此？」

又

皇極之經九句，五行不言用者，蓋九疇無非五行之用也，餘八疇皆言用，而用之上一字極其精，非聖人孰能語此！五事之敬已見於前，八政之用言農者，蓋非農以爲食之原，則八疇俱廢矣，故謂此八政皆農之用也。五紀之用協者，日月之行各有躔次。二十九日有奇爲一會，會之舍曰辰，辰天壤也。又有星度以測之十二會，爲一歲，差則曆數紊亂而不足以爲紀，故以協爲五紀之用。皇極者，居中之定理也。其用則在人君建與不建，故以建爲皇極之用。三德者，有剛柔之不齊，必克治俾歸於中，故乂者爲三德之用。古人以卜筮決疑，苟不明乎體則休咎不驗，故以明爲稽疑之用。庶徵之形，五事之應也。念念於庶徵之有感，即五事之敬，不可須臾忽也。故念者，庶徵之用也。嚮此極者，錫以五福；背此極者，則有六極之威。曰嚮曰威，互文也。八疇之言用，其義固精，初疇不言用，其義尤精。豈非聖人之格言乎？五事、庶徵之配五行，前固論之矣。八政之司食、貨、祀、賓、師，經言「農用八政」，故傳以食爲先，土之配也。土爰稼穡，農之事也。貨則金之配也。祀者報其所由生也，仁之至，木之配也。賓者，禮也，火之配也。師者，衆也，水之配也，地中有水，衆聚之象也。朱子曰：「《周官》一書，只是一箇八政。」司空者，食貨之職也。司徒兼宗伯，故祀賓屬之。司寇兼司馬，故師屬之，天子六卿，周制也，虞廷止有司空、司徒、士，疑夏改士爲司寇。八政舉三卿，夏制也，其義密矣。此疇所該者廣而詞頗簡，故疑其有缺文也。「五紀」之下則如五行之序矣。歲者，冬之終，故配水也。月者，陰陽之麗，故配火也。日生於東，故配木也。星辰有分辨之義，故配金也。曆數通載四紀，故配土也。五皇極以敬用五事，爲九疇之主，五行共此極也。六三德亦五其用，説見於後。七稽疑，卜有五體：雨配水，霽配火，蒙配木，克配金，驛配土，克驛交互，説者鑿焉。貞悔則總以陰陽也，貞陽而悔陰。九疇之壽配水，貞固之象也。富配火，嘉會之象也。康寧配木，長善之象也。好德配金，利用之象也。考終配土，萬物之所歸藏也。《洪範》經精傳密，皆聖賢道統之相傳，危微精一之大用也。

又

人君以一身建極於中，必當有道以化天下氣質之偏，養其中和之性，而後可與共天位、治天職，以同保此極也。不然，則剛流於惡，柔失之弱，人才既壞，誤國害民，天下安有平治之期哉？此三德所以即次皇極也。但「正」、「直」二字，先儒多作兩義説，故與剛克、柔克爲不協，有曰不剛不柔爲正直，而有所未盡也。以沈潛爲地，以高明爲天，則引喻闊遠尤甚。有以正直爲皇極之體，剛柔爲皇極之用，此是以皇極中正直同，説亦有所未盡。有以不邪曲訓正直，此自是兩字反義，亦甚的確，而非所以言用字也。惟古注自作用字，説曰「能正人之曲直」，而義亦未順，於下句作平安之世以正直之道治之，則依舊是兩字，與前不相應，愚不敢從。竊意沈潛者，柔善也。高明者，剛善也。强弗友者，剛惡者也。燮友者，柔惡者也。平者，無剛柔之偏重者也。康者，無事乎强燮者也。沈潛則當以高明振起之，高明則當以沈潛涵養之。剛惡者，習於强梗，未易柔服，故必克之以善剛。柔惡者，甘於阿順而剛無所施，故就克之以善柔。而平康者，不待於克，但正以直之而已。直之云者，如夫子「敬以直内」之直，孟子「匡之直之」之直，此用字也，非定字也。故與「克」字相對，是知以不必剛克、不必柔克爲正直則可，以不剛不柔爲正直則不可。正直剛克柔克皆皇極之用也。曰平康、曰沈潛、曰高明，一類字也，皆人之氣質也。曰正直、曰剛克、曰柔克，一類字也，皆乂用之法也。聖人制世御俗，察陰陽消長之偏，體陰陽開闔之義，以不偏不倚、無過不及之德建中於民，則抑揚進退，予奪威福之柄不敢不謹。如此，《洪範》中有兩正直，亦各從其類也。與平平蕩蕩爲類，自作體字、定字説；與克剛、克柔爲類，自作用字、動字説。在皇極中則爲體，在三德中則爲用，此並行而不相悖。自先儒以正直與高明、沈潛爲類，説有不可通者，而失聖賢用字之本旨，故不能不疑。

又

壽、富、康寧、好德、考終五者，人生之大福也。是故人君以一身而建此極，故能斂此福於一身。自一身而敷錫於天下，庶民亦保人君之極，還以此福錫之於君。人君建此極於上，庶民保此極於下，於是均有此福也。庶民不得有此福，人君豈能獨斂此福哉？然下之所以保極者，亦豈有他道，不過能好德而已。欲天下之無淫朋、無比德者，惟在於皇之作極也。庶民，指百姓而言。曰人者，指有位者而言。「有猷有爲有守」，雖淺深不同，均爲好德者也。自其氣禀，有清濁厚薄之不齊，未必盡合乎中，亦必不罹于咎，此等人在人君兼收並蓄，和其顔色而進之，曰此予所好之德，莫不與之以禄，而同建此極也。「無虐煢獨而畏高明」，此是承上接下句。闕前後二段，乃若有位之人，雖才具足以趨事赴功，而未必實有此德，則嘉謀善計未必有也，厲操守節未必能也，輕躁妄作蠹國害民不能保也。人君必使之進於實行，有以稱其才，則庶乎邦可昌矣。彼正人者，則有猷有守者也。必能審出處，安淡泊，決無干進之意。人君必有禄以養之，方爲盡善。非此正人，待禄而後爲善，得禄而後善，不得謂之正人矣。此正人者，苟不得遂其所好於家，是人君之罪也。彼有能有爲者，徒恃其才而好德不聞，君雖禄之，其必爲汝用之害矣。蓋人君斂福錫福爲庶民保極之道，故當於「五福」之下而致詳焉。

書疑卷第六

金華王柏著

旅獒　周書

武王之德聖矣！一獸之貢微矣！史臣方以「通道于九夷八蠻」誇國家威德之遠，而太保乃拳拳進諫于王，何也？蓋獒之爲獸，非常犬也。能曉解人意，且勇而善搏。畜之何所用哉？不過供玩侮之戲而已。武王固非玩侮人者，既有是物，必有時而爲是戲也。太保一篇之意，「慎德」二字爲之主，復告之以「終累大德」。太保識幾明微，愛君之忠，叮嚀反復，可謂至矣！首言貢獻之法「惟服食器用」，則此獒也，非惟正之供；次即以「不狎侮」，繼之以「玩物喪志」終焉；又其次方言「非土性不畜」，所謂「慎德」，實懇懇於前二章者也。使武王勞其使而卻其獒，豈足以勞太保之慮乎？推其病之極，必至於生民不保厥居。嗚呼！遠矣！文字不多而道理無限，只在「慎德」二字。中間「志以道寧，言以道接」二句卻稍寬，而先儒敬之。此愚之所未解也。

康誥　周書

後世信小序，以此篇爲成王告康叔之書，又言周公託王命而言，不勝纏繞，至本朝蘇氏方明篇首二十八字爲《洛誥》脱簡。五峰胡先生及吴氏棫又定爲武王之書，大綱方見倫次，以其《洛誥》之首遂名曰誥。既是武王封康叔於衛之辭，謂之《康叔之命》可也。以首句有「孟侯朕其弟」，謂之《孟侯之命》亦可也。觀其詞氣鄭重，反復告戒，若武王面命之意，詳玩之，亦史臣受武王諄諄之旨，特爲此叮嚀之言。見康叔者，爲武王之所親愛，故曰「未有若汝封之心」，又曰「朕心朕德惟乃知」，皆嘉之之詞也。又見武王亦慮商民之難化，所以舉所甚親者任此責。想命三叔之時，亦必有勤懇之言如此篇者。明德者，治民之本；慎罰者，治民之要。史臣授此意，故以四字爲一篇之大綱，終篇不出此二事。曰「在兹東土」以上，此命詞之首，常體也。次曰：「嗚呼！封汝念哉！」止「不廢在王命」，當接後一段「已！汝爲小子，未有若汝封之心。朕心朕德，惟乃知」。次及「王曰：『嗚呼！小子封，恫瘝乃身敬哉！』」一章，又繼以「已！汝惟小子」至「作新民」，此二章皆是勉其明德事，中間皆是慎罰事，亦頗冗雜，欠整次。後一段有「予惟不可不監，告汝德之説于罰之行」，此是總結明德慎罰，又次「王曰『嗚呼！封』」，是結前「敬哉」一章，又次「王曰『嗚呼！肆汝小子封』」，是結前「汝念哉」一章，末後「曰：往哉」，是作命之常式也。此篇於諸誥中極爲明白，尚欠梳理如此，它篇可知。

酒誥　梓材　周書

以二篇言，可合而爲一；以逐篇言，又各可離而爲二，此是爲不可曉。可合者，《梓材》之首意與《酒誥》同；可離者，《酒誥》有二體，既誥妹邦，又誥康叔，《梓材》末篇全不相屬也。首語既曰「明大命于妹邦」，後又曰「妹土」，此分明告戒紂之遺民舊俗也。即又繼之「王曰：封」者五，此又分明告戒康叔也。先儒以爲其事則主於妹邦，其書則付之康叔，以爲書之變體。愚實未之通也，所可知者，止於戒酒而已。

金縢　周書

此書，敘事體也，與《武成》同。《武成》是敘伐商一事始末，此篇是東征前後事，歷六七年，始末詳略之中有筆力焉。納册、啓書，此《金縢》之首尾也，其敘事不可不詳，其敘「流言」、「居東」止五十餘字，簡潔詳明，於曲折抑揚間事情隱然可判，後來《大誥》等事盡含蓄於此。《武成》先列四誓，而總敘武事之終；《金縢》是敘東征始終，而後列諸誥，法當然也。其餘小小文義，諸家有未一者，因論「丕子之責」。竊意「責」字如責望之責，是責望其事我於天，則繼以願代。中間無缺文，意若曰三王有任保護丕子之責于天，則後面能不能事鬼神之語全無意味矣。如「乃命于帝廷」，卻脱「元孫」二字，合復舉「乃元孫」於此？「乃并是吉」者，謂三卜皆吉，此卜者之言，啓籥而參以龜卜之書，乃是證三卜之果吉也。「予小子新命于三王」者，公欲以身代王，王瘳則公當代命也。「惟永終是圖」者，我但爲考終之計，兹所待者，三王必不忘於一人之言，以代王也。王瘳而公不死，亦天監公之心而不從公之代也。在公，則當俟命以代而已。「我之弗辟」，只是作入聲讀，周公以公天下爲心，征誅之事，固不得以私恩而姑息，曰「公避之而居東」，非知公者。二「穆卜」只一義，於「敬」字爲近，初不牴牾也。

大誥　周書

此下諸篇固多脱簡之可疑。一也，告戒之詞貴明白而反聱牙；二也，非特文義之難曉，而大意亦往往瞢然。若隨詞生意、屈而攀緣、添字補湊、强欲求通，前後用工於此多矣，然斷續扞格，終不成文理，不幾於侮聖言者乎！謂宜盡黜訓詁，敬存古意，或略知大意，不必句句字字求之亦可。請試言其大略，《大誥》者，以武庚與三監叛，發此誥於下，所宜責武庚。以汝父之不道，故天命之歸周，我不殺汝而封汝於故都，汝合率德改行，以蓋父愆，以保宗祀，以輔我國家，以恭承天命。今乃乘我國之大喪，欺嗣子之沖幼，而敢蠱惑我三監，❶離間我骨肉，鼓動淮夷，摇蕩邊鄙，姦宄鴟張，於義不可不討。今前後未嘗及此意，拳拳只説一箇「卜」字，何其闊於事情而疎於制變也。豈非自太王避狄之後，不曾經此變故，乃欲假蓍龜以鎮壓天下之邪心乎？且又言寧王遺我大寶龜，已告我西土有大艱，❷西土人亦不靖。此何異於唐德宗遭奉

❶「敢」，金華本作「乃」。
❷「已」，金華本作「以」。

天之難，而委之以先定之數也。聖如周公，經國制事而肯出是言乎？此皆可疑者。

微子之命　周書

每讀此篇，未嘗不廢卷喟然而嘆。昔武王之反商政，首釋箕子之囚，封比干墓，式商容閭，既而復訪道於箕子，得《洪範》之書，此皆所以得君子之心。若散財發粟，不過小人悦服耳。所不可曉者，獨於微子寂然無聞，武王豈忘之哉？既而乃封武庚禄父，以奉商祀，周之失未有大於此者。夫湯之衰也，賢聖之君六七作，商之賢子孫未有過於微子者。此天下之所共知也。存商之祀，作賓王家，非微子其誰可與？武王在位八年，吾不知微子者何在？乃於殺武庚禄父之後而後封之宋，何其晚哉？彼武庚者，熏染紂之惡德，未聞其有改行，烏得有過於微子？封微子則可以祀湯，封武庚則可以祀受，受猶足祀乎？今不封武庚於它邦，而付以紂之故土，當是時稍自好者，必不爲之左右矣。其所與共遊處，朝夕之所謀議，惟酗于酒德之故人爾。不幸武王崩，嗣子沖幼，周公攝政，而管叔在外，姦謀啓而凶計行，自謂可以乘間倡亂，抵掌以復紂之境土矣。武庚之叛，勢所必至，群弟之流言，非武庚孰敢蠱之？武庚之叛，非流言無以發之，群弟非武庚則不能叛，武庚非流言則不敢叛，故曰周之失未有甚於此者。蘇氏乃曰：「殺其父，封其子，其子非人也，則可使。其子果人也，則必叛。武庚之叛，不待智者而後知。」愚則曰此説非也。殺其父者，義也。封其子者，仁也。其子非人也，則必叛；使其子之果人也，則必飲痛悔艾修身改行以保先祀。苟不顧先王之祀，而輕於叛者，豈復人也哉？若武庚之必叛，果不待智者而後知。或曰：「武王封微子於宋也，久矣。至武庚誅，乃加封上公，命之以奉商祀。」此亦惑於後世歸周銜璧之傳，而謬爲是説也。若微子之始封也，必加上公，必奉湯祀，不當以是禮命武庚而不命微子也。今觀此書，皆始封之詞也，非加封之詞也。曰「律乃有民」，曰「永綏厥位」，豈非懲創武庚之不律不綏而有此告戒乎？史臣之命，尊矣！嚴矣！

又

愚以紙上之陳言妄疑周家之得失，未足以知聖人之心也。以武王之聖，周、召之賢爲之輔，克商之初，政事精明，人心大慰，何獨於此事處義制禮有如是之疎乎？後世又以淺陋之見量聖人，以爲不封微子者，忌微子之賢也。此説益大謬矣。又按《左傳》楚子克許，許君面縛銜璧，衰絰輿櫬以見楚子，楚子問諸逢伯，逢伯曰：「昔武王克商，微子啓如是，武王親釋其縛，受其璧而祓之，焚其櫬，禮而命之。」此説尤爲可疑。昔箕子之答微子，固以微子之義當去。去之云者，去其位而遁其迹也。又以爲微子抱祭器而歸周，此尤非也。若微子不待商之亡而歸周，是先自絶於商也。若微子幸紂之亡，即自辱於周，是自求封也。武王非伐微子也，何爲銜璧請命，是已代紂爲王矣？若微子苟存，亦何患商祀之不存，二事皆非所以爲微子矣。若武王既受微子降，封武庚而十年不齒，薄微子甚矣，何足以爲武王、周、召乎？愚因《左氏》之言，遂得以參伍旁證而得武王、微子之心。其曰武王解縛、焚櫬、禮而命之者，政武庚禄父也。傳者以微子賢，武王聖，舛訛其事，喜談而樂道之，彼豈識有關天下之大義乎？武庚驚家國之覆滅，知禍患之未艾，乞命武王者，勢也。勢急則祈哀請命，有國則摇牙肆毒，此狡猾小人之常態也。武王知紂已死，其孤以禮來歸，斬焉衰絰之可閔，釋而命之，仁者之心也。聖人以大公至正，行其義之所當爲，豈逆料異日之變而預防之哉？微子既遁，紂死即出，是幸宗國之亡也。況武庚既封，商祀不絶，吾何求哉？此所以十年長往而不來也。微子既不可見，武王亦不得已封庚爾，武庚既誅，商祀再絶，微子於此時而不出，是商祀之果絶也。賢者之出處，聖人之處事，又豈有一毫之未盡者乎？

書疑卷第七

金華王柏著

召誥　周書
洛誥　周書

《洛誥》之篇，三山林氏説之所終，東萊先生説之所始，文公又於《召誥》、《洛誥》亦各有説，學者可以釋疑矣，然猶未也。《洛誥》自「周公曰」之下，朱子以爲自此漸不可曉，蓋不知是何時所言，又取葉氏之言，以此篇與《召誥》參看，又取王氏曰：「此誥有不可知者，當缺文。」朱子尚謂有疑，而後學敢謂無疑者，妄人也。愚竊謂諸誥之中，辭語之不可曉者固多矣，而一篇之體統大概亦可見，惟《召誥》、《洛誥》破碎龐雜、體統不明，此最未易梳理者也。蓋其中有周公、召公相洛、卜洛之詞焉，有遷殷民、攻位丕作之詞焉，有營洛之詞焉，有成王來洛之詞焉，有祀文、武，記功宗之詞焉，有周公復辟之詞焉，有成王即辟之詞焉，有成王册命周公之詞焉，此所以不可以一事觀也。《召誥》前雖載相洛之事，後止是以成王新政致戒之詞而已。曰「王乃初服」，「若生子罔不在厥初生」，則以「疾敬德」爲王新政第一義，此則頗自明白。若《洛誥》恐當作兩節看。相洛、卜洛、營洛、遷頑民是一節。明禋烝禮，周公欲成王治洛，復政於王，成王止，欲歸周，即辟命周公治洛，此是一節。如册周公之首詞反殿於篇末，而册中之詞反殽雜於前，此皆未易就條理也。第一是復辟之事，程子以來諸儒只欲作答王解，以爲未嘗失位，安得有復此義？誠精矣。然成王固未嘗失位也，蓋成王前此未嘗親政也。成王幼，周公代王爲政，成王長，周公歸政於王，正如伊尹復政厥辟之復。蘇氏所謂歸政，初何害義，然亦何所嫌而避此名乎？此愚之所以不能無疑也。

多士　周書

多方　周書

蘇氏曰："《大誥》、《康誥》、《酒誥》、《梓材》、《召誥》、《洛誥》、《多士》、《多方》八篇，雖所誥不一，大略以殷人不服周而作也。"又怪取殷之易，安殷之難，歎商七王之德深而終歸於周公之功。其言感慨俊偉而聽者竦然。愚以爲八篇者，固艱澀難曉，細而觀之，各有所主，非盡爲安殷而作也。蘇氏之言，其亦有所未盡。商自太甲後數經衰亂，已四興王業矣。武乙再都河北，而國尤衰弊者四五十年，至紂乃決其壞而蹙其亡者又三十年，周家之仁聲仁聞日盛而日隆，商王之惡德虐政月累而歲積。當是時，三分天下而周有其二，非周取之也，皆弃商而歸周也。紂之都，百姓服田力穡者，亦未嘗不悦服而安業。其頑嚚喧陿而易摇者，特遊手之民，平時酗酒暴横，草竊姦宄，逋逃容隱，未嘗伏辜，不習勤勞，不樂安静，呼噪風塵之警，以逞其虎狼之心。加以紂之寵任非人，豪家巨室不事繩檢者，怨周不簡拔，而進用招誘四方之無賴爲之爪牙，以殘害於百姓，不過借復商之名，以鼓倡群凶，非有英雄豪傑爲之宗主也。若以戰國、秦、漢處之，不過一坑而已。周家積累有素，不忍輕殺，非力不足以制之，必欲使之革心從化，此其爲變移之難者，乃所以爲忠厚之至。蘇氏謂人心不服周而難安者，未之思也。凡化頑民之書，不過《多士》、《多方》兩篇而已，緣中間紛亂脱落，序者不得其要，讀者莫知條理，是故隨文解義，卒不能貫通。愚不敢覼序，止熟讀正文而知其有脱簡焉。竊謂《多方》當在前，《多士》當在後。《多方》曰：「告爾四國多方，惟爾殷侯尹民，我惟大降爾四國民命，爾罔不知。」又曰：「我惟大降爾四國民命。」❶《多士》曰：「昔朕來自奄，予大降爾四國民命。」此可以知其先後也。《多方》自首至「乃惟自速辜」已上皆稱多方，至此亦是結語。自「王曰：『嗚呼！猷告爾有方多士。』」此下皆稱多士，則知此二段是《多士》，後錯簡在此。《多士》曰：「今爾又曰：『夏迪簡在王庭，有服在百僚。』」《多方》後段曰：「爾乃自時洛邑，尚永力畋爾田。天惟畀矜爾，我有周惟其大介賚爾，迪簡在王庭，尚爾事，有服在大僚。」此又知是一篇，前後相應也。《多士》曰：「爾克敬天，惟畀敬爾；爾不克敬，爾不啻不有爾土，予亦致天之罰于爾躬。」《多方》後段曰：「自作不和，爾惟和哉。爾室不睦，爾惟和哉。」故末後結語曰：「不克敬于和，無我怨。」此又知兩段相連，總結於此。《多士》結有「王曰」，之下有缺文，正宜聯《多方》「嗚呼！猷」一段。又曰：「時予乃或言，爾攸居！」當聯《多方》後「又曰」下結語，庶幾血脉貫通，文勢明白，今輒考定二篇於後。

惟五月丁亥，王來自奄，至于宗周。周公曰：王若曰：「猷告爾四國多方，惟爾殷侯尹民，我惟大降爾命，爾

❶「民」，原作「明」，今據金華本改。

罔不知。洪惟圖天之命，弗永寅念于祀。

此一節是史官先敍作誥之時以「周公曰」起之，是周公代王作此誥也。「王若曰」之下，是總一篇之大意。言「殷侯尹民」，此指武庚之遺民也，言爾罪固當誅戮，我已大貸爾命矣。爾不可不知，爾猶大起狂謀，圖度天命，更不爲深長之思，敬保爾宗祀乎？

「惟帝降格于夏，有夏誕厥逸，不肯感言于民，乃大淫昏，不克終日勸于帝之迪，乃爾攸聞。厥圖帝之命，不克開于民之麗，乃大降罰，崇亂有夏。因甲于内亂，不克靈承于旅。罔丕惟進之恭，洪舒于民。亦惟有夏之民叨懫，日欽劓割夏邑。天惟時求民主，乃大降顯休命于成湯，刑殄有夏。惟天不畀純，乃惟以爾多方之義民，不克永于多享。惟夏之恭多士，大不克明保享于民。乃胥惟虐于民，至于百爲，大不克開。乃惟成湯，克以爾多方簡代夏作民主。慎厥麗，乃勸厥民。刑，用勸。以至于帝乙，罔不明德慎罰，亦克用勸。要囚，殄戮多罪，亦克用勸。開釋無辜，亦克用勸。今至于爾辟，弗克以爾多方享天之命。」

此一節反覆言夏、商廢興之由、天命存亡之幾，此「辟」字，指紂而言，謂紂元自天命，既不能享，遂至於亡。

「嗚呼！」王若曰：「誥告爾多方，非天庸釋有夏，非天庸釋有殷。乃惟有夏，圖厥政不集于享，天降時喪，有邦間之。乃惟爾商後王逸厥逸，圖厥政不蠲烝，天惟降時喪。天惟求爾多方，大動以威，開厥顧天。惟爾多方罔堪顧之，惟我周王靈承于旅，克堪用德，惟典神天。天惟式教我用休，簡畀殷命，尹爾多方。

此一段言天非有意去爾夏，去爾商，乃爾夏、商自取其亡。當商將亡之時，天亦未嘗不求爾多方有可代商者，爾既無以承天之眷顧者，我周王能善承天心，天既命之以王矣。

「惟聖罔念作狂，惟狂克念作聖。天惟五年須暇之子孫。誕作民主，罔可念聽。乃惟爾辟，以爾多方大淫圖天之命，屑有辭。

此二段原雜在前節，先儒疑有缺文，而不知乃是錯簡。言武王雖已受命，商之子孫苟能克念，有得天之道，天亦俾之誕作民主。今待爾五年矣，爾又無可念、可聽之德，蓋武王在位五年故也。今爾辟指武庚言，卻欲圖天命，輕於發言何也？

「今我曷敢多誥？我惟大降爾四國民命。爾曷不忱裕之于爾多方？爾曷不夾介乂我周王，享天之命？今爾尚宅爾宅，畋爾田，爾曷不惠王熙天之命？爾乃迪屢不静，爾心未愛，爾乃不大宅天命，爾乃屑播天命，爾乃自作不典，圖忱于正。

此一節繳前意，不欲多誥爾，且大貸爾命，三「爾曷不」勉之也？四「爾乃」責之也。

「我惟時其教告之，我惟時其戰要囚之，至于再，至于三。乃有不用我降爾命，我乃其大罰殛之。非我有周秉德不康寧，乃惟爾自速辜。」

此一節是總結叮嚀告戒之周公之書。《無逸》之外，惟此篇條理分明。

惟三月，周公初于新邑洛，用告商王士。王若曰：「爾殷遺多士！弗弔旻天，大降喪于殷。我有周佑命，將天明威，致王罰，敕殷命終于帝。肆爾多士，非我小國敢弋殷命，惟天不畀，允罔固亂，弼我。我其敢求位？惟帝不畀，惟我下民秉爲，惟天明畏。我聞曰：『上帝引逸。』有夏不適逸則，惟帝降格，嚮于時。夏弗克庸帝，大淫泆，有辭。惟時天罔念聞，厥惟廢元命，降致罰，乃命爾先祖成湯革夏，俊民甸四方。自成湯至于帝乙，罔不明德恤祀。亦惟天丕建，保乂有殷。殷王亦罔敢失帝，罔不配天其澤。在今後嗣王，誕罔顯于天，矧曰其有聽念于先王勤家？誕淫厥泆，罔顧于天顯、民祇。惟時上帝不保，降若兹大喪。惟天不畀不明厥德，凡四方小大邦喪，罔非有辭于罰。」

此一節先言周之所以代商，次及夏、商興廢之故。

王若曰：「爾殷多士！今惟我周王丕靈承帝事，有命曰：『割殷！』告敕于帝。惟我事不貳適，惟爾王家我適。予其曰：『惟爾洪無度，我不爾動，自乃邑。』予亦念天即于殷大戾，肆不正。」

此一節言周之所以受命，以至于爾大罪，不敢肆其繩治。

王若曰：「猷！告爾多士：予惟時其遷居西爾，非我一人奉德不康寧，時惟天命。無違，朕不敢有後，無我怨。

此一節言遷商民于洛。

「惟爾知惟殷先人有册有典，殷革夏命。今爾又曰：『夏迪簡在王庭，有服在百僚。』予一人惟聽用德，肆予敢求爾于天邑商？予惟率肆矜爾，非予罪，時惟天命。」

此一節言爾怨我不用爾多士，我位惟德之用。

王曰：「多士！昔朕來自奄，予大降爾四國民命。我乃明致天罰，移爾遐逖，比事臣我宗，多遜。」

此一節言我昔日貸爾命、移爾居之意。

王曰：「告爾殷多士，今予惟不爾殺，予惟時命有申。今朕作大邑于兹洛，予惟四方罔攸賓，亦惟爾多士攸服奔走，臣我，多遜。爾乃尚有爾土，爾乃尚寧幹止。爾克敬，天惟畀矜爾；爾不克敬，爾不啻不有爾土，予亦致天之罰于爾躬。今爾惟時宅爾邑，繼爾居，爾厥有幹有年于兹洛，爾小子乃興，從爾遷。」

此一節言我不惟不殺爾，又使爾安居，此以親我多遜之美。

王曰：「嗚呼！猷告爾有方多士，暨殷多士：今爾奔走臣我監五祀，越惟有胥伯小大多正，爾罔不克臬。自作不和，爾惟和哉。爾室不睦，爾惟和哉。爾邑克明，爾惟克勤乃事，爾尚不忌于凶德。亦則以穆穆在乃位，克閱于乃邑，謀介爾乃自時洛邑，尚永力畋爾田。天惟畀矜爾，我有周惟其大介賚爾，迪簡在王庭，尚爾事，有服在大僚。」

此一節是告遷洛多士及尹民之官，爾能和其頑民，我豈不大用爾？

王曰：「嗚呼！多士，爾不克勸忱我命，爾亦則惟不克享，凡民惟曰不享。爾乃惟逸惟頗，大遠王命，則惟爾多方探天之威，我則致天之罰，離逖爾土。」

此一節言爾苟不能信我前命，我則遠遷爾於它去矣。

王曰：「我不惟多誥，我惟祗告爾命。」又曰：「時予乃或言，爾攸居，時惟爾初不克敬于和，則無我怨。」

此是再三反覆結前語，告戒之大略如此，中間恐亦自有錯簡。

書疑卷第八

金華王柏著

君奭　周書

今讀此篇，文意雖多不可曉，大意是周公留召公共政之書也。歷舉湯之興有此六臣，文、武之時有此五臣，今日止有吾二人而已。當時雖有芮伯、彤伯、畢公、衛侯、毛公諸臣，要未可與召公班也。周公拳拳於天命之難保，而幼主之不可不開導，輔相之意，反覆憂深，求助懇惻，故召公竟無它辭。若考其時，則卒未有定論。今詳公曰：「前人敷乃心，乃悉命汝，作汝民極。」自曰以下，述武王託孤之命如此，又有「小子同未在位」之言，又曰「在今予小子旦，非克有正，迪惟前人光，施于我沖子」，此可謂周公攝政之時矣。其後乃曰「天休滋至，惟我二人，弗戡乂」，又曰「篤棐時二人，我式克至于今日休」，則此等語又非所當言於武王初喪之時。《史記》之論固陋矣，而蘇氏謂周公歸政後，公欲周公告老而歸，而篇中殊無此意，則「小子同未在位」，蘇氏竟不釋。如蘇氏説，則此句終無著處。東萊先生祖《小序》，意謂洛邑成而周公欲告歸，召公亦欲去，周公既爲成王留，而周公意欲召公留，如此言則是周公歸政於王矣。是時，成王年亦長矣，不可曰「小子同未在位」，此句仍舊未有所歸。但此篇所不可知者，不過留召公之時爾，其言雖艱澀而大意自明，非如《洛誥》頭緒多而不可就理也。然亦有差誤處，如曰「在昔上帝，割申勸寧王之德」，《禮記》乃曰「昔在上帝，周田觀文王之德」，蓋各有得失，當曰「昔在上帝，割周申勸，寧王之德」，此處未説到我王「割周」者，言羑里之厄也。細玩之可見。

蔡仲之命　周書❶

史臣序詞，既詳且嚴，自《金縢》有群叔流言之語，至此篇始著其事，備其詞，體正而意盡。周公之心坦然明白，「率德改行」一語，而父子得失在焉。周家之刑慶當焉，播之衆而命焉，皆其父子自取而周公無一毫固必之心。蔡叔未没，以仲爲卿士；蔡叔既没，復封仲於蔡，周公友愛可見矣。曰「蓋前人之愆」，曰「無若爾考」，皆昌言而不隱。一欲蓋天下之公議，一欲伸家庭之至情，言之深所以愛之切也。曰「皇天無親」者，示戒凛凛然，想仲歆泣祇承而敢以爲榮乎？

立政　周書

第一，是先儒欲爲周公避嫌，不肯言歸政，費盡回護，使周公之心事益不明於後世。周公夙有聖德，自文王時則已與召公分陜而治，既而左右武王伐商立國，武王崩，成王幼，周公以冢宰正百工。蓋代行天子之

---

❶「周書」，原無，今據全書體例補。

政而未嘗攝天子之位也。成王亦未嘗不一日履天子之位，而亦未嘗一日親天子之政也。成王既冠，周公歸政於王，初無嫌之可避。《立政》首曰「拜手稽首，告嗣天子王矣」，曰「拜手稽首后矣」，曰「嗚呼！孺子王矣」，曰「咸告孺子王矣」，曰「今文子文孫，孺子王矣」，豈謂其昔不爲王，而今始爲王哉？蓋今日始親王者之政而已。自《金縢》之書，成王未嘗不稱王，周公之所播告於四方者，未嘗不曰「王若曰」，成王之王固自若也，成王之政則自今始也。親政之初，上自王左右三事，下至百司庶府，外至於都邑之長，諸侯之官，周公莫不率之北面以聽王之新政。因告嗣天子者，蓋昔日嗣位爲天子，今日親王者之政矣。既聽王之新政，不可不皆進戒於王，於是自常伯之下至於阪尹，乃敢告厥后曰：「拜手稽首后矣！」然後云云。緣首尾有錯簡而「虎賁、綴衣」而下俱列於「三事」之後，更無繫屬而意義不明，今輒與考定於後。

周公若曰：「拜手稽首，告嗣天子王矣。」用咸戒于王曰：「王左右常伯、常任、準人、綴衣、虎賁、趣馬、小尹，左右攜僕、百司庶府，大都小伯、藝人表臣、百司，太史、尹伯、庶常吉士，司徒、司馬、司空、亞旅，夷微、盧烝，三亳、阪尹。乃敢告教厥后曰：拜手稽首后矣，曰：宅乃事，宅乃牧，宅乃準，茲惟后矣。謀面，用丕訓德，則乃宅人，茲乃三宅無義民。」周公曰：「嗚呼！休茲，知恤，鮮哉！

此一節周公率群臣歸政於王，因命群臣進戒，美其言而嘆其憂，此者少也。

「古之人迪惟有夏，乃有室大競，籲俊，尊上帝，迪知忱恂于九德之行。桀德惟乃弗作，往任是惟暴德，罔後。亦越成湯陟丕釐上帝之耿命，乃用三有宅，克即宅，曰三有俊，克即俊。嚴惟丕式，克用三宅三俊。其在商邑，用協于厥邑；其在四方，用丕式見德。嗚呼！其在受德暋惟羞刑，暴德之人同于厥邦，乃惟庶習逸德之人，同于厥政。帝欽罰之，乃伻我有夏，式商受命，奄甸萬姓。

此一節言禹、湯、桀、受用人得失治亂之分。

「亦越文王、武王克知三有宅心，灼見三有俊心，以敬事上帝，立民長伯。立政，任人、準夫、牧作三事，文王惟克厥宅心，乃克立茲常事司牧人，以克俊有德。文王罔攸兼于庶言。庶獄庶慎，惟有司之牧夫是訓用違。庶獄庶慎，文王罔敢知于茲。亦越武王率惟敉功，不敢替厥義德，率惟謀從容德，以並受此丕丕基。

此一節言文王、武王知用人之道。立民惟任長伯，立政惟擇三事，皆俊德之人而不下侵細務。武王循文王之功，用此義德、容德，故能受此大基業。

「嗚呼！孺子王矣，繼自今，我其立政。立事、準人、牧夫，我其克灼知厥若，丕乃俾亂，相我受民，和我庶獄庶慎。時則勿有間之。自一話一言，我則末惟成德之彥，以乂我受民。嗚呼！予旦已受人之徽言，咸告孺子王矣。繼自今文子文孫，其勿誤于庶獄庶慎，惟正是乂之。

此一節戒成王於三事。惟念念成德之彥，以治民，調和庶獄庶慎，勿以小人間之，「惟正是乂」，而不可誤也。

「自古商人亦越我周文王立政，立事、牧夫、準人，則克宅之，克由繹之，茲乃俾乂國。則罔有立政用憸人，不訓于德，是罔顯在厥世。繼自今立政，其勿以憸人，其惟吉士，用勱相我國家。

此一節再提湯、文用人，安其職、盡其用，勗不可用小人。以結前二段。

「今文子文孫，孺子王矣。其勿誤于庶獄，惟有司之牧夫。司寇蘇公式，敬爾由獄，以長我王國，茲式有慎，以列用中罰。其克詰爾戎兵，以陟禹之迹，方行天下，至于海表，罔有不服。以覲文王之耿光，以揚武王之大烈。」

此一節卻提夏禹、武王結。後一段專戒庶獄，并詰戎兵。

周公若曰：「太史！嗚呼！繼自今，嗣王立政，其惟克用常人。」

言既終，又呼太史記之，爲後世子孫之戒。如此分合，卻節奏差明，無龐雜之患，無穿鑿傅會之謬。蓋親政之初，擇賢共天職最爲重事。曰「籲俊，尊上帝」，曰「丕釐上帝之耿命」，曰「以敬事上帝」，惟事天之實，莫大於此。其所當留意者，又不出於三事，綱領既正，統體相維，可謂得立政之要矣。周公勤勤懇懇，又爲後世慮，至矣哉，周公之用心也。但「宅」字，先儒牽於「五流有宅」之宅，遂作刑獄説。按《説文》：「宅，所託也。」今作「託」字，訓爲通貫無疑。

無逸　周書

《無逸》之篇，卻是特作書以訓於王，周公之言，未有明白若此篇者。但首語一句忽又奇古曰：「君子所，其無逸。」先儒以「處」訓「所」。朱子曰：「某則不敢如此解，恐有缺文。」愚則曰：「恐是衍字。」周公曰：「嗚呼！君子其無逸。」言君子不可逸。若「先知稼穡之艱難了乃逸，則知小人之所依」，必能愛民而享國之久也。此篇不可作一段看，前後自是兩段文字，前段是教其知稼穡之艱難，至「酗于酒德」而止；後段是道其智之明而不爲人所惑，至篇終。兩段提兩嗣王結，然又不可截然作兩段看，中間又自有氣脉通貫處。前後凡有「嗚呼」者七：一是總説知不知稼穡之艱難；二是舉商三宗之不逸及後王之逸爲享國之效；三是説文王之無逸；四是戒嗣王之不可逸；五特以「我聞曰」更端，言古人之所以相與教告叮嚀者，正恐此智未明，爲浮言所惑也；六是言昔四王之所以迪哲者，亦以先知稼穡之艱難，知小人之情狀，故不惑於浮言。此是氣脉過接處，若不聽人之教告，輕聽人言，則罰無罪，殺無辜，怨叢一身，豈能享國長久哉？成王生於深宮之中，未嘗知稼穡之艱難，未嘗識小人之情狀，所以前日爲流言所惑，今雖感悟，是豈可不常以爲鑒？昔周公止作《鴟鴞》，未嘗及此，今既歸政居東，恐成王復爲浮言所移，故作此七「嗚呼」，於其終止曰「嗣王其鑒于兹」，不及他語者，其戒深矣。

周官　周書

此成王初政，訓迪百官。見成王之德日新，周公之經制大成，周家文物詞命之正盛也。此書雍容肅厚，有虞廷氣象焉，後世莫能及。或疑此篇與《周禮》不同。蓋《周禮》者，乃周公未成之書，此其總敍也。

君陳　周書

畢公，大王之大臣。周公尹洛之後，當即以畢公代之，而君陳或謂其新進者也，而可超躐老成而當此重任乎？觀其所以命君陳，其體輕，其辭戒，所稱者，只推其孝友之行，是固得爲政之本矣。然爲政亦多端，非可恃此而它無所事，况有商之頑民在焉。新進少年或乘鋭變更，未必不反激其易動難安之勢。竊意君陳既有孝友之順德，或平時親慕周公而師事焉者也，或在周公左右諳練其本末者也，觀其凡人「見聖」、「由聖」之語，知其能親炙周公而責之以周公之事乎？以依勢倚法之言，無忿疾之訓，知其所以告戒後生也。其曰「至治馨香」四句，是不忘周公精微之論，故舉以訓君陳，蓋周公之制度法令備矣，但欲其曰昭、曰式、曰弘而已。所以從厥攸好者，正欲其以孝友之行爲化民之本。汝若敬主此德，則商民無有不變者也。畢公，前輩也。恐其未必一一肯遵守周公舊，所以其時命之於商民既安之後，屬其旌表淑慝，蓋是有設施作爲之人，未可繼周公。此所以舍老成而命新進者，或此意也。「嘉謀嘉猷入告」一段，葛氏以爲史臣失詞，誠是也。

顧命　周書

康王之誥　周書

二書只當合爲一篇，一正其始，一正其終，中間命誥之詞不多，全是紀載國家始終之大典，謂之敍事可也。蘇氏之論，以爲三年之喪既成，服而暫釋，非禮也。此言誠足以爲萬世法。周公、召公，天下之聖賢也，以天下之聖賢夾輔王室，所以處事制義當無毫髮之未盡。周公當武王之崩也，位冢宰，擁幼主，以君臨天下，謂宜鎮定天下如泰山之安。周公以聖人之心待天下，而不肯爲嫌疑之防，亦以聖人之心待骨肉，而不肯起嫌疑之念，行之以大公至正，洞然而無所顧忌者也。豈料姦宄餘孽覘俟門隙，蠱惑人心，倡此一大變乎！成王之《顧命》，古所未有，豈非懲創前日身履之變，故出此防危慮患之計乎？召公恢張末命，其設施使内外小大之臣無一髪之可議，所以綏定王室者密矣，而不暇考定禮儀於倉卒之間，而終不免後世之譏評，吁可畏哉。雖曰處變，權宜未易，以常法論，然處變而不失其經，是乃謂之權，以周公、召公處變，猶不免後世之議，權可易用乎？古今善用權者，伊尹一人而已。

書疑卷第九

金華王柏著

畢命　周書

畢公，四朝元老也。命以保釐，禮所當尊，詞所當重，故起初「惟十有二年」至「民罔攸勸」，凡一百十九字，與諸命體製迥不同也。先敍周公之功，而商頑有「式化厥訓」之效，今之所以命畢公，命之以繼周公之治，非直曰代君陳也。今時之所宜者與昔不同，卻在於「旌別淑慝」而已。「臧厥臧」，則餘頑不勞力而自勉，康王豈敢以商民已化爲善，猶曰：「邦之安危，惟茲殷士。」周公雖收其放心，今當有以閑之，惟「不剛不柔」，脩之自我。又以此爲之大訓，漸漬而薰蒸之，先有以建其無過不及之性，庶幾可以成周公、君陳之化。畢公既有盛大之德，而又克勤小物，其德周矣。以公德義之訓，宜無不服者。然「商俗靡靡，利口惟賢」，若不稽古以訓之，而其强辯横議未必能遽服也。今當「旌別淑慝」，以作其好善惡惡之良心；古訓格言，以堅其好善惡惡之實志，「閑之」之道，其不易也如此。康王即位之初，報誥之外，只此一命存於後世。是時，商之頑民，世變風移可以無慮，而康王必推擇此大老鎮之，且謂國家安危之所係，而精神心術之運用，只在一箇「閑」字上，以一時已放之心，三紀收之而不足，苟不常常防閑之，雖三紀之功，可以一日而失也。旌其淑善，别其惡慝，導之以德義，啓之以古訓，皆所以爲「閑之」之具也。氣象重厚，規模嚴密，三曰「嗚呼，父師」，其待耆德也，所以盡其敬；終曰「欽若先王成烈」，其尊體貌也，所以異其詞。雖一篇之命，自足以備見康王之爲君，亦可謂善持盈守成者與。

君牙　周書

冏命　周書

穆王，周之衰世也，而詞命鏗鏘典雅，無異承平之時。此内史之職，猶有豐芑之舊。觀其命君牙也，曰「弘敷五典，式和民則。爾身克正，罔敢不正。民心罔中，惟爾之中」，先王之格言不過如此。其命伯冏也，「在昔文、武」以下至「萬邦成休」，尤得體要，聖人以爲後世法，其在於此。然玩味其言，二人殊無德之可稱，而可居其位乎？昔之命康叔，以武王之弟，故不以德言。但拳拳以明德訓之，曰「未其有若汝封之心，朕心朕德，惟乃知」，未嘗無所稱述也。其後雖蔡仲之命，猶以「率德改行，克慎厥猷」言之。新進如君陳，亦有「令德孝恭」之嘉，而君牙者，獨言其祖父之嘗有功，是以世臣勳舊命之耳。後世終不聞君牙爲何人，而它亦無事功之可舉也。伯冏之命終曰「惟予汝辜」，詞色嚴毅，待左右僕臣之體當如是哉？東萊先生以穆王此心不繼，乃以造父爲御，驅馳忘反。導其侈者，果出於僕御，而歎伯冏此時之在不在也。愚敢謂伯冏之命乃所以爲任造父之端也。僕正雖曰下大夫而特作命書與大司徒等，此未必周家之舊典。《周禮》止有大僕而無正也，不過穆王欲尊寵伯冏，創加一正，異其職，假其詞，以寵之爾。此穆王之所以爲穆王，而周之所以衰也。顧讀者以其詞之盛，而不暇察其病耳。

呂刑　周書

訓刑始於帝舜，言約而義備，此所以爲至治之世也；訓刑終於穆王，目繁而罰輕，此所以爲衰亂之世也。只「流宥五刑」一句，所該者甚廣，所制者甚詳，敍事者述此一凡例，而後世忽之，而未嘗致思五刑與流各自有正麗之罪，又自有從宥之法。宥之云者，寬之也。寬之者，亦次第而輕之爾。以大辟之罪亦從而流者，後世之刑也。蓋宮者，所以宥大辟也；剕刑，所以宥宮也；劓刑，所以宥剕也；墨刑，所以宥劓也。而流之中亦自有宥之義竄者。宥，殛也；放者，宥竄也；流者，宥放也。殛，如今拘鎖之類。竄，如今牢城之類。放，如編置。流，如押出界耳。大辟之刑決不直以流而宥之矣。舜之刑未嘗不輕，而輕者本於罪之可疑；穆王之刑亦未嘗不輕，而輕者失於罪之不可宥。舜之所以必刑者，期於無刑；穆王之所以必贖者，導其起辟。昔武王之命康叔也，雖主於明德慎罰，又自有不可不殺之語，及刑兹無赦之言。成王之命君陳既曰「三細不宥」，又曰「辟以止辟，乃辟」。未聞五刑之俱贖也。贖刑者，贖鞭扑之刑，大辟之刑如可贖，凡有千鍰之貲者，無所往而不可殺人，天下烏得而不亂哉！後世三章之約，可謂極其簡矣。而殺人者必死，殺人而必死，非特爲死者報也，爲生者戒也。爲死者報，法爲一人立也；爲生者戒，法爲天下立也。忍於一人而忍者小，不忍於天下乃所以爲好生也。聖人不忍人之心，豈有一毫好殺之意？刑至於不可不殺者，是乃所以爲仁之至，義之盡也。《呂刑》之書，首以爲五刑創於有苗，則是聖人之制刑反師有苗之虐也。斯言也，豈不大害於義哉？愚謂《吕刑》者，律書也，法吏之辭也。徒能精察乎典獄之姦，而不識聖人制刑之本意。「其審克之」語凡四，哀矜惻怛，猶有三代之遺風。聖人以其世之變，法之變，存之於書，亦以其能精察於典獄之姦，尚可以爲後世聽訟用刑之戒，非以其贖刑之可取也。朱子謂穆王巡遊無度，財匱民勞，至其末年無以爲計，乃爲此一切權宜之術以斂民財。斯言足以得穆王之本情者與？

文侯之命　周書

厲王之禍，周室幾亡。宣王獨能倔强奮發，復會諸侯於東都。即有如方叔、召虎、尹吉父、仲山父之徒，驅馳左右之力，❶幽王再壞，至於不能爲國，而平王遂至東遷。東遷雖曰失根本形勢之固，尚可爲中興之資者，以周公、君陳、畢公三后之德化入於人心者甚深，猶能效死而不去者三百餘年。使東遷之初稍振風采，則崧高扶輿清淑之氣未必遽息也。澗水東，瀍水西，必有賢明俊乂之士相呼而起，爲之宣力四方，何至萎蘼蕭索之狀如是哉？今觀其命文侯也，不稱曰伯父、叔父，而直以父目之，不敢稱其名而呼其字，不典甚矣。「閔予小子」一段，栖栖乞憐之態，殊可醜也。雖曰不敢矯飾虛詞而傾倒，情實以見謙卑自牧之意。然君臣有大分也，命令有大體也。豈有隳大分失大體而有作興振起之理哉？首述文、武之受命，即歸功於先正左右厥辟。按《晉世家》，叔虞者，成王之弟，削桐因戲而遂封於唐，又安有輔文、武之事？斯

❶「驅馳」，金華本作「馳驅」。

言實誣矣。惟曰「汝多脩，扞我于艱，若汝，予嘉」，尚存命詞之舊觀。夫子蓋傷之以爲後世戒，而未見其有事讎之責也。愚嘗謂夫子删《詩》、定《書》，實相表裏，文王之風化不見於《書》而見於二《南》；周公制作之具不見於《書》而見於《雅》、《頌》。《七月》之詩，補《無逸》也；《東山》諸作，補《金縢》也。宣王中興之《詩》粲然復盛，而《書》中無一字也。東遷之後，諸《國風》次第而起，《雅》、《頌》亦至是而亡，故《文侯之命》，《書》之終，而《春秋》之始也。《詩》、《書》、《春秋》，王通謂之三史，其亦有見於此與。

費誓　周書

秦誓　周書

二《誓》，《書》之附庸也。聖人何爲而取之？取其不黷武也。誓者，出師殺伐之辭也。徐戎、淮夷之爲魯寇也屢矣，於魯則肘腋之患也。伯禽胡不曰：今不取，後世必爲子孫憂乎？讀其書之首辭，極其嚴毅，其終不過修城郭、積糗糧、芻茭，爲備禦之計而已。此所以爲諸侯保守境土之法也。方春秋五伯競逐之際，選將厲卒，攻城略地，今日滅某祀，明日縣某國，書伐、書克、書敗，筆相踵也，而不自意悔過之詞忽發於秦伯之口，曰「我心之憂，日月逾邁，若弗云來」，詞語若從容不迫，而噬臍之悔深切莫甚於此。聖人烏得不喜而殿於二帝、三王之後，爲諸侯窮兵好伐之戒也哉？

尚書表注

〔元〕金履祥 撰
蘇 勇 校點

尚書表式

校點説明

《尚書表注》二卷，元代學者金履祥撰。金履祥（一二三二—一三〇三），宋末元初婺州蘭谿（今浙江省蘭谿市）人。字吉父。少時敏睿，比長，益自策勵，凡天文、地形、禮樂、田乘、兵謀、陰陽、律曆之書皆有涉獵。及壯，受業於王柏、何基，私淑於朱子門人。精於經史，主張學以致用。南宋末年，奸佞當權，履祥遂絶意進取，但仍憂心國事。德祐初，召爲史館編校，辭而不就。宋亡之後，屏居仁山，著書講學，學者稱爲仁山先生。與王柏、何基、許謙並稱爲金華四先生。清雍正二年（一七二四）詔履祥從祀孔廟。著有《尚書表注》、《大學章句疏義》、《論語孟子集注考證》、《通鑑前編》、《仁山文集》等等。事迹見《元史·儒學傳》。

《尚書表注》於古來注經之家别爲一體，作者擺脱衆説，獨抱遺經，反復研讀，爲之正句劃段，考正文字差誤，提其章旨義理，加以己見，於每頁上下左右，細字標識，縱横錯落，不拘一格，所以名爲「表注」。其説解大抵捃摭舊説，參以己見，與蔡沈《集傳》頗有異同。金氏在繼承朱熹、何基、王柏研究《尚書》成果的基礎上，對《尚書》真僞的看法有進一步發展，如他指出:「安國之序,蓋東漢之人爲之。」他還肯定了《古文尚書》諸篇應是後人僞作。書中不乏真知灼見,如《高宗肜日》篇,舊説以爲高宗祭祀成湯,作於高宗之時,履祥注云:「似是祖庚繹于高宗之廟。」認爲舊説唯《史記》所説作於祖庚之時,爲得之矣。近人研究甲骨文,發現「肜日」之上的人名就是所祭之人,那麽此篇確如履祥所説,爲祖庚繹高宗之辭。書中往往爲求異於先儒,有故爲高論之處。然縱觀全書,仍不失爲《尚書》研究領域中的一部力作。

《尚書表注》宋元間即有刻本,流傳至今的有一部宋末元初建刊本,現藏臺灣圖書館,半葉十行十八字,白口,左右雙闌,闌外四周附著音釋考證各條,行間加墨擲及圓圈,每句下加點,有清初顧湄抄補。明刊本未見。清康熙十二年(一六七三)至十九年間刊行的《通志堂經解》本所據當亦是宋元刊本,與顧湄抄補本有差互。稍後有乾隆年間的《四庫全書》本及同治年間胡鳳丹所輯《金華叢書》本,均源自《通志堂經解》本。

儘管顧湄抄補宋末元初建刊本文字多較《通志堂經解》本爲優,但此本闌外小字漫漶殘泐太甚,且多葉經抄補。所以此次校點《尚書表注》,以清同治十二年(一八七三)粤東書局重刊《通志堂經解》本爲底本,以臺灣圖書館藏一九九一年《圖書館善本叢刊》影印宋末元初建刊本(簡稱「宋本」,抄補部分簡稱「宋配本」)和清同治年間胡氏退補齋刊《金華叢書》本(簡稱「金華本」)爲校本。

爲方便排版和讀者閱讀,把寫於上下左右空白處之注釋文字冠以「表注」之稱,移至相應的《尚書》文句之下。原書標記了段落層次,今據現代閱讀習慣適當作了調整。底本原無目録,今據文前及正文篇題補。底本正文兩卷卷題原皆爲「尚書」,今改爲「尚書表注上」、「尚書表注下」,以明晰卷次結構。曆象之「曆」,原避乾隆諱改爲「歷」,今回改。

校點者　蘇　勇

尚書表注序

《書》者，二帝三王聖賢君臣之心所以運量警省、經綸通變、❶敷政施命之文也。❷ 君子於此考跡以觀其用，察言以求其心，以誠諸身，以措諸其事。大之用天下國家，小之爲天下國家用。顧不幸不得見帝王之全書，幸而僅存者又不幸有差誤、異同、附會、破碎之失。考論不精則失其事跡之實，字辭不辨則失其所以言之意。《書》未易讀也！

燼於秦，灰於楚，鉗於斯、何偶語、挾書之律，久之而伏生之耄言僅傳，孔氏之壁藏復露。伏生者，漢謂今文；孔壁者，漢謂古文。顧伏生齊語易訛，而安國討論未盡。安國雖以伏生之書考古文，不能復以古文之書訂今文。❸ 是以古文多平易，今文多艱澀。今文雖立學官，而大小夏侯、歐陽又各不同，古文竟漢世不列學官。❹ 後漢劉陶獨推今文三家與古文

❶「綸」，原作「論」，今據宋配本、金華本改。
❷「命」，宋配本作「令」。
❸「訂」，宋配本作「討」。
❹「列」，宋配本作「立」。

異同，是正文字七百餘事，號曰《中文尚書》，不幸而不傳於世。至東晉而古文孔傳始出，至蕭梁而始備。唐貞觀悉屏諸家，獨立孔傳，且命孔穎達諸儒爲之疏。夫古文比今文固多且正，但其出最後，經師私相傳授，其間豈無傳述傅會？所以《大序》不類西京而謂出安國，《小序》事意多繆經文而上誣孔子。

朱子傳注諸經略備，獨《書》未及，嘗别出《小序》辨正疑誤，指其要領，以授蔡氏，而爲《集傳》。諸説至此有所折衷矣。而書成於朱子既没之後，門人語録未萃之前，猶或不無遺漏、放失之憾。予兹《表注》之作，雖爲踈略，苟得其綱要，無所疑礙，則其精詳之藴固在夫自得之者何如耳！婺州金履祥序。

尚書序 表注

朱子曰：「安國之序絶不類西漢，❶文字亦皆可疑。」履祥疑安國之序，蓋東漢之人爲之。不惟文體可見，而所謂「聞金石絲竹之音」，端爲後漢人語無疑也。蓋後漢之時，讖緯盛行，其言孔子舊居事多涉怪，如闕里草自除、❷張伯藏璧一之類，如此附會，多有之。則此爲東漢傳古文者託之可知也。如《論語序》魏人所作，亦言壞宅事，即不言金石之異矣。

古者伏犧氏之王天下也，始畫八卦，造書契，以代結繩之政，由是文籍生焉。伏犧、神農、黄帝之書謂之「三墳」，言大道也。少昊、顓頊、高辛、唐、虞之書謂之「五典」，言常道也。至于夏、商、周之書，雖設教不倫，雅誥奥義，其歸一揆。是故歷代寶之，以爲大訓。八卦之説，謂之「八索」，求其義也。九州之志，謂之「九丘」。丘，聚也。言九州所有，土地所生，風氣所宜，皆聚此書也。《春秋左氏傳》曰楚左史倚相「能讀三墳、五典、八索、九丘」，即謂上世帝王遺書也。

❶「之」字，宋配本無。

❷「如」，原作「始」，今據文義改。

先君孔子，生於周末，覩史籍之煩文，懼覽之者不一，遂乃定《禮》、《樂》，明舊章，刪《詩》爲三百篇，約史記而修《春秋》，讚《易》道以黜八索，述職方以除九丘。討論墳、典，斷自唐、虞以下，訖于周。芟夷煩亂，翦截浮辭，舉其宏綱，撮其機要，足以垂世立教，典、謨、訓、誥、誓、命之文凡百篇，所以恢弘至道，示人主以軌範也。帝王之制，坦然明白，可舉而行。三千之徒，並受其義。

表注　《周官》外史固有三皇、五帝之書，未聞墳、典之名也。《左氏》稱「三墳、五典、八索、九丘」之書，未知何書也。或當時別有異書，倚相讀之，以爲博耳。《書序》以堯、舜有二典，遂引「三墳」、「五典」以配三皇、五帝之數，證定書之原，反滋紛紛。且伏犧之書莫大於卦，❶存於《周易》，夫子從而翼之矣。若炎黄之書尚存，夫子安得而遂去之？且神農未有文史，黄帝始製文字，其言多後人傳述，或不能盡得聖人之意。而史官始於有虞，則堯、舜之書聞見真切，爲得其實，夫子去取或是如此。兼古書竹簡繁重，惟周室備有之，諸侯之國或有或無，至後世又多廢失。夫子觀周及遊列國，訪而集之，或所得止此，皆未可知也。神農之書，農家、方藥家或傳之；黄帝之書，老莊、醫家多傳之。其傳述失真，或是此類。近世又有三墳書，云得於青城山。其書始出於張天覺家，有山墳、氣墳、形墳之名。古《易》既有六十四

❶「於」，宋配本作「乎」，下一「於」字同。

卦，安得又有三墳？龜山嘗辨其非。今婺有版本，❶蓋《書序》説起其僞也。❷

及秦始皇滅先代典籍，焚書坑儒，天下學士逃難解散。我先人用藏其家書于屋壁。 表注 《家語》：「孔騰字子襄，畏秦法峻急，乃壁藏其《家語》、《孝經》、《尚書》、《論語》於夫子舊堂。」《漢記·尹敏傳》云孔鮒所藏。 **漢室龍興，開設學校，旁求儒雅，以闡大猷。濟南伏生，年過九十，失其本經，口以傳授，** 表注 《藝文志》云：「孝文時，求能治《尚書》者，天下無有。聞伏生治之，欲召，老不能行，於是詔太常，使掌故晁錯往受。」衛宏云：伏生老，不能正言。使其女傳言教錯。齊語多異，錯所不知十二三，❸略以其意屬讀而已。李石云：文帝撰《五經尚書大傳》，使掌故歐陽生受《尚書》於伏生。 **裁二十餘篇。以其上古之書，謂之《尚書》。** 表注 今文《尚書》。伏生所傳：《堯典》、《皋陶謨》、《禹貢》、《甘誓》、《湯誓》、《盤庚》、《高宗肜日》、《西伯戡黎》、《微子》、《牧誓》、《洪範》、《金縢》、《大誥》、《康誥》、《酒誥》、《梓材》、《召誥》、《洛誥》、《多方》、《多士》、《立政》、《無逸》、《君奭》、《顧命》、《呂刑》、《文侯之命》、《費誓》、《秦誓》。❹武帝續得《泰誓》僞篇，❺亦入今文。 **百篇之**

---

❶「婺」下，宋配本有「州」字。

❷「説」上，宋配本有「之」字。

❸「二」，原脱，今據宋配本補。

❹「秦」，原作「泰」，今據宋配本、金華本改。

❺「泰」，原作「秦」，今據宋配本改。

義，世莫得聞。至魯共王好治宮室，壞孔子舊宅以廣其居，於壁中得先人所藏古文虞、夏、商、周之《書》，及傳《論語》、《孝經》，皆科斗文字。王又升孔子堂，聞金石絲竹之音，乃不壞宅，悉以書還孔氏。

科斗書廢已久，時人無能知者，以所聞伏生之書考論文義，定其可知者爲隸古定，更以竹簡寫之，增多伏生二十五篇。**表注** 古文增多。孔壁所出：❶《大禹謨》、《五子之歌》、《胤征》、《仲虺之誥》、《湯誥》、《伊訓》、《太甲上》、《太甲中》、《太甲下》、《咸有一德》、《説命上》、《説命中》、《説命下》、《泰誓上》、《泰誓中》、《泰誓下》、《武成》、《旅獒》、《微子之命》、《蔡仲之命》、《周官》、《君陳》、《畢命》、《君牙》、《冏命》。

伏生又以《舜典》合於《堯典》，《益稷》合於《皋陶謨》，《盤庚》三篇合爲一，《康王之誥》合於《顧命》，復出此篇，**表注** 復出五篇：《舜典》、《益稷》、《盤庚中》、《盤庚下》、《康王之誥》。并《序》，凡五十九篇，爲四十六卷。其餘錯亂摩滅，弗可復知，悉上送官，藏之書府，以待能者。

承詔爲五十九篇作傳，於是遂研精覃思，博考經籍，採摭羣言，以立訓傳。約文申義，敷暢厥旨，庶幾有補於將來。《書序》，序所以爲作者之意，昭然義見，❷宜相附近，故引之各冠其篇首，定五十八篇。**表注** 古文《尚書》，孝成時始立學官，尋廢，終漢世未立學官。東晉梅頤始上

---

❶「孔壁所出」，原無，今據宋配本補。

❷「義」，原作「意」，今據宋配本改。

其書，猶缺《舜典》，學者以今文《舜典》補之。南齊姚方興又上孔傳《舜典》，首多今文二十八字。梁江陵之亂，其書北行，中原學者異之。隋開皇二年求遺書，得此《舜典》，而五十八篇始備。唐開元中，詔衛衡改隸古爲今字，而祕府藏其舊。今辰州有古文《尚書》版本。❶ 表注 《前漢書》言張霸采《左傳》書敘作《書》首尾。《後漢書》言衛宏作《詩序》。衛宏之云，朱子嘗引之以證《詩序》之僞矣，獨《書序》疑而未斷。方漢初時，《泰誓》且有僞書，何況《書序》之類？且孔傳古文，其出最後，則附會之作有所不免。若《書序》果出壁中，亦不可謂非附會者。蓋孔鮒兄弟藏書之時，上距孔子殁垂三百年，其同藏者《論語》、《孝經》。《論語》既有子、曾子門人所集，《孝經》又後人因五孝之訓而雜引《詩》、《書》傳記之語附會成書，何爲古文《尚書》是夫子舊本？❷則其爲齊魯諸儒次序、❸附會而作《序》，亦可知也。

既畢，會國有巫蠱事，經籍道息，用不復以聞。傳之子孫，以貽後代。若好古博雅君子，與我同志，亦所不隱也。

---

❶「版」，宋配本作「刻」。
❷「文尚書」，原爲墨丁，今據宋配本補。
❸「序」，宋配本作「第」。

尚書表注上❶

金履祥表注❷

堯　典古文《尚書》作「⿰米先⿱竹典第一」。　虞書古文作「㐺」。

昔在帝堯，聰明文思，光宅天下。將遜于位，讓于虞舜，作《堯典》。**表注**　《序文》。「欽」作「聰」，不知聖德之盛。

堯典　曰若稽古帝堯，**表注**　曰若。古文《尚書》作「粵若乩古」。劉敞不見古文，亦謂當作「越若」。朱子從之。曰放勳，欽、明、文、思，安安，允恭克讓，光被四表，格于上下。**表注**　敘堯之盛德。欽。純粹。明。精明。文。經緯天地，所謂煥乎文章。思。意思周密，所謂其智如神。允恭克讓。光被四表。格于上下。聖人之心純粹精明而已。「欽明」二字已足以盡帝堯之德。「欽明」又曰「文思」，兼語其用也。❸文者，明之用；思者，欽之用。「欽明」即惟精惟一，「文思」即允執厥中。克明俊德，以親九族；九族既

❶「表注上」，原無，今補加，下卷仿此。
❷「金履祥」，宋本無，下卷同。
❸「語」，原作「昭」，今據宋本改。

睦，平章百姓；百姓昭明，協和萬邦。表注 平。均齊無偏。章。品節有文。協。考比。和。均調。黎民於變時雍。表注 敘堯之治化。聖人治天下，一則德盛之感化，一則政教之推廣。

乃命羲、和，表注 敘堯之用人。羲、和是羲伯、和伯，下文分命其仲、叔。欽若昊天，曆象日月星辰，敬授人時。分命羲仲，宅嵎夷，表注 宅者，定方隅以推日。表注 宅。蔡邕石經作「厇」。曰暘谷。寅賓出日，平秩東作。日中，星鳥，以殷仲春。厥民析，鳥獸孳尾。申命羲叔，宅南交。表注 南交。劉氏《小傳》作「宅南曰交」，陳氏：「交曰明都。」平秩南訛，表注 訛。《史記》作「爲」。敬致。日永，星火，以正仲夏。厥民因，鳥獸希革。分命和仲，宅西，曰昧谷。寅餞納日，平秩西成。宵中，星虛，以殷仲秋。厥民夷，鳥獸毛毨。申命和叔，宅朔方，曰幽都。平在朔易。日短，星昴，以正仲冬。厥民隩，鳥獸氄毛。帝曰：「咨！表注 咨。古文並作「資」。汝羲暨和。朞三百有六旬有六日，表注 有。古文作「又」。以閏月定四時成歲。表注 候景也。平秩，《史》作「便程」。「便」、「辨」義通。四方地勢不同，風氣亦異。測候之際，因辨其所異，程其所宜，以爲授時之節焉。作、訛、成、易皆指地氣，物土、民宜之事，各以其方異辭耳。自作、訛、成、易以上分方，日、星以下分時，以日、宵之中殷二分，以永、短之極正二至。析、因、夷、隩，作曆必參之民宜而爲四時之政。鳥獸之云，則候之物性，曆家七十二候之法所由起也。周天之日，當云三百六旬五日四分日之一，而云三百有六旬六日，蓋帝堯特舉其大綱，其於周天必知圓奇之妙，四分一不足以盡天矣，故概舉全日，而中星亦通舉辰象，其間度刻則有司隨時推之，以與天合。❶後世度不足而析爲分，分不足而又爲杪，❷有爲九百四十分日之二百三十五者，《太初》則又爲八十一分日之二十分少。劉氏、王氏又爲五百八十九分日之百四十五。唐《大衍》又析一度爲三千四十分，❸而每歲日餘三十七分太。至朱震《統元曆》析一度爲萬分，歲周三百六十五日二千四百四十六分七十二杪半，而周天則三百六十五度二千五百七十二分二十五杪。分杪愈多，❹筭法當愈密，久亦未嘗不差者。聖人言天常寬而曆則密，後世作曆常密而於天反踈，蓋聖人因天以定曆，後世制曆以推天也。**允釐百工，庶績咸熙。」**

帝曰：「疇咨若時登庸？」表注 疇。古文並作「𠷎」。**放齊曰：「胤子朱啓明。」帝曰：「吁！嚚訟，可乎？」帝曰：「疇咨若予采？」驩兜曰：「都！共工方鳩僝功。」帝曰：「吁！靜言庸違，象恭滔天。」**表注 「滔天」二字因下文衍。**帝曰：「咨！四岳！湯湯洪水方割，蕩蕩懷山襄陵，浩浩滔天。下民其咨，有能俾乂？」僉曰：「於！鯀哉。」帝曰：「吁！咈哉，方命圮族。」岳曰：「异哉！試，可乃已。」帝曰：「往，欽哉！」九載，績用弗成。**表注 弗，不。古文並作

---

❶「合」，原作「分」，今據宋本改。

❷「杪」，原作「抄」，金華本作「秒」，今酌改。下同。

❸「唐」，宋本作「至」。

❹「分杪」，宋本作「析分」。

「弫」，下同。

帝曰：「咨！四岳！朕在位七十載，汝能庸命，巽朕位！」岳曰：「否德忝帝位。」曰：「明明揚側陋。」師錫帝曰：「有鰥在下，曰虞舜。」帝曰：「俞！予聞，如何？」岳曰：「瞽子，父頑，母嚚，象傲，克諧以孝，烝烝乂，不格姦。」表注　虞，國名也。案《國語》謂「虞幕能聽協風，以成樂物生」，與夏禹、商契、周弃並稱。而《左氏》曰「自幕至于瞽叟無違命，舜重之以明德」，則虞自幕始封有國，以至瞽叟，舜爲嫡長，父、母、弟惡之，鰥之，欲奪嫡爾。舜盡孝友之道，故「烝乂」而不「格姦」焉。❶ **帝曰：「我其試哉！」女于時，觀厥刑于二女。釐降二女于嬀汭，嬪于虞。帝曰：「欽哉！」**表注　帝自初載，命羲、和作曆授時，自是無爲而天下治。中年以後，見子朱之不類，始有與賢之意焉。歷有咨用，咸非其選。暨晚年，得舜，授以天下。史臣於前敘羲、和授時之命，以著帝堯咸熙之治，於後敘朱、兜、共、鯀之失，以起帝堯薦舜之由。

舜　典

《舜典》所紀攝位即位，聖政悉備，不止歷試。《序》説非。

虞舜側微，堯聞之聰明，將使嗣位，歷試諸難，作《舜典》。舜典　曰若稽古帝舜，曰重

---

❶「烝」，金華本重文。

華，協于帝。濬、哲、文、明，温恭、允塞，玄德升聞，乃命以位。**表注** 曰。粤。自「粤若」至「以位」二十八字最後出。 慎徽五典，五典克從。納于百揆，百揆時敘。**表注** 徽庸。司徒、百揆舉察治水。 賓于四門，四門穆穆。**表注** 賓四門。是引見諸侯及天下士，考察進退之。《左傳》有「流凶族，無凶人」之說。 納于大麓，**表注** 大麓，从《史記》及蘇氏。 烈風雷雨弗迷。帝曰：「格汝舜。詢事考言，乃言底可績三載。汝陟帝位。」舜讓于德，弗嗣。**表注** 「讓德」、「弗嗣」之下必有再命，王文憲謂《論語》引堯曰：「咨爾舜，天之歷數在爾躬，允執其中，四海困窮，天禄永終。」當在此。 正月上日，受終于文祖。在璿璣玉衡，以齊七政。肆類于上帝，禋于六宗，望于山川，徧于羣神。輯五瑞，既月，乃日覲四岳羣牧，班瑞于羣后。

歲二月，東巡守，至于岱宗。柴望秩于山川，**表注** 「柴望秩于山川」，朱子作一句。 肆覲東后。協時月，正日。同律、度、量、衡。修五禮，五玉、三帛、二生、一死，贄，**表注** 「五玉」至「贄」九字，朱子謂當在「覲東后」之下。 如五器，卒乃復。五月南巡守，至于南岳，如岱禮。八月西巡守，至于西岳，如初。十有一月，朔巡守，至于北岳，如西禮。歸，格于藝祖，用特。五載一巡守，羣后四朝。**表注** 攝位。曆象、朝覲、巡守。 敷奏以言，明試以功，車服以庸。**表注** 考績。 肇十有二州，封十有二山，濬川。**表注** 疆理。 象以典刑，流宥五刑，鞭作官刑，扑作教刑，金作贖刑。眚災肆赦，怙終賊刑。「欽哉，欽哉！惟刑之恤哉！」**表注** 典刑。 流共工于幽洲，放驩兜于崇山，竄三苗于三危，殛鯀于羽山，四罪而天下咸服。表注 四罪非一時，蓋總敘于恤刑之下爾。

二十有八載，帝乃殂落。百姓如喪考妣三載，表注 喪，平聲。四海遏密八音。

月正元日，舜格于文祖。表注 即位。詢于四岳，闢四門，明四目，達四聰。表注 詢岳。來四方之賢，察四方之事，通四方之言。咨十有二牧，曰：「食哉惟時！柔遠能邇，惇德允元，而難任人，蠻夷率服。」表注 咨牧。表注 每州以一諸侯之長專任牧民之事。夫諸侯固各牧其國之民，然或各私其國，曲防遏糴，州牧所以通其利也。故曰：「食哉惟時！柔遠能邇。」惟時，言民食之不可後時也。養民者，視年之上下而爲之備，視地之豐歉而爲之通，周知民之貧弱孤寡而爲之恤，不使民食之後時也。十二州，冀、豫爲中，餘皆外邊四裔，崇厚道德，信任元善，畏惡壬佞，率諸侯者意尚如此，則當時風俗治體可知矣。蠻夷率服，推言其效也。舜曰：「咨！四岳！有能奮庸熙帝之載，使宅百揆，表注 百揆。亮采惠疇？」僉曰：「伯禹作司空。」帝曰：「俞，咨禹！汝平水土，惟時懋哉！」表注 「汝平水土」，敘其司空之功。「惟時懋哉」，勉其百揆之職。禹拜稽首，讓于稷、契暨皋陶。帝曰：「俞，汝往哉！」帝曰：「棄，黎民阻飢，汝后稷，播時百穀。」表注 后稷。

帝曰：「契，百姓不親，五品不遜，汝作司徒，敬敷五教，在寬。」表注 司徒。

帝曰：「皋陶，蠻夷猾夏，寇賊姦宄，汝作士，表注 士師。五刑有服，五服三就。五流有宅，五宅三居。惟明克允！」表注 棄、契、皋陶皆因其職而申命之，故皆不復遜，夔、龍亦然。

帝曰：「疇若予工？」僉曰：「垂哉！」帝曰：「俞，咨垂，汝共工。」表注 共工。垂拜稽首，讓于殳斨暨伯與。帝曰：「俞，往哉！汝諧。」

帝曰：「疇若予上下草木鳥獸？」僉曰：「益哉！」帝曰：「俞，咨益，汝作朕虞。」表注 虞。益拜稽首，讓于朱虎、熊羆。帝曰：「俞，往哉！汝諧。」

帝曰：「咨！四岳！有能典朕三禮？」僉曰：「伯夷。」帝曰：「俞，咨伯，汝作秩宗，夙夜惟寅，直哉惟清。」表注 典禮。伯拜稽首，讓于夔、龍。帝曰：「俞，往欽哉！」

帝曰：「夔！命汝典樂，教胄子，直而温，寬而栗，剛而無虐，簡而無傲。表注 教胄子之目。氣質之性，變化之功。詩言志，歌永言，聲依永，律和聲。八音克諧，無相奪倫，神人以和。」表注 典樂之綱。典樂教胄子，此古者教法之妙。周大司樂掌成均之法亦然。夔曰：「於！予擊石拊石，百獸率舞。」表注 「夔曰」十二字，《益稷》篇之錯誤。

帝曰：「龍！朕堲讒説殄行，震驚朕師。命汝作納言，夙夜出納朕命惟允！」表注 納言。表注 讒殄之原，起於民情不達，政教不明，俗移於下而上不知，令出於上而下不聞。納言，所以傳君言而觀民風也。出納朕命惟允，所以審君言而播民教也。此道化所以通於民心，民心所以化於上，而讒殄所以不行也。三代而上，道化出於一，異端不作，蓋以此爾。

帝曰：「咨！汝二十有二人，表注 四岳，二人。牧，十一人。九官，九人。**欽哉！惟時亮天功。」**表注 總命。

三載考績，三考黜陟幽明，庶績咸熙。表注 考績。**分北三苗。**

舜生三十徵庸，三十在位，五十載陟方乃死。表注 《舜典》所載，皆帝舜初政至三考之後，「庶績咸熙」，所黜者，獨三苗耳。卒章通載始終，若其晚年授禹之事則具在《禹謨》。**帝釐下土，方設居方，別生分類。作《汩作》、《九共》九篇、《槀飫》。**表注 逸《書序》。表注

二典：
- 放勳——欽、明、文、思——安安，允恭克讓——光被四表，格于上下——克明止時雍（君道）治化之序
- 重華——協于帝——濬、哲、文、明，溫恭、允塞——玄德升聞，乃命以位——慎徽止弗迷（臣道）徽庸之序
- 功同　德同　又各以氣象形容

濬、哲、文、明，由體以達用，猶堯之明文，此以精明言。溫恭、允塞，因外以推內，猶堯之欽思允克，此以純粹言。

大禹　謨

古文作「大𢁉謩」。❶

皋陶矢厥謨，禹成厥功，帝舜申之，作《大禹》《皋陶謨》、《益稷》。表注 《小序》，矢謨序《皋謨》，成功序《禹謨》，申之序《益稷》。後亦昌言，然不能及舜、禹傳授之旨。二典，《虞書》之經；二謨，猶

---

❶ 「𢁉謩」，宋本作「𢁉暮」。

二典之傳。**大禹謨**　曰若稽古大禹，曰：表注 曰。古文作□。❶ 文命敷于四海，祇承于帝。曰：后克艱厥后，臣克艱厥臣，政乃乂，黎民敏德。表注 克艱。帝曰：「俞！允若兹，嘉言罔攸伏，野無遺賢，萬邦咸寧。稽于衆，舍己從人，不虐無告，不廢困窮，惟帝時克。」益曰：「都！帝德廣運。乃聖乃神，乃武乃文。皇天眷命，奄有四海，爲天下君。」禹曰：「惠迪吉，從逆凶，惟影響。」表注 舜因禹克艱之謨而述堯之克艱。上三句其效，下四句其本。益因舜述堯之辭而誦堯之德業。禹因益言堯得天之效而推感應之理。

益曰：「吁！戒哉！儆戒無虞，罔失法度，罔遊于逸，罔淫于樂。任賢勿貳，去邪勿疑，疑謀勿成，百志惟熙。表注 謀之未決者未可行，蓋事必審決而後行。罔違道以干百姓之譽，罔咈百姓以從己之欲。無怠無荒，表注 無。古文作「亡」。後同。四夷來王。」表注 益之謨。心身、朝庭、百姓、四夷。朱子謂自此以上皆一時之言。禹曰：「於！帝念哉！德惟善政，政在養民。水、火、金、木、土、穀惟修。正德、利用、厚生惟和，九功惟敘，九敘惟歌。戒之用休，董之用威，勸之以九歌，俾勿壞。」表注 禹陳德政、教養之謨。帝曰：「俞！地平天成，六府三事允治，表注 六府三事。「府」即官府之府，猶《禮記》所謂天子之六府。水、火、金、木、土、穀物有其官，官修其方而又教化之，以正其德；懋遷之，以

---

❶「口古文作□」，原脱，今據宋本補。

利其用，均節之，以厚其生。若厚典庸禮、懋遷化居、蓄積備具之類。萬世永賴，時乃功。」

帝曰：「格汝禹！朕宅帝位三十有三載，耄期倦于勤。汝惟不怠，總朕師。」禹曰：「朕德罔克，民不依。皋陶邁種德，德乃降，黎民懷之。帝念哉！念兹在兹，釋兹在兹，名言兹在兹，允出兹在兹，惟帝念功！」表注 授禹。遜皋。虞廷大臣德之相似者，惟禹與皋。故禹於命攝之時，所遜惟皋，又恐帝舜見己之功而不見皋之爲功，故反覆以念功勉之。謂念之也熟，則雖捨之而不可易；言之也熟，則雖外之而不可違。帝與己而不與皋，豈言念之或略歟？然帝固未嘗不深知皋之功也，故因禹言以推明之，大抵皋之德言密於禹，禹之德烈著於皋；禹之功天下所共知，而皋之爲功非舜、禹莫能深知之也。

帝曰：「皋陶！惟兹臣庶，罔或干予正。汝作士，明于五刑，以弼五教，期于予治。刑期于無刑，民協于中，時乃功，懋哉！」皋陶曰：「帝德罔愆，臨下以簡，御衆以寬；罰弗及嗣，賞延于世；宥過無大，刑故無小；罪疑惟輕，功疑惟重；與其殺不辜，寧失不經。好生之德，洽于民心，兹用不犯于有司。」表注 舜方推美皋之功，皋則歸美帝之德，而帝復以美皋焉。君臣有功更相歸美，此固虞廷之盛。然君臣之體相須以成，實非可以獨致者，宜其成功之交相歸美也。帝曰：「俾予從欲以治，四方風動，惟乃之休。」

帝曰：「來，禹！洚水儆予，成允成功，惟汝賢；克勤于邦，克儉于家，不自滿假，惟汝賢。汝惟不矜，天下莫與汝争能；汝惟不伐，天下莫與汝争功。予懋乃德，嘉乃丕績，天之歷數在汝躬，汝終陟元后。人心惟危，道心惟微，惟精惟一，允執厥中。**表注** 堯之授舜曰：「允執其中。」此授之以治天下之則也。一人之治天下，唯在於持此無過不及之則以裁天下之事，使隨事各得而已爾。舜之授禹也，而益之以三言，則又授之執中之法也。夫用之所以不合乎中，以理欲雜乎方寸之間，辨之不精爾。氣固理之所有而易流於欲，故危；理攝乎氣之中而不充則晦，故微。理與氣會而爲心，心則一，而知覺、意念所從發者異。人心者，知覺之生乎氣；道心者，知覺之生乎理。先言人心而後言道心者，蓋道心之所以微，亦人心之危有以微之爾。惟精則審乎二者之間而不雜，❶惟一則守其本心之正而不離，皆有以得其中，中即道之用也。無稽之言勿聽，弗詢之謀勿庸。可愛非君？可畏非民？衆非元后何戴？后非衆罔與守邦。欽哉！慎乃有位，敬修其可願，四海困窮，天禄永終。惟口出好興戎，朕言不再。」禹曰：「枚卜功臣，惟吉之從。」帝曰：「禹！官占，惟先蔽志，昆命于元龜。朕志先定，詢謀僉同，鬼神其依，龜筮協從，卜不習吉。」禹拜稽首，固辭。帝曰：「毋！惟汝諧。」正月朔旦，受命于神宗。率百官，若帝之初。帝曰：「咨！禹！惟時有苗弗率，汝徂征！」

禹乃會羣后，誓于師曰：「濟濟有衆，咸聽朕命！蠢兹有苗，昏迷不恭，侮慢自賢，反道

❶「審」，宋本作「辨」。

敗德。君子在野，小人在位。民棄不保，天降之咎。肆予以爾衆士，奉辭伐罪。爾尚一乃心力，其克有勳。」

三旬，苗民逆命。益贊于禹曰：「惟德動天，無遠弗屆。滿招損，謙受益，時乃天道。帝初于歷山，往于田，日號泣于旻天，于父母，負罪引慝，祗載見瞽瞍，夔夔齊慄，瞽亦允若。至諴感神，矧兹有苗？」表注　禹之徂征也，奉辭以臨之耳。而苗猶逆命，豈舜、禹之德猶有所未至，而益乃有是言，至引舜之事父爲喻？❶ 孟子曰：「行有不得者，皆反求諸己，其身正而天下歸之。」古聖賢大率如此，何嘗盡力以服人哉！ **禹拜昌言，曰：「俞！」班師振旅。**

帝乃誕敷文德，舞干羽于兩階。表注　干，武舞；羽，文舞。蓋示反武敷文之意。賓階、阼階，❷蓋舞於百辟、羣后朝會覲享之所。❸古者設教示民，未資於文字榜檄之繁，禮樂乃其大用，而器度儀采即其具。 **七旬，有苗格。**

---

❶「事父」，宋本「事」以上漫漶不清，「父」作「慝」，據經文二字當作「引慝」。

❷「阼」，原作「主」，今據宋本改。

❸「后」，原作「臣」，今據宋本改。

皋陶謨古文作「咎繇謩」。

皋陶謨　曰若稽古皋陶，曰允迪厥德，謨明弼諧。**表注**　允迪厥德。君。謨明弼諧。臣。皋陶以此二語爲陳謨之首，亦其所允蹈之者。故史臣不以他辭贊皋。禹曰：「俞，如何？」皋陶曰：「都！慎厥身修，思永。惇敘九族，庶明勵翼，❶邇可遠，在茲。」**表注**　謹修思敘，迪德之事。庶明勵翼，謨弼之事。禹拜昌言曰：「俞！」皋陶曰：「都！在知人，在安民。」**表注**　知人安民。治道之綱要。禹曰：「吁！咸若時，惟帝其難之。知人則哲，能官人。安民則惠，黎民懷之。能哲而惠，何憂乎驩兜？何遷乎有苗？何畏乎巧言令色孔壬？」**表注**　哲惠者，聖仁之副名。

皋陶曰：「都！亦行有九德，亦言其人有德，乃言曰：載采采。」**表注**　知人。人之德見於行者，其凡有九。而言人之有德者，當復推其於九德之行，其事有幾也。禹曰：「何？」皋陶曰：「寬而栗，柔而立，愿而恭，亂而敬，擾而毅，直而温，簡而廉，剛而塞，**表注**　塞，古文作「寋」。彊而義，彰厥有常，吉哉！**表注**　以得人多少爲治規廣狹之差。日宣三德，**表注**　日，恐當作「曰」。夙夜浚明有家。日嚴祇敬六德，亮采有邦。翕受敷施，九德咸事，俊乂在官。**表注**　九德，凡十八字而合爲九德

❶「明」，原作「民」，今據宋本改。

者，上九字其資質，下九字則進修，亦有德性之全美者。寬者易弛，寬而堅栗則爲德；柔者易弱，柔而卓立則爲德；謹厚曰愿，愿者易同流合汙而不莊，愿而嚴恭則爲德；治亂曰亂，亂者恃有治亂解紛之才而易忽，亂而敬謹則爲德；擾者馴熟而易耎，擾而剛毅則爲德；直者徑行而易訐，直而温和則爲德；簡者多率略，簡而廉隅則德也；剛者多無蓄，剛而塞實則德也；彊者恃勇而不審宜，故以彊而義乃爲德也。彰其有常者，謂有其德而持久者也，若一時如此而後日不然，一事彊義而他事不爾，不足以爲德也。是九者定其有德之目，而必其有常，然後用之。小人勉强於一時，亦似有德，然未幾而變用之矣，又豈可保其爲吉哉！

百僚師師，百工惟時，撫于五辰，庶績其凝。無教逸欲有邦，兢兢業業，一日二日萬幾。無曠庶官，天工人其代之。天敘有典，勑我五典五惇哉！天秩有禮，自我五禮有庸哉！ 表注 安民。天敘者，天理自然之倫敘。勑則正之，惇則厚之。天秩者，天理自然之品節。自則自我制之，庸則自我用之。

同寅協恭和衷哉！天命有德，五服五章哉！天討有罪，五刑五用哉！政事懋哉懋哉！天聰明，自我民聰明；天明畏，自我民明威。 表注 威。古文作「畏」。 **達于上下，敬哉有土！」**

皋陶曰：「朕言惠可厎行。」禹曰：「俞！乃言厎可績。」皋陶曰：「予未有知，思曰贊贊襄哉！」 表注 前章言知人之目而以人之代天終之，後章言安民之目而以天之自民終之，警戒之意深矣。

益稷

語意與《皋謨》相接。竹簡繁多，析爲二編，今文合之。

益稷　帝曰：「來，禹！汝亦昌言。」禹拜曰：「都！帝，予何言？予思日孜孜。」皋陶

曰：「吁！如何？」禹曰：「洪水滔天，浩浩懷山襄陵，下民昏墊。予乘四載，隨山刊木，暨益奏庶鮮食。予決九川，距四海，濬畎、澮距川。暨稷播奏庶艱食鮮食，懋遷有無化居。烝民乃粒，萬邦作乂。」皋陶曰：「俞！師汝昌言。」

禹曰：「都！帝，慎乃在位。」帝曰：「俞！」禹曰：「安汝止，惟幾惟康，其弼直，惟動丕應。徯志以昭受上帝，天其申命用休。」帝曰：「吁！臣哉鄰哉！鄰哉臣哉！」**表注** 鄰哉，即四鄰。禹曰：「俞！」帝曰：「臣作朕股肱耳目。予欲左右有民，汝翼。予欲宣力四方，汝爲。予欲觀古人之象日、月、星辰、山、龍、華蟲作會，宗彝、藻、火、粉米、黼、黻絺繡，以五采彰施于五色作服，汝明。**表注** 目。制禮也。禮莫先於章服之等，以辨民志。予欲聞六律、五聲、八音，在治忽，以出納五言，汝聽。**表注** 耳。作樂也。樂本出於言志之詩，以陶民風。予違，汝弼。汝無面從，退有後言。欽四鄰！**表注** 四鄰。謂左輔、右弼、前疑、後丞也。庶頑讒説，若不在時，侯以明之，撻以記之，書用識哉，欲並生哉！**表注** 化讒説。工以納言，時而颺之，格則承之庸之，否則威之。」

禹曰：「俞哉！帝光天之下，至于海隅蒼生，萬邦黎獻，共惟帝臣。惟帝時舉，敷納以言，明庶以功，**表注** 明庶。❶朱子謂「試」字之譌。車服以庸。**表注** 凡契、夷、夔、龍之事皆以命禹，相職

---

❶「明」，原脱，今據宋本、金華本補。

無所不統也。誰敢不讓，敢不敬應？**表注** 德政明，則不必憂頑讒。帝不時，敷同日奏罔功。**表注** 帝不時，則所憂不獨在頑讒。無若丹朱傲，惟慢遊是好，傲虐是作，罔晝夜頟頟。罔水行舟，朋淫于家，用殄厥世。**表注** 以丹朱爲戒。予創若時，娶于塗山，辛、壬、癸、甲。啓呱呱而泣，予弗子，惟荒度土功。**表注** 禹治水八年之間，新昏不暇久，子啼不暇顧。弼成五服，至于五千，州十有二師。外薄四海，咸建五長。各迪有功，苗頑弗即工，帝其念哉！」帝曰：「迪朕德，時乃功惟敘。皋陶方祗厥敘，方施象刑，惟明。」**表注** 以苗頑爲憂。使禹敷德，皋明刑，此帝化苗始末。此語在前，分北次之，徂征最後。

夔曰：「戛擊鳴球，搏拊琴瑟以詠，祖考來格。虞賓在位，羣后德讓。下管鼗鼓，合止柷敔。笙鏞以閒，鳥獸蹌蹌。《簫韶》九成，**表注** 簫。古文作「箾」。鳳凰來儀。」夔曰：「於！予擊石拊石，百獸率舞，庶尹允諧！」**表注** 樂。韶備衆音，獨云擊石者，韶以球爲主，樂正所自奏也。「予擊石拊石」而已，而獸舞人和，此必有在於聲器之表者。帝庸作歌曰：「勑天之命，惟時惟幾。」乃歌曰：「股肱喜哉！元首起哉！百工熙哉！」**表注** 《簫韶》作歌二章，蓋因上章股肱耳目之辭，❶亦以類附。❷於以見

❶「辭」，宋本作「喻」。
❷「亦」，宋本作「而」。

「喜」、「起」工和之盛，❶非一時之言也。**皋陶拜手稽首，颺言曰：「念哉！率作興事，愼乃憲，欽哉！屢省乃成，欽哉！」乃賡載歌曰：「元首明哉！股肱良哉！庶事康哉！」又歌曰：「元首叢脞哉！股肱惰哉！萬事墮哉！」**表注 歌。勑天時幾者，帝所以歌之意。帝歌先股肱。率作欽省者，皋陶所以歌之意。皋歌先元首。**帝拜，曰：「俞！往欽哉！」**

禹貢 古文第六。

表注 此篇蓋夏史之追録。紀其成功，未必盡得神禹之妙用，而因此亦可推見。

表注 禹之治水，首於冀都，次即兖、青、徐，大抵皆爲河患故爾。且以後世證之，漢時河決，東入青、齊，西被梁、楚，南溢淮、泗。宋朝前後河決亦然，❷至紹熙甲寅以後尤甚。其後自分爲南清河以入淮，而患始息。河患所被，大率古兖、青、徐之境也。緬想神禹導河，載壺口，治梁岐，闢龍門，疏砥柱，淤大陸，播爲九河，使之北流釃爲沛、漯，使之東殺，又通於淮、泗，使之甚則可以南洩，是以冀、兖、青、徐，次第皆平。朱子所謂「洪水之患河爲甚，禹之用功於河爲多」是也。至於揚、荆，則以江、漢下流，水澤所聚，而揚爲尤下，亦不得不次第及之。豫雖近河，而自太華殽函以東，至於鞏，連山爲之限，但滎、菏在其東偏耳。河導則伊、洛諸水不勞而入矣。梁、雍諸水方源

❶「喜起工」，宋本作「虞廷至」。

❷「宋」，宋本作「本」。

計不甚用功，所以獨後。乃若平水土、物土宜，定田制、經賦斂，通朝貢、同風化，則無間也。○凡《禹貢》所書之山，多是即山以名其地，非謂獨治其山也。○考君桐陽散翁曰：「洪水滔天，多是水生潦降之候，神禹疏鑿，則在水落石出之時。」

夏書

禹別九州，隨山濬川，任土作貢。

禹貢

禹敷土，隨山刊木，奠高山大川。冀州：既載壺口，治梁及岐。既修太原，至于岳陽。覃懷底績，至于衡漳。厥土惟白壤，厥賦惟上上錯，表注　古者兵、賦通稱。九州言賦等，兵數在内可知。**厥田惟中中。恒、衛既從，大陸既作。島夷皮服。夾右碣石入于河。**表注　冀。帝都三面河患，禹首用功，不言所至，示無外也。○冀賦不專出於田。雜征在内，故亦不言貢篚。每州之末必書入都水道。❶冀，帝都，而亦云者，時都平陽，於冀爲西南，而東北廣遠，敘恒、衛大陸於後，島夷則由碣石，皆入都水道也。

濟河惟兗州：表注　濟。古文作「泲」。篇内並同。**九河既道，雷夏既澤，灉沮會同。桑土既蠶，是降丘宅土。厥土黑墳，厥草惟繇，厥木惟條。厥田惟中下，厥賦貞。**表注　貞。本「下下」。篆文重字但於字下从二，兗賦下下，古篆作「下=」，或誤作「正」，遂譌爲「貞」。又古通作「歪」，尤與「下下」易差互也。❷河。古本作

---

❶「每」，原作「妄」，今據宋本、金華本改。

❷「差」，原作「善」，宋本殘存上半，今據文義改。

「菏」。作十有三載乃同。厥貢漆、絲，厥篚織文。浮于濟漯，達于河。**表注** 兖。古河北流，兖當其東，地平無山，水患特甚。禹疏九河，瀹泲、漯，有雷、夏以鍾平原之水，爲灉、沮以泄河、泲之餘。至後世，東北海淪，西則河徙，中則漯并，南則泲伏，故川澤源委，悉非其舊。

海岱惟青州：嵎夷既略，濰淄其道。厥土白墳，海濱廣斥。厥田惟上下，厥賦中上。厥貢鹽絺，海物惟錯，岱畎絲、枲、鉛、松、怪石。萊夷作牧。厥篚檿絲。浮于汶，達于濟。**表注** 青。首書嵎夷，非例也。自帝堯以嵎夷正東方之景，而青境實跨有東夷，逆河未淪，斜連遼碣，其後遂分爲營州。

海岱及淮惟徐州：淮、沂其乂，蒙羽其藝。大野既豬，東原底平。厥土赤埴墳，草木漸包。厥田惟上中，厥賦中中。厥貢惟土五色，羽畎夏翟，嶧陽孤桐，泗濱浮磬，淮夷蠙珠暨魚。厥篚玄、纖、縞。浮于淮泗，達于河。**表注** 徐。川淮、沂，浸大野。淮、沂乂則蒙羽之虛皆藝，大野豬則東原之土皆平。❶ 泗之達河，《説文》引《書》本作「菏」。菏北連泲，南通泗，今南清河亦因其故道爾。

淮海惟揚州：彭蠡既豬，陽鳥攸居。三江既入，震澤底定。篠簜既敷，厥草惟夭，厥木惟喬。厥土惟塗泥。厥田惟下下，厥賦下上，上錯。厥貢惟金三品，瑶琨、篠簜，齒、革、羽、毛，惟木。島夷卉服。厥篚織貝，厥包橘、柚錫貢。沿于江、海，達于淮、泗。**表注** 揚。庚嶺至敷淺原，其東水皆東流，嶺水北流，而自建嶺北趍者，脊以西之水皆西北流，是匯爲彭蠡也。脊以東之水，南者爲浙江，北者爲震澤、

---

❶ 「豬」，宋本作「瀦」。

揚州。淮在徐，已書乂江，於荆，已書朝宗，故揚中間惟畏巨浸。❶西通南江，則彭蠡之水無所溢，而令江東、江西之水有歸。東疏三江，則震澤之水有所泄，而浙西之田不溺。織貝，案《博物志》、《南史·林邑傳》及薛士龍《書説》，❷即今木綿。○惟木、惟金三品，「惟」字訓「與」。

荆及衡陽惟荆州：江、漢朝宗于海，九江孔殷，沱、潛既道，雲土、夢作乂。厥土惟塗泥，厥田惟下中，厥賦上下。厥貢羽、毛、齒、革，惟金三品，杶、榦、栝、柏，礪、砥、砮、丹，惟箘、簵、楛，三邦底貢厥名。包匭、菁茅，厥篚玄、纁、璣、組，九江納錫大龜。浮于江、沱、潛、漢，逾于洛，至于南河。**表注** 荆。中間卑濕，江、漢自梁至此，支分沮洳，而荆州之水又自有九，惟江、漢通流，則九江自洞庭入江。今江、漢之支分爲沱、潛者皆道，則沮洳爲雲夢者可土可乂矣。

荆、河惟豫州：伊、洛、瀍、澗既入于河，滎波既豬，導菏澤，被孟豬。厥土惟壤，下土墳壚。厥田惟中上，厥賦錯上中。厥貢漆、枲、絺、紵，厥篚纖、纊，錫貢磬錯。浮于洛，達于河。**表注** 豫。説見篇首。

華陽、黑水惟梁州：岷、嶓既藝，沱、潛既道。蔡、蒙旅平，和夷厎績。厥土青黎，厥田惟下上，厥賦下中三錯。厥貢璆、鐵、銀、鏤、砮、磬，熊、羆、狐、狸織皮。西傾因桓是來，浮于

❶「畏」，宋本漫漶不清，四庫本劉三吾《書傳會選》引作「二」。

❷「林邑」，原作「邑林」，今據《南史》改。

潛，逾于沔，入于渭，亂于河。**表注** 梁。岷、嶓又以見江、漢之滌源，沱、潛道以盡源流之分合，蔡、蒙和夷以見青衣、大渡諸水之治。《禹貢》即山以表水，此一例也。

黑水、西河惟雍州：弱水既西，涇屬渭汭。漆、沮既從，灃水攸同。荆、岐既旅，終南、惇物，至于鳥鼠。原隰底績，至于豬野。三危既宅，三苗丕敘。厥土惟黄壤，厥田惟上上，厥賦中下。厥貢惟球、琳、琅玕。浮于積石，至于龍門西河，會于渭汭。織皮、崐崘、析支、渠搜，西戎即敘。**表注** 雍。崐崘之墟也。弱水自此西，黑水自此南，河水自此北，渭水自此東。黄壤土色之正，其田上上，古今號爲天府。然亦荆、岐、涇、灃之地，渭貫其中，最爲沃野，餘多險塞。故禹自終南而西至鳥鼠，自原隰以北至豬野，皆先内以及外也。○織皮以下，雍州塞外之戎。崐崘乃崐崘山旁小國。

導岍及岐，至于荆山，逾于河。壺口、雷首，至于太岳。底柱、析城，至于王屋。太行、恒山，至于碣石，入于海。西傾、朱圉、鳥鼠，至于太華。熊耳、外方、桐柏，至于陪尾。導嶓冢，至于荆山。内方，至于大别。岷山之陽，至于衡山。過九江，至于敷淺原。**表注** 導山。

治水之規畫，即山以知水，表山以名地。**表注**

河渭以北諸山。鄭：正陰列。王：北條。

河渭以南諸山。次陰。中條。

漢南諸山。次陽列。
江南諸山。正陽列。
（漢南、江南諸山）南條。

表注 敷淺，古文作「傅」。**導弱水，至于合黎，餘波入于流沙。導黑水，至于三危，入于南海。**

表注 弱水、黑水、河水皆自崐崙而分。考崐崙者，無定所。三原之間，即崐崙可知。蓋地形最高處，山即是崐崙，北自窮石，南至岷山，東及秦隴，層巒疊嶂，皆其山體之内羣峰耳。西谷則爲弱水西流矣，南谷則爲黑水南流，而三危、岷山脊西之水皆入焉。河出崐崙，乃其東北谷，凡青海浩疊、湟、洮皆其諸源。禹導河則自積石而下，積石至龍門甚遠，中間治壺口、梁、岐，已見冀州，故此不書。**導河，積石至于龍門，南至于華陰，東至于底柱，又東至于孟津，**表注 孟津，古文作「盟」。**東過洛汭，至于大伾，北過降水，至于大陸，又北播爲九河，同爲逆河，入于海。嶓冢導漾，東流爲漢，又東爲滄浪之水，過三澨，至于大別，南入于江。東匯澤爲彭蠡，**表注 「東匯澤爲彭蠡」，朱子以爲多句。表注 漢匯彭蠡，朱子《文集》、《語録》辨説甚詳。史官追述，豈能盡無差失？此當先敘江而後敘漢，則彭蠡在江條之内，似無甚礙。又「會于匯」，宜作「會于漢」。蓋江迤北正與漢會，至彭蠡湖口則江勢已東且微南矣。「匯」字或因上文而誤。中江北江，或當時方言自有此名，以識江漢合流之别。**東爲北江入于海。**表注 「東爲北江入于海」，鄭漁仲以爲羨文。**岷山導江，**表注 岷，古文作「汶」，亦或作「崏」。**東別爲沱，又東至于澧，過九江，至于東陵，東迤北會于匯，東爲中江入于海。導沇水，東流爲濟，入于河，溢爲滎，東出于陶丘北，又東至于菏，又東北會于汶，又北東入于海。**表注 濟自王莽末年入河，不復南出，伏流地下。今北清河行其故道。**導淮自桐柏，東會于泗、沂，東入于海。導渭自鳥鼠同穴，**

東會于灃，又東會于涇，又東過漆、沮，入于河。導洛自熊耳，東北會于澗瀍，又東會于伊，又東北入于河。**表注** 導水。敘水之原委，舉大以知小。河自周定王五年以後始徙。今自洛汭大伾以東，南流入菏澤，自菏東連大野，西被豬灘，遂分爲南北清河。南清河下合泗水，至山陽入淮。北清河即泲水故瀆，入海。〇九河多涸，與逆河俱淪爲小海。

九州攸同，四隩既宅，九山刊旅，九川滌源，九澤既陂，四海會同。**表注** 總敘。 六府孔修，庶土交正，厎慎財賦，咸則三壤，成賦中邦。**表注** 土賦。謹。井田。 錫土姓，祗台德先，不距朕行。五百里甸服。百里賦納總，二百里納銍，三百里納秸，服，四百里粟，五百里米。五百里侯服。百里采，二百里男邦，三百里諸侯。五百里綏服。三百里揆文教，二百里奮武衛。五百里要服。三百里夷，二百里蔡。五百里荒服。三百里蠻，二百里流。**表注** 秸，稾也。服，役事。古者賦役不兩重，四百里粟，五百里則米，皆輸至三百里，而三百里之民爲之服，轉輸於都，故輕其賦。百里總，二百里銍，古人均輸之法，以御遠近勞費。〇每服之中又分二三節，此周制九服所由分也。《禹貢》每服五百里，指一面約計，周制每服五百里，合兩面通計。古者井田之制，道路徑直，後世阡陌既開，道里迂曲，古者計勾股，後世計人迹。又尺有長短，此古今里數遠近之分。**表注** 封建。德。 弼成五服。遠近疆理之宜，征役朝貢之節，大約限制如此。 東漸于海，西被于流沙，朔南暨聲教，訖于四海。**表注** 外薄四海，教。限制有近遠，教化無內外。

禹錫玄圭，告厥成功。凡《禹貢》地里間有於今不同者，或古今名號之殊，或人力開塞之異，或陵谷、海陸、土石消長之變。表注　告成。

甘　誓

古文作「甘𣂔」。

啓與有扈戰于甘之野，作《甘誓》。表注　扈，古文作「岵」。表注　扈在今京兆府南鄠縣，夏都關河之東。使有扈負固據關，則有係於天下大勢，故啓直往其國征之。至於大戰，啓可謂得禦强之道矣。**甘誓**

大戰于甘，乃召六卿。王曰：「嗟！六事之人，予誓告汝：有扈氏威侮五行，怠棄三正，天用勦絶其命，今予惟恭行天之罰。左不攻于左，汝不恭命；右不攻于右，汝不恭命；御，非其馬之正，汝不恭命。用命，賞于祖；弗用命，戮于社，予則孥戮汝。」表注　左、右、御，此每車甲士三人也。每人即五伍之長，左主射，右主擊刺，御主馬，各守其職。士死於車，卒死於徒，所以爲必勝不敗之師。汝六事之人也，行伍則責之車士，車士則責之六事之人，此治軍之綱要也。

五子之歌

太康失邦，昆弟五人須于洛汭，作《五子之歌》。表注　敘。太康尸位十九年，爲羿距河，不能復濟，遂居陽夏，今開封太康縣乃其故城。二十九年崩，弟仲康立。**五子之歌**

太康尸位，以逸豫滅厥德，黎民咸貳。

乃盤遊無度，畋于有洛之表，十旬弗反。有窮后羿，因民弗忍，距于河。厥弟五人，御其母以從，徯于洛之汭。五子咸怨，述大禹之戒以作歌。**表注** 歌。述大禹之戒，怨太康之失民。

其一曰：「皇祖有訓，民可近，不可下。民惟邦本，本固邦寧。予視天下，愚夫愚婦，一能勝予。一人三失，怨豈在明？不見是圖。予臨兆民，懍乎若朽索之馭六馬，爲人上者，奈何不敬？」

其二曰：「訓有之。内作色荒，外作禽荒。甘酒嗜音，峻宇彫牆。有一于此，未或不亡。」**表注** 述大禹之戒，怨太康之盤遊。

其三曰：「惟彼陶唐，有此冀方。今失厥道，亂其紀綱。乃底滅亡。」**表注** 閔冀都之不保。《左傳》「唐」字下有「帥彼天常」。

其四曰：「明明我祖，萬邦之君。有典有則，貽厥子孫。關石和鈞，王府則有。荒墜厥緒，覆宗絶祀。」**表注** 惜舊章之淪喪。百二十斤爲石，大秤也；三十斤爲鈞，小秤也。關之和之，同律、度、量、衡、權，❶以一大下之制。歌舉一以見其餘。

其五曰：「嗚呼曷歸？予懷之悲。萬姓仇予，予將疇依？鬱陶乎予心，顔厚有忸怩。

---

❶「衡權」，金華本作「權衡」。

弗慎厥德，雖悔可追？」

胤　征古文作「胥征」。

羲、和湎淫，廢時亂日，胤往征之，作《胤征》。**表注** 敘。仲康規撫，庶幾中興。但羲、和據邑，猶費徂征，其他恢拓，或尚難爾，亦安知王靈不自是振？惜在位不久耳。

胤征　惟仲康肇位四海，胤侯命掌六師。羲、和廢厥職，酒荒于厥邑。胤后承王命徂征。

告于衆曰：「嗟予有衆！聖有謨訓，明徵定保。**表注** 誓。明徵定保。此聖人之謨訓。徵，如庶徵之徵，謂明察上天之徵，以定保邦之道。嗣征援此一語以爲綱。　先王克謹天戒，臣人克有常憲，百官修輔，厥后惟明明。每歲孟春，遒人以木鐸徇于路，官師相規，工執藝事以諫。其或不恭，邦有常刑。**表注** 「先王克謹」以下，即「明徵定保」之事。證下羲、和之罪。

「惟時羲、和，顛覆厥德，沈亂于酒，畔官離次，俶擾天紀，遐弃厥司。乃季秋月朔，辰弗集于房，瞽奏鼓，嗇夫馳，庶人走。羲、和尸厥官，罔聞知，昏迷于天象，以干先王之誅。**表注** 「惟時羲、和」以下，「明徵定保」之反。應上先王之刑。　政典曰：『先時者，殺無赦。不及時者，殺無赦。』今予以爾有衆，奉將天罰。爾衆士同力王室，尚弼予欽承天子威命！火炎崐岡，玉石俱焚。天吏逸德，烈于猛火。殲厥渠魁，脅從罔治。舊染汙俗，咸與惟新。**表注** 戒其過。即先時之失也。**嗚呼！威克厥愛，允濟。愛克厥威，允罔功。其爾衆士懋戒哉！」**表注 戒其不及。懋。同力欽承，殲渠威克。戒。先後逸愛。表注 「政典」以下，誓師之辭。前引謨訓，後引政典，人臣誓衆之體如此。

自契至于成湯八遷。湯始居亳，從先王居，作《帝告》、《釐沃》。

湯征諸侯，葛伯不祀，湯始征之，作《湯征》。

伊尹去亳適夏，既醜有夏，復歸于亳。入自北門，乃遇汝鳩、汝方，作《汝鳩》、《汝方》。

表注 《逸書》序。表注 夏自太康爲羿所距，保遷南夏，以傳仲康，迄于后相，皆在大河之南。羿據冀都，因夏民以代夏政。寒浞又殺而代之。皆在大河之北。至后相居帝丘，爲浞所滅，而夏始中斷。又四十年，少康遂復舊物云。

湯誓古文「湯㫁」第十。　商書

伊尹相湯，伐桀，升自陑，表注 升、陑於本篇無所考，徒資異議。**遂與桀戰于鳴條之野，作《湯誓》。湯誓　王曰：**表注 成湯興師之時，是爲受命之始，稱王誓衆。舊説追書者非。**「格爾衆庶，悉聽朕言。非台小子敢行稱亂，有夏多罪，天命殛之。**表注 天命。亳衆知己事之小而不知天命之大，❶

❶「亳」，原作「爾」，今據宋本改。

聖人則不敢不順天。今爾有衆，汝曰：『我后不恤我衆，舍我穡事，而割正夏。』予惟聞汝衆言，夏氏有罪，予畏上帝，不敢不正！今汝其曰：『夏罪其如台。』夏王率遏衆力，率割夏邑。有衆率怠弗協，曰：『時日曷喪？予及汝皆亡！』夏德若茲，今朕必往。表注 亳衆知己邑之安而不知夏衆之危，❶聖人則不可不救民。❷ 表注 誓。 爾尚輔予一人，致天之罰，予其大賚汝！表注 賞。爾無不信，朕不食言。爾不從誓言，予則孥戮汝，罔有攸赦。」表注 罰。

湯既勝夏，欲遷其社，不可。作《夏社》、《疑至》、《臣扈》。

夏師敗績，湯遂從之，遂伐三朡，俘厥寶玉，誼伯、仲伯作《典寶》。

仲虺之誥古文作「中畾之𢍰」。

湯歸自夏，至于大坰，仲虺作誥。仲虺之誥 成湯放桀于南巢，惟有慚德，表注 慚己德。曰：「予恐來世以台爲口實。」表注 憂後世。仲虺乃作誥曰：「嗚呼！惟天生民有欲，無主乃亂，惟天生聰明時乂。表注 首原上天爲民命聖人之意。聰明。有夏昏德，民墜塗炭。表注

❶「亳」，原作「爾」，今據宋本改。

❷「救」，原作「教」，今據宋本改。

桀失君民之道。**天乃錫王勇智，表正萬邦，纘禹舊服。**表注 天錫湯勇智。表正。即君師。**兹率厥典，奉若天命！夏王有罪，矯誣上天，以布命于下，帝用不臧。**表注 桀失教民之道。**式商受命，用爽厥師。**表注 天命湯爽師。**簡賢附勢，寔繁有徒。肇我邦于有夏，若苗之有莠，若粟之有秕。小大戰戰，罔不懼于非辜。矧予之德言足聽聞？**表注 湯德爲桀所忌。**惟王不邇聲色，不殖貨利。德懋懋官，功懋懋賞。用人惟己，改過不吝。克寬克仁，彰信兆民。**表注 湯總聰明、❶勇智之德。**乃葛伯仇餉，初征自葛，東征西夷怨，南征北狄怨，曰：奚獨後予？攸徂之民，室家相慶，曰：徯予后，后來其蘇。民之戴商，厥惟舊哉。**表注 湯德爲人心所歸。**佑賢輔德，顯忠遂良；兼弱攻昧，取亂侮亡。推亡固存，邦乃其昌。**

「德日新，萬邦惟懷；志自滿，九族乃離。王懋昭大德，建中于民，以義制事，以禮制心，垂裕後昆。表注 中者，無過不及之正理。舉天下事物，莫不各有自然之中。民心所本具而不能自明，故聖人建之，以爲準則。以義制事，以禮制心，即建中之綱目也。立之義，以制天下之事，使每事各得其時中至善之宜，而無過不及。立之禮，以制天下之心，使人心各循其規矩準繩之則，而不偏不倚。經制既立，人心風俗既正，雖傳之後世，固有餘裕，豈有來世口實之憂哉！表注 「懋昭」以下，「日新」之推。**予聞**

❶「湯總」，宋本作「叙湯」。

曰：「能自得師者王，謂人莫己若者亡。好問則裕，自用則小。表注 「予聞」以下，「自滿」之證。祛其慚貴於日新，既無慚又易自滿。湯未必爾，大臣忠告，自不容疎也。嗚呼！慎厥終，惟其始。殖有禮，覆昏暴。欽崇天道，永保天命。」表注 謹終惟始，謂勿失其不邇不殖，改過寬仁之德。殖禮覆昏，謂益廣其佑輔顯遂，兼攻取侮之規。欽崇永保，則日新懋昭，以保勇智表正之命。

湯誥

湯既黜夏命，復歸于亳，作《湯誥》。湯誥 王歸自克夏，至于亳，誕告萬方。王曰：「嗟爾萬方有衆！明聽予一人誥。惟皇上帝降衷于下民。表注 衷，朱子謂即中也。「民受天地之中以生」是也。天以一理化生斯人，莫不各有自然之中無過不及者付在人心，故謂之降衷。人受此以有生，則謂之恒性。達於人倫事物，日用之間莫不由之，則謂之猷。安全之使各遂其性，以由是道之中，此則爲后之職。《中庸》：「天命之謂性，率性之謂道，修道之謂教。」即此意。若有恒性，克綏厥猷，惟后。表注 綏猷。一篇綱領。夏王滅德作威，以敷虐于爾萬方百姓。爾萬方百姓，罹其凶害，弗忍荼毒，並告無辜于上下神祇。表注 桀之罪。綏猷之反。天道福善禍淫，降災于夏，以彰厥罪。表注 天黜夏。肆台小子，將天命明威，不敢赦。表注 湯承天以黜夏。敢用玄牡，敢昭告于上天神后，請罪有夏。聿求元聖，與之勠力，以與爾有衆請命。上天孚佑下民，罪人黜伏。

「天命弗僭，賁若草木，兆民允殖。俾予一人輯寧爾邦家，茲朕未知獲戾于上下，慄慄危懼，若將隕于深淵。表注 天命湯以綏猷，此責未易盡，聖心所以危懼。凡我造邦，無從匪彝，無即慆淫，各守爾典，以承天休。表注 告諸侯以綏猷。爾有善，朕弗敢蔽；罪當朕躬，弗敢自赦，惟簡在上帝之心。其爾萬方有罪，在予一人；予一人有罪，無以爾萬方。表注 萬方有罪，蓋教之不豫，養之不遂，處之失宜，皆不克綏猷也，故曰「在予一人」。朱子謂此意是成湯見得。嗚呼！尚克時忱，乃亦有終。」

咎單作《明居》。

伊訓

成湯既没，太甲元年，伊尹作《伊訓》、《肆命》、《徂后》。表注 敘。伊訓 惟元祀十有二月乙丑，伊尹祠于先王，奉嗣王祗見厥祖。表注 先王，謂玄王以下。伊尹祠于先王，殷禮當喪即位，蓋冢宰攝祭告也。厥祖，成湯也。奉嗣王祗見厥祖，❶蓋奠于殯宫也。侯甸羣后咸在，百官總己以聽冢宰。

❶「奉」，原作「舉」，今據宋本及經文改。

伊尹乃明言烈祖之成德，以訓于王。曰：「嗚呼！古有夏先后，方懋厥德，罔有天災。山川鬼神，亦莫不寧，暨鳥獸魚鼈咸若。**表注** 訓。正：述夏后氏之盛。于其子孫弗率，皇天降災，假手于我有命。**表注** 反：言夏桀所以亡。造攻自鳴條，朕哉自亳。惟我商王，布昭聖武，代虐以寬，兆民允懷。**表注** 正：言湯所以興。今王嗣厥德，罔不在初！立愛惟親，立敬惟長，始于家邦，終于四海。**表注** 太甲嗣位之初，即當接續成湯之德。孝悌爲立德之本，自家國而可以達之天下。嗚呼！先王肇修人紀，從諫弗咈，先民時若。居上克明，爲下克忠。與人不求備，檢身若不及。以至于有萬邦，茲惟艱哉！**表注** 先王成湯，亦自倫紀家國而推之，以至有天下。前言先王創業，後言垂統之計。敷求哲人，俾輔于爾後嗣。制官刑，儆于有位。曰：『敢有恒舞于宮、酣歌于室，時謂巫風。敢有殉于貨色、恒于遊畋，時謂淫風。敢有侮聖言、逆忠直、遠耆德、比頑童，時謂亂風。惟茲三風、十愆，卿士有一于身，家必喪；邦君有一于身，國必亡。臣下不匡，其刑墨，具訓于蒙士。』**表注** 反：官刑之訓。伊尹即此以告太甲，已防其欲縱之漸。嗚呼！嗣王祗厥身，念哉！聖謨洋洋，嘉言孔彰！**表注** 勉其敬身，以念官刑之訓。聖謨雖廣大，若儆有位之嘉言則甚明白。惟上帝不常，作善降之百祥，作不善降之百殃。爾惟德罔小，萬邦惟慶；爾惟不德罔大，墜厥宗。」**表注** 總一正一反。承篇首夏、商興亡之故而言天命之不常。太甲不可恃天命之方盛，又警戒以終之，以申上文愛敬終四海，一愆必喪亡之說。

《肆命》、《徂后》。

太甲上

太甲既立，不明，伊尹放諸桐。三年復歸于亳，思庸，伊尹作《太甲》三篇。太甲　惟嗣王不惠于阿衡，表注 不惠。先王照管吾心天理，不使人欲昏之，常足以對越神明。指先王之心法，是捄太甲之病源。伊尹作書曰：「先王顧諟天之明命，以承上下神祇，社稷宗廟，罔不祗肅。天監厥德，用集大命，撫綏萬方。惟尹躬克左右厥辟、宅師，肆嗣王丕承基緒。惟尹躬先見于西邑夏，自周有終，表注 「周」當作「君」。古文「君」寫爲「冏」，與「周」字相似，故誤。案：吴氏《經説》、王子《書疑》皆云當作「君」。相亦惟終，其後嗣王罔克有終，相亦罔終。表注 先王明德受命而尹左右宅師。今先王亡而尹在，恐太甲又恃此以自弛。故又舉有夏前後君相終與罔終，以勉戒之。嗣王戒哉！祗爾厥辟，辟不辟，忝厥祖。」表注 祇、祖。總篇首之意。❶

王惟庸，罔念聞，表注 不聽。伊尹乃言曰：「先王昧爽丕顯，坐以待旦。旁求俊彦，啓迪後人。表注 丕顯，即顧諟之功。俊彦者，正先王托之以啓後人，不可墜遺命之意。戒其侈，戒其苟，戒

❶「總」，原作「繳」，今據宋本改。

其輕發，戒其不静，戒其顛覆。無越厥命以自覆。慎乃儉德，惟懷永圖。若虞機張，往省括于度則釋。欽厥止，率乃祖攸行！惟朕以懌，萬世有辭。」

王未克變。伊尹曰：「茲乃不義，習與性成，予弗狎于弗順。營于桐宮，密邇先王其訓，無俾世迷。」

王徂桐宮居憂，克終允德。**表注** 不變。放桐。克終。訓之非不著切，至於不順，又不聽，又不變，則其説窮矣。故以桐宮爲訓。孟子曰：「有伊尹之志，則可。」子王子曰：「古今善用權者，無如伊尹；善語權者，無如孟子。」復辟。

太甲中

惟三祀十有二月朔，伊尹以冕服奉嗣王歸于亳。作書曰：「民非后，罔克胥匡以生；后非民，罔以辟四方。皇天眷佑有商，俾嗣王克終厥德，實萬世無疆之休！」**表注** 伊尹奉迎、慶懌之辭。本謂民不可無君爾，而對舉君民相須之義，蓋言言警戒也。

王拜手稽首，曰：「予小子不明于德，自底不類。欲敗度，縱敗禮，以速戾于厥躬。天作孽，猶可違，自作孽，不可逭。既往背師保之訓，弗克于厥初，尚賴匡救之德，圖惟厥終。」**表注** 太甲悔艾、資助之辭。不明于德，此是病源。正與伊尹所述先王「顧諟」、「丕顯」者相反。

伊尹拜手稽首，曰：「修厥身，允德協于下，惟明后。先王子惠困窮，民服厥命，罔有不悦。並其有邦厥鄰，乃曰：徯我后，后來無罰。王懋乃德，視乃厥祖，

無時豫怠。奉先思孝，接下思恭。視遠惟明，聽德惟聰。朕承王之休無斁。」表注 初誥。伊尹初告以惟明后，下篇申告以惟明明后，皆告以明之方。太甲一節顛覆，今雖自悔，豈能遽孚于天下？亦反求諸身自修而已。自修之實既至，則自協于民心。如先王實意在民，民心自皆服悦。○凡事但視先王爲法。孝敬即前篇立愛、立敬之意。聰明見遠，大聽德言，則聰明自開。前篇皆是。❶

太甲下

伊尹申誥于王曰：表注 申誥。篇首三言，《伊訓》及上篇之首皆是此意。理一而已。伊尹非不言，但太甲前迷而今悟爾。**「嗚呼！惟天無親，克敬惟親。民罔常懷，懷于有仁。鬼神無常享，享于克誠。天位艱哉！德惟治，否德亂。與治同道罔不興，與亂同事罔不亡。**表注

敬、仁、誠——德——治——道——興　　治，古文作乿

與——同　　終始謹厥與　　古文前後並同

否德——亂——事——亡　　亂，古文作𤔔

終始慎厥與，惟明明后。

❶「是」，宋本作「此意」。

「先王惟時懋敬厥德，克配上帝。表注 湯德配天之盛。今王嗣有令緒，尚監茲哉！表注 勉太甲與治同道。

「若升高必自下，若陟遐必自邇。無輕民事，惟難；無安厥位，惟危。慎終于始。有言逆于汝心，必求諸道；有言遜于汝志，必求諸非道。表注 固未易躐進，必自下邇。重民事，防危亂，謹幾微，辨忠邪。皆自下邇之事。嗚呼！弗慮胡獲？弗爲胡成？表注 又不可不勇進。必致知，必力行。一人元良，表注 元良，大善，謂與先王同道。萬邦以貞。君罔以辯言亂舊政，臣罔以寵利居成功。邦其永孚于休。」表注 章末與治同道之反。因及臣事，伊尹蓋自謂也。

咸有一德

伊尹作《咸有一德》。表注 純誠不變爲一德。太甲既已克終厥德，但欲其有常而不變，則進修功效自至。

咸有一德　伊尹既復政厥辟，將告歸，乃陳戒于德。曰：「嗚呼！天難諶，命靡常。常厥德，保厥位。表注 自言天命以德之。厥德匪常，九有以亡。

「夏王弗克庸德，慢神、虐民。皇天弗保，監于萬方，啓迪有命，眷求一德，俾作神主。

「惟尹躬暨湯，咸有一德，克享天心，受天明命，以有九有之師，爰革夏正。非天私我有商，惟天佑于一德；非商求于下民，惟民歸于一德。表注 一、不一，爲存亡。桀以不一爲天所亡。

朱子曰：「常與庸皆一也。」商以一德爲天所命。德，指行而言；善，指理而言；一，指心而言。協，如協時月之協，如《國語》「司民協孤終」之協。蓋考比參會之，❶謂古今之德皆可師也。而制行不同，不可拘一定之師。惟在於主其善而已。天下之理，雖善也，而隨時取中，則又不可拘一定之主，所以參會考比之者，則在此心之克一焉。蓋古今德行，或柔或剛，或正直，或無爲，或勤勞，在我不可拘一定之法，必擇其善者而從之。所謂審其是也。然善無定主。均一事也，或施之彼時則爲是，而今日則爲非。均一節也，或用之此事則爲非，而彼事則爲是者。此聖門所謂時中。所以考比參同之者，非純誠有定之心，豈能精擇而不差也哉？此所以貴於一德也。**德惟一，動罔不吉；德二三，動罔不凶。惟吉凶不僭，在人；惟天降災祥，在德。**

表注 總。以德之一與不一取興亡，於天總之。

「今嗣王新服厥命，惟新厥德，終始惟一，時乃日新。

表注 勉太甲以一德之功。

「任官惟賢材，左右惟其人。臣爲上爲德，爲下爲民。

表注 既勉君之一德，又求臣之一德。

其難其慎，惟和惟一。德無常師，主善爲師；善無常主，協于克一。

表注 總君臣咸有一德。極言修德擇善至一而協。

俾萬姓咸曰：『大哉王言！』又曰：『一哉王心！』克綏先王之禄，永底烝民之生。

表注 推言一德之效，終上文「保厥位」之意。

「嗚呼！七世之廟，可以觀德；萬夫之長，可以觀政。后非民罔使，民非后罔事。無自廣以狹人，匹夫匹婦不獲自盡，民主罔與成厥功。」

表注 總儆戒以終之。一德無始終之間，亦不可有衆

---

❶「會」，原作「合」，今據宋本及下文改。

寡、小大之間。

沃丁既葬伊尹于亳，咎單遂訓伊尹事，作《沃丁》。

伊陟相大戊，亳有祥桑穀共生于朝。伊陟贊于巫咸，作《咸乂》四篇。

太戊贊于伊陟，作《伊陟》、《原命》。

仲丁遷于囂，作《仲丁》。

河亶甲居相，作《河亶甲》。

祖乙圮于耿，作《祖乙》。

盤庚上

表注 《左氏傳》引《書》作「盤庚之誥」。

盤庚五遷，將治亳殷，民咨胥怨，作《盤庚》三篇。表注 上篇欲遷之前。殷在河南偃師，是謂西亳。商始稱殷。盤庚表注 首章喻民。盤庚遷于殷，民不適有居，率籲衆慼，出矢言，曰：「我王來，既爰宅于茲。重我民無盡劉。不能胥匡以生，卜稽曰：其如台？先王有服，恪謹天命，茲猶不常寧，不常厥邑，于今五邦！表注 五邦：亳、囂、相、耿、邢。今不承于古，罔知天之斷命，矧曰其克從先王之烈？若顛木之有由蘖，天其永我命于茲新邑，紹復先王之大業，底綏四方。」

盤庚斅于民，由乃在位，以常舊服正法度。曰：「無或敢伏小人之攸箴！」表注 民之不欲遷者，皆在位者訹之。其言欲遷者，又在位者蔽之。故教民「由乃在位」，正其源也。曰「無或敢伏小人之攸箴」，防其蔽也。

王命衆悉至于庭。表注 此下喻臣。王若曰：「格汝衆，予告汝訓。汝猷黜乃心，無傲從康。表注 黜乃心。傲上從康。表注 商自沃丁以來，比九世亂，其羣臣故家習爲驕蹇，又利瀕河之利。無傲從康，蓋藥其心病。

「古我先王，亦惟圖任舊人共政。王播告之修，表注 播。古文作「𠚕」。不匿厥指，王用丕欽。罔有逸言，民用丕變。今汝聒聒起信險膚，予弗知乃所訟。表注 「舊人」謂世家在位之臣。先王舊人，承命正辭；今汝在位，「起信險膚」。非予自荒茲德，惟汝含德不惕予一人。予若觀火，予亦拙謀作乃逸。

「若網在綱，有條而不紊；若農服田力穡，乃亦有秋。表注 若網，無傲上。若農，無從康。汝克黜乃心，施實德于民，至于婚友，丕乃敢大言汝有積德。乃不畏戎毒于遠邇，惰農自安，不昏作勞，不服田畝，越其罔有黍稷。表注 申言從康之害。汝不和吉言于百姓，惟汝自生毒，乃敗禍姦宄，以自災于厥身。表注 申言傲上之禍。章内申「起信險膚」之説。乃既先惡于民，乃奉其恫，汝悔，身何及？相時憸民，猶胥顧于箴言，其發有逸口，矧予制乃短長之命？汝曷弗告朕，而胥動以浮言恐沈于衆？若火之燎于原，不可嚮邇，其猶可撲滅？則惟汝衆自作弗靖，非予有咎。遲任有言曰：『人惟求舊，器非求舊，惟新。』古我先王，暨乃祖乃父，胥及逸勤，予敢動用非罰？世選爾勞，予不掩爾善。兹予大享于先王，爾祖其從與享之，作福作災，予亦不敢動用非德。**表注** 申言舊人之故，以寬羣臣之過而告勉之。言我固不敢輕於用罰，以加在位。然福善禍淫之公，亦非可得而私者。故自此至篇末，申明賞罰之意。❶ 予告汝于難，若射之有志。汝無侮老成人，無弱孤有幼。各長于厥居，勉出乃力，聽予一人之作猷。**表注** 無從康。無傲上。 無有遠邇，用罪，伐厥死；用德，彰厥善。邦之臧，惟汝衆；邦之不臧，惟予一人有佚罰。凡爾衆，其惟致告：自今至于後日，各恭爾事，齊乃位，度乃口。罰及爾身弗可悔。」**表注** 總篇内康傲險浮之戒以儆之。❷

盤庚中

表注 中篇遷徙之際。中篇之誥，喻民爲詳，蓋遷徙之際，民亦勞止，或有再動於浮言者。

盤庚作，惟涉河以民遷。乃話民之弗率，誕告用亶其有衆，咸造勿褻在王庭。盤庚乃

---

❶「意」，宋本作「説」。

❷「儆」，宋本作「警」。

登進厥民。曰：「明聽朕言，無荒失朕命！嗚呼！古我前后，罔不惟民之承。保后胥慼，鮮以不浮于天時。**表注** 首明先王君民相體。一篇大意。殷降大虐，先王不懷，厥攸作，視民利用遷。**表注** 先王遷都，無非體民。汝曷弗念我古后之聞？**表注** 今日之遷，本是體民。承汝俾汝，惟喜康共，非汝有咎比于罰。予若籲懷茲新邑，亦惟汝故，以丕從厥志。今予將試以汝遷，安定厥邦。

「汝不憂朕心之攸困，乃咸大不宣乃心，欽念以忱動予一人。爾惟自鞫自苦，若乘舟，汝弗濟，臭厥載。爾忱不屬，惟胥以沈。**表注** 民不體君，秪以自誤。不其或稽，自怒曷瘳？汝不謀長以思乃災，汝誕勸憂。今其有今罔後，汝何生在上？

「今予命汝一，無起穢以自臭，恐人倚乃身，迂乃心。予迓續乃命于天，予豈汝威，用奉畜汝眾。予念我先神后之勞爾先，予丕克羞爾，用懷爾然。**表注** 今我體民，亦體先王之意。失于政，陳于茲，高后丕乃崇降罪疾，曰：『曷虐朕民？』**表注** 君不體民之罪。汝萬民乃不生生，暨予一人猷同心，先后丕降與汝罪疾，曰：『曷不暨朕幼孫有比？』**表注** 民不體君之罪。故有爽德，自上其罰汝，汝罔能迪。**表注** 商俗尚鬼，故盤庚因其所尚以警之。

「古我先后既勞乃祖乃父，汝共作我畜民，汝有戕，則在乃心！我先后綏乃祖乃父，乃祖乃父乃斷棄汝，不救乃死。**表注** 言君民相體之久，以重明民不體君之罪。茲予有亂政同位，具乃貝玉。乃祖先父丕乃告我高后曰：『作丕刑于朕孫。』迪高后丕乃崇降弗祥。表注 此節言臣不體君體民之罪。

「嗚呼！今予告汝不易。永敬大恤，無胥絶遠。汝分猷念以相從，各設中于乃心。表注 勉其體君。分。石經作「比」。設。石經作「翕」。乃有不吉、不迪，顛越不恭，暫遇姦宄，我乃劓殄滅之，無遺育，無俾易種于茲新邑。表注 嚴一時在道之禁。

「往哉生生！今予將試以汝遷，永建乃家。」表注 勉悠久定居之計。

盤庚下

表注 下篇定遷之後。

盤庚既遷，奠厥攸居，乃正厥位，綏爰有衆，表注 諭民。❶ 曰：「無戲怠，懋建大命。今予其敷心腹腎腸，歷告爾百姓于朕志。罔罪爾衆，爾無共怒協比讒言予一人。

「古我先王，將多于前功，適于山，用降我凶德，表注 降凶德者，謂消其昏墊沉溺之疾，❷杜其驕奢淫侈之風。嘉績于朕邦。今我民用蕩析離居，罔有定極。爾謂朕曷震動萬民以遷？肆

---

❶「諭」，原作「喻」，今據宋本及下文「諭臣」改。

❷「墊沉溺」，原作「溺重墜」，今據宋本改。

上帝將復我高祖之德，亂越我家。朕及篤敬，恭承民命，用永地于新邑。肆予沖人非廢厥謀，弔由靈。各非敢違卜，用宏兹賁。**表注** 今日之遷，非我勞民，亦天意將復我祖德，❶以治越我國家，❷而我及奉承之爾。**表注** 宏此大業也。❸

「嗚呼！邦伯師長，百執事之人，尚皆隱哉！予其懋簡相爾，念敬我衆。朕不肩好貨，敢恭生生。鞠人謀人之保居，敘欽。今我既羞告爾于朕志若否，罔有弗欽。無總于貨寶，生生自庸。式敷民德，永肩一心。」**表注** 諭臣。❹

説命上

高宗夢得説，使百工營求諸野，得諸傅巖，作《説命》三篇。説命 王宅憂亮陰，**表注** 亮陰。當作「梁闇」，天子居喪之次也。大夫、士居倚廬，謂於中門外東牆下倚木爲廬。諸侯加圍障，天子又加梁楣。三祀。既免喪，其惟弗言。羣臣咸諫于王曰：「嗚呼！知之曰明哲，明哲實作則。天子惟君萬邦，百

---

❶「亦」，宋本作「蓋」。

❷「越」，宋本作「於」。

❸「宏此」，宋本作「賁」。

❹此條原無，今據宋本補。

官承式。王言，惟作命；不言，臣下罔攸稟令。」表注 羣臣諫。

王庸作書以誥曰：「以台正于四方，台恐德弗類，茲故弗言。恭默思道，表注 思。恭者敬身以處，默者不言而思。思道者，想此道體爲如何也。此高宗舊學□處。 夢帝賚予良弼，其代予言。」表注 高宗答。

乃審厥象，俾以形旁求于天下。表注 求說。 說築傅巖之野，惟肖。爰立作相，王置諸其左右。表注 得說。 命之曰：「朝夕納誨，以輔台德！若金，用汝作礪；若濟巨川，用汝作舟楫；若歲大旱，用汝作霖雨。啓乃心，沃朕心！若藥弗瞑眩，厥疾弗瘳；若跣弗視地，厥足用傷。表注 孔子曰：「思而不學則殆。」又曰：「吾嘗終日夜以思，無益，不如學也。」高宗思之之功固至，然磨礪、相濟、涵養之無助，則心孤而無益。「若金」，蓋思而有所未快，自以爲鈍，而資其礪也；「若濟巨川」，蓋思而未能遽通，自覺其險，而資其濟也；「若歲大旱」，蓋思雖有得，然心枯而無滋養之助，自覺其竭，而資其化也。故又總以「啓乃心，沃朕心」言之。「若藥」之喻，謂言不直則己之宿疾不除；「若跣」之喻，謂知不明則行必有所不安。皆用工之語，非泛喻也。 惟暨乃僚，罔不同心，以匡乃辟，俾率先王，迪我高后，以康兆民。嗚呼！欽予時命，其惟有終！」表注 命說之言。

說復于王曰：「惟木從繩則正，后從諫則聖。表注 說對從諫。高宗平日工夫唯在於思，固是大本，然終亦獨學之偏。故傅說首以「從諫則聖」告之，即取人爲善，內外交進，工夫圓成矣。 后克聖，臣不命其承，疇敢不祇若王之休命？」表注　高宗之命辭詳，而説之對反略，其要在從諫一語。蓋高宗舊學未成，視羣臣又非甘盤之比，故常反求諸己而思之。其病在求於獨而略於人，故傅説且以從諫藥其病。此病既除，言則必行。傅説之言可以朝暮入，❶不必遽數之也。

説命中

表注　中篇傅説承總官之命，因陳立賢出政之理。

惟説命總百官，乃進于王曰：「嗚呼！明王奉若天道，建邦設都，樹后王君公，承以大夫師長，不惟逸豫，惟以亂民。惟天聰明，惟聖時憲，惟臣欽若，惟民從乂。表注　此篇以憲天聰明爲主。❷其下歷舉憲天之目。惟口起羞，惟甲胄起戎，惟衣裳在笥，惟干戈省厥躬。表注　此四者，政令刑賞之大者。甲胄，阻兵自衛也。干戈，以兵伐人也。重言之者，高宗天資英毅，傅説蓋慮其輕於用武。王惟戒兹！允兹克明，乃罔不休。惟治亂在庶官。官不及私昵，惟其能；爵罔及惡德，惟其賢。慮善以動，動惟厥時。有其善，喪厥善；矜其能，喪厥功。惟事事乃其有備，有備無患。無啓寵納侮，無恥過作非。惟厥攸居，政事惟醇。黷于祭祀，時謂弗欽。禮

❶「傅説」，宋本作「矣」，則屬上。
❷「此篇」上，宋本有「推原」一行二字。

煩則亂，事神則難。」表注　篇首言君臣俱有治民之責，雖本原在君，而擇官亦不可不謹。故及轉官爵一節，而下節以慮善惟時爲要。慮事審其是而後可動，動必當其時而後中節。有其善而自滿，而善不繼。無先時，則或時至而動不及。「啓寵」防不善之動，「恥過」則惡矣。「攸居」者，止於善之謂也，黷祀則非盡善之事也。此以盡高宗之疵。**王曰：「旨哉！說！乃言惟服。乃不良于言，予罔聞于行。」**表注　說之言，自他人觀之，若散而無統。惟高宗善思，故知其味。**說拜稽首，曰：「非知之艱，行之惟艱。王忱不艱，允協于先王成德。惟說不言有厥咎。」**表注　知而后可行，知爲先。知易而行難，行爲重。

說命下

表注　下篇傳說承資學之命，故陳爲學之方。

王曰：「來！汝說。台小子舊學于甘盤，表注　甘盤，高宗初年相也，其後復政遠引。再三求之，卒老采邑。**既乃遯于荒野，入宅于河，自河徂亳，暨厥終罔顯。爾惟訓于朕志，若作酒醴，爾惟麴糵；若作和羹，爾惟鹽梅。爾交修予，**表注　教學之道，貴擇乎中。微過不及則學術自是偏矣。「交修」者，適中之謂也。**罔予棄，予惟克邁乃訓。」說曰：「王人求多聞，時惟建事。學于古訓，乃有獲。事不師古，以克永世，匪說攸聞。惟學遜志，務時敏，厥修乃來。允懷于茲，道積于厥躬。惟斆學半，念終始典于學，厥德修罔覺。**表注　多聞。建事。往行。考蹟以觀其用。古訓。有獲。前言。察言以求其心。惟學。遜志、時敏。來懷積。惟敎。念學罔覺。表注「斅學半」，此答高宗舊學之意也。高宗恭默思道之功，得諸甘盤之所斅，但於講明格致之功，尚欠耳。此學之半也。傅説今已勉之多聞古訓，講明格致，至於道積厥躬，可謂盛矣。若於舊學，思之之功終始接續，而所思主於所學，即思學並進，思而學則所思者益實，學而思則所學者益妙，此德之修所以「罔覺」。蓋忽不自知其入於聖人之域矣。故證諸先王，體用全備，而無不符合也。監于先王成憲，其永無愆。惟説式克欽承，旁招俊乂，列于庶位。」王曰：「嗚呼！説。四海之内，咸仰朕德，時乃風。表注 乃風。下布治化。股肱惟人，良臣惟聖。表注 惟聖。上成君德。昔先正保衡作我先王，乃曰：『予弗克俾厥后惟堯、舜，其心愧恥，若撻于市。』一夫不獲，則曰時予之辜。表注 伊尹。俾后堯舜，申「惟聖」之喻；恥一不獲，申「乃風」之喻。佑我烈祖，表注 傅説。格于皇天。爾尚明保予，罔俾阿衡專美有商。惟后非賢不乂，惟賢非后不食。其爾克紹乃辟于先王，表注 紹辟先王。終「惟聖」之喻。永綏民。」表注 綏民。終「乃風」之喻。説拜稽首，曰：「敢對揚天子之休命！」表注 敢對揚休命。傅説兩任其責。表注

伊尹之書存者五篇，傅説三篇。伊尹爲太甲言，故其書明白；傅説爲高宗言，故其書深密。伊尹之書，讀者猶易見；傅説之言，非用工深者未易見也。《一德》之書，伊尹之絶筆。太甲進德至是已高，故其書亦未易看。

高宗肜日

高宗祭成湯，有飛雉升鼎耳而雊，祖己訓諸王，作《高宗肜日》、《高宗之訓》。高宗肜日

高宗肜日，越有雊雉。祖己曰：「惟先格王，正厥事。」表注 惟先格王心，然後正其事之失。乃訓于王曰：「惟天監下民，典厥義。降年有永有不永，非天夭民，民中絶命。民有不若德不聽罪，天既孚命正厥德。乃曰：『其如台？』表注 格王。嗚呼！王司敬民，罔非天胤，典祀無豐于昵！」表注 此篇首稱「高宗肜日」，終言「無豐于昵」。高宗，廟號也，❶似謂高宗之廟。昵，近廟也，似是祖庚繹于高宗之廟。兼高宗名臣不聞祖己，「乃訓于王」似告幼君，❷《書序》大誤。惟《史記》謂此書作於祖庚之時爲得之，而其説又不分明。肜，古文作「彤」，繹也。表注 正事。

西伯戡黎

表注 西伯，武王也。武王襲爵以後，未克商以前，商人稱之固西伯也。故五峰《大紀》、吕成公、陳少南、薛季龍皆謂武王。❸舊説文王，失之矣。表注 受都朝歌，今衛州；黎，今

---

❶「號」，金華本作「猇」。
❷「告」，宋配本作「訓」。
❸「季」，原作「士」，今據宋配本改。

潞州黎城。然衛亦有黎陽，則戡黎之師於受都已迫。吴才老謂是武王伐受時，蓋以祖伊辭氣爲甚迫也。然亦當是觀兵之時歟？

殷始咎周，周人乘黎。祖伊恐，奔告于受，作《西伯戡黎》。西伯戡黎　**西伯既戡黎，祖伊恐，奔告于王曰：「天子！天既訖我殷命，格人元龜，罔敢知吉。非先王不相我後人，惟王淫戲用自絕。故天棄我，**表注　天棄殷。**不有康食。不虞天性，不迪率典。**表注　率。律。**今我民罔弗欲喪，**表注　民棄殷。**曰：『天曷不降威？』大命不摯，**表注　摯。至。**今王其如台？」王曰：「嗚呼！我生不有命在天？」**表注　受不悛。**祖伊反曰：「嗚呼！乃罪多參在上，乃能責命于天？殷之即喪，指乃功，不無戮于爾邦！」**

微子

殷既錯天命，微子作誥父師、少師。微子表注　祖伊奔告本爲戡黎，然其言在於警受，而初不及於咎周。微子作誥，固謀自靖，然其言在於歎受之必亡，而未嘗忌周之必興。然則觀殷人之辭，而周之德可知矣。

微子若曰：「父師、少師！表注　父師。箕子。少師。比干。**殷其弗或亂正四方。我祖底遂陳于上，我用沈酗于酒，用亂敗厥德于下。殷罔不小大，好草竊姦宄，卿士師師非度。凡有辜罪，乃罔恒獲。小民方興，相爲敵讎。今殷其淪喪，若涉大水，其無津涯。殷遂喪越**

至于今！」表注 首章論受之必亡。

曰：「父師、少師，我其發出狂？我家耄，遜于荒？今爾無指告予，顛隮若之何其？」

表注 次章言已之欲去。欲處，不可捄；欲逃，恐遂亡。情不能已，又問二子當有救亡之策。

父師若曰：「王子！天毒降災荒殷邦，方興沈酗于酒，乃罔畏畏，咈其耇長舊有位人。表注 答沈酗敗德之語。今殷民乃攘竊神祇之犧牷牲用，以容將食無災。表注 答小大草竊之語。降監殷民，用乂讎斂，召敵讎不怠。表注 答小民敵讎等語。罪合于一，多瘠罔詔。商今其有災，我興受其敗；商其淪喪，我罔爲臣僕。表注 箕子自處之計。商其止於災變邪，我當起任其責；商其遂亡邪，我無臣異國之理。詔王子出迪。我舊云刻子，王子弗出，我乃顛隮。自靖！人自獻于先王，我不顧行遯。」表注 箕子答。表注 末章勉微子之去。表注 自靖，謂各行其分之所宜，而即其心之所安也，孔子所謂「三仁」是也。心各行其所安，有以告於先王而無愧於神明，可矣。王子有可去之義，蓋不可使受有殺兄之名。而元子在外，萬一有維持宗社之計。❶若我，則無可去之義，故曰「我不顧行遯」，是亦將以死捄也。詳此詞意，則箕子、比干同以死諫。比干見殺，箕子偶不見殺而囚爾。說者遂謂箕子有言而比干獨無言者，去就之義難明而死節之義易見。殊不知箕子豈有去意？而比干之無答者，亦以箕子意同，故不復有異辭耳。表注 微子之去，遯于荒野而已。舊傳抱祭器以歸周者，殊失之。

❶「維」，原作「惟」，今據宋本改。

尚書表注下

金履祥表注

泰誓　上古文第二十七。　周書

惟十有一年，武王伐殷。一月戊午，師渡孟津，作《泰誓》三篇。**表注** 上篇誓諸侯，因及御事、庶士。**表注**《小序》。年與敘文不同。曰序中篇則可。

泰誓 惟十有三年春，大會于孟津。王曰：「嗟！我友邦冢君，越我御事、庶士，明聽誓。

「惟天地，萬物父母；惟人，萬物之靈。亶聰明，作元后，元后作民父母。**表注** 首明爲君之道。

「今商王受，弗敬上天，降災下民。沈湎冒色，敢行暴虐，罪人以族，官人以世。惟宮室、臺榭、陂池、侈服，以殘害于爾萬姓。焚炙忠良，刳剔孕婦。**表注** 受失爲君之道。

「皇天震怒，命我文考，肅將天威，大勳未集。**表注** 天命周伐受。文王未伐。

「肆予小子發，以爾友邦冢君，觀政于商。**表注** 武王未遽伐。惟受罔有悛心，**表注** 受終不悛。乃夷居弗事上帝神祇，遺厥先宗廟弗祀。犧牲粢盛，既于凶盜。乃曰：『吾有民有命！』罔懲其侮。

「天佑下民，作之君，作之師，惟其克相上帝，寵綏四方。有罪、無罪，予曷敢有越厥志？表注 天命爲君，伐受之責不可違。

「同力度德，同德度義。受有臣億萬，惟億萬心；予有臣三千，惟一心。表注 勢不難伐。

「商罪貫盈，天命誅之；表注 理不可不伐。予弗順天，厥罪惟鈞。表注 武王恐有違天之罪。予小子夙夜祇懼。受命文考，類于上帝，宜于冢土，以爾有衆，厎天之罰。表注 伐受。天矜于民，民之所欲，天必從之。表注 承天，爲君之責。爾尚弼予一人，永清四海。時哉弗可失！」

泰誓中表注 中篇誓諸侯之師。❶

惟戊午，王次于河朔。羣后以師畢會，王乃徇師而誓曰：「嗚呼！西土有衆，咸聽朕言。我聞吉人爲善，惟日不足。凶人爲不善，亦惟日不足。表注 首引古語，以證受之「力行無

❶ 「師」，原作「辭」，今據宋本及下篇題下注「自誓其師」改。

度」。今商王受，力行無度，播棄犂老，昵比罪人，淫酗肆虐。**表注** 皆「力行無度」之事。臣下化之，朋家作仇，脅權相滅。無辜籲天，**表注** 民籲天。穢德彰聞。

「惟天惠民，惟辟奉天。**表注** 推明天心君道。有夏桀，弗克若天，流毒下國。天乃佑命成湯，降黜夏命。惟受罪浮于桀。**表注** 桀不順天，天命湯以伐桀。受罪浮桀。剥喪元良，賊虐諫輔。謂己有天命，謂敬不足行，謂祭無益，謂暴無傷。**表注** 四「謂」，指「力行無度」之病原。厥監惟不遠，在彼夏王。天其以予乂民，朕夢協朕卜，襲于休祥，戎商必克。**表注** 天命伐受。天意見於夢卜，戎商必克，不必畏其衆。受有億兆夷人，離心離德；予有亂臣十人，同心同德。雖有周親，不如仁人。

「天視自我民視，天聽自我民聽。百姓有過，在予一人，今朕必往。**表注** 天意見於人心，百姓責望，不可不往。我武惟揚，侵于之疆，取彼凶殘，我伐用張，于湯有光！**表注** 應上文桀、湯之證。

「勖哉夫子！罔或無畏，寧執非敵。百姓懍懍，若崩厥角。嗚呼！乃一德一心，立定厥功，惟克永世。」**表注** 誓師。臨事而懼。前言必克，此又恐其忽。弔民。定功。

泰　誓　下

表注　下篇自誓其師。

時厥明，王乃大巡六師，明誓衆士。王曰：「嗚呼！我西土君子。天有顯道，厥類惟彰。表注　類。上天有至明之理，其類應之分甚明。蓋好善則所爲皆善之一類，好惡則所爲皆惡之一類。邪正不相入，恩怨各有報，禍福、興亡各以類應之。彰彰乎其不雜也。今商王受狎侮五常，荒怠弗敬，自絶于天，結怨于民。表注　商受惡類之彰。斮朝涉之脛，剖賢人之心，作威殺戮，毒痡四海。崇信姦回，放黜師保，屏棄典刑，囚奴正士。郊社不修，宗廟不享，作奇技淫巧以悦婦人。表注　狎侮五常之事。上帝弗順，祝降時喪。表注　自絶于天。爾其孜孜，奉予一人，恭行天罰。

「古人有言曰：『撫我則后，虐我則讎。』獨夫受，洪惟作威，乃汝世讎。表注　結怨于民。樹德務滋，除惡務本，肆予小子，誕以爾衆士殄殲乃讎。爾衆士，其尚迪果毅，以登乃辟！功多，有厚賞；不迪，有顯戮。表注　此篇專誓周師。故曰「登乃辟」，其辭尊；曰「有顯戮」，其辭嚴。與上、中二誓不同。

「嗚呼！惟我文考，若日月之照臨，光于四方，顯于西土，惟我有周，誕受多方。表注　文王善類之彰。予克受，非予武，惟朕文考無罪；受克予，非朕文考有罪，惟予小子無良。」表注　善惡、勝負，類應必然。武王不恃此而忘自責。

牧　誓 **表注** 此篇列陣將戰之時，通誓之。

武王戎車三百兩，虎賁三百人，與受戰于牧野，作《牧誓》。**表注** 《小序》數目與經不同。

牧誓　時甲子昧爽，王朝至于商郊牧野，乃誓。王左杖黃鉞，右秉白旄以麾，曰：「逖矣，西土之人！」王曰：「嗟！我友邦冢君、御事、司徒、司馬、司空、亞旅、師氏、千夫長、百夫長，及庸、蜀、羌、髳、微、盧、彭、濮人，稱爾戈，比爾干，立爾矛，予其誓。」**表注** 列陣。

王曰：「古人有言曰：『牝雞無晨，牝雞之晨，惟家之索。』今商王受，惟婦言是用，昏棄厥肆祀弗答，昏棄厥遺王父母弟不迪。**表注** 《史記》作「昏棄其國家，遺其王父母弟」。乃惟四方之多罪逋逃，是崇是長，是信是使，是以爲大夫卿士。俾暴虐于百姓，以姦宄于商邑。**表注** 誓。牧野，受都，故數其罪，惟言其家事及商邑。

「今予發，惟恭行天之罰。今日之事，不愆于六步、七步，乃止齊焉。**表注** 不輕進以亂陣。夫子勖哉！不愆于四伐、五伐、六伐、七伐，乃止齊焉。**表注** 不多殺以亂陣。勖哉夫子！尚桓桓，如虎如貔，如熊如羆，于商郊。弗迓克奔，以役西土。**表注** 勿迎擊來降之人，以勞爾西土之士。**勖哉夫子！爾所弗勖，其于爾躬有戮！」**表注　《太誓》上以誓諸侯爲主，❶中誓諸侯之師，其詞止於尚弼、永清，定功、永世。下篇自誓其衆下，始有不迪顯戮之戒。《牧誓》則商郊之誓，臨戰之時，一人不戒，易以敗事，故均誓戒之。弗勉有戮，不可以貴賤異法也。

武成

武王伐殷，往伐歸獸，識其政事，作《武成》。武成表注　《武成》一篇，舊蓋錯簡。劉侍讀、王荆公、程叔子皆嘗改正。朱子集長，考定見於《文集》。蔡《傳》今概用朱子本定讀，但以「厎商之罪」一句係之「附我大邑周」之下，「列爵惟五」之上，縱有缺文而事辭實屬焉。改定《武成》次第：出師、類告、克商、反政、歸周、諸侯受命、助祭告、誥諸侯、缺文、定制、定治化。

惟一月壬辰，旁死魄。越翼日癸巳，王朝步自周，于征伐商。表注　「于征伐商」下接「告于皇天后土」。

厥四月哉生明，王來自商，至于豐。乃偃武修文，歸馬于華山之陽，放牛于桃林之野，示天下弗服。表注　「示天下弗服」下接「既生魄」。

丁未，祀于周廟，邦甸侯衛駿奔走，執豆籩。越三日庚戌，柴望，大告武成。表注　「大告

---

❶「太」，金華本作「泰」。

武成」下接「王若曰」。

既生魄，庶邦冢君，暨百工，受命于周。**表注** 「受命于周」下接前「丁未」。

王若曰：「嗚呼！羣后。惟先王建邦啓土，公劉克篤前烈。至于大王，肇基王迹。王季其勤王家。我文考文王，克成厥勳，誕膺天命，以撫方夏。大邦畏其力，小邦懷其德。惟九年，大統未集。予小子其承厥志。**表注** 「其承厥志」下接「恭天承命」。底商之罪，**表注** 「底商之罪」下接「列爵惟五」。告于皇天后土、所過名山大川，曰：『惟有道曾孫周王發，將有大正于商。今商王受無道，暴殄天物，害虐烝民。爲天下逋逃主，萃淵藪。予小子既獲仁人，敢祗承上帝，以遏亂略。華夏蠻貊，罔不率俾。**表注** 「罔不率俾」下接「惟爾有神」。

「『恭天成命，肆予東征，綏厥士女。惟其士女，篚厥玄黃，昭我周王。天休震動，用附我大邑周！**表注** 「我大邑周」下接前「底商之罪」一句。惟爾有神，尚克相予，以濟兆民，無作神羞！』」**表注** 改正篇内告諸侯之辭，以「王若曰」起文，則是史官追述其意，未必皆當時全語，不如《湯誥》之密。蓋《湯誓》誓亳衆而未及誓諸侯，故《湯誥》誕告之辭加密。《泰誓》、《牧誓》既屢誓諸侯，故《武成》告命或不待加詳也。

既戊午，師逾孟津。癸亥，陳于商郊，俟天休命。甲子昧爽，受率其旅若林，會于牧野。罔有敵于我師，前徒倒戈攻于後，以北，血流漂杵。一戎衣，天下大定。乃反商政，政由舊。

釋箕子囚，封比干墓，式商容閭。散鹿臺之財，發鉅橋之粟，大賚于四海，而萬姓悅服。**表注**「萬姓悅服」下接前「厥四月哉生明」。

列爵惟五，分土惟三。建官惟賢，位事惟能。重民五教，惟食喪祭。惇信明義，崇德報功。垂拱而天下治。

洪範古文「鴻范」。表注　初，大禹治水至洛，得神龜，背負數：戴九履一，左三右七，二四爲肩，六八爲足，五爲心腹。其後帝舜命禹則而爲書，是爲《洪範》九𤰞。其綱目皆大禹之經，其發明者乃箕子之傳。中頗有錯簡。

洛書

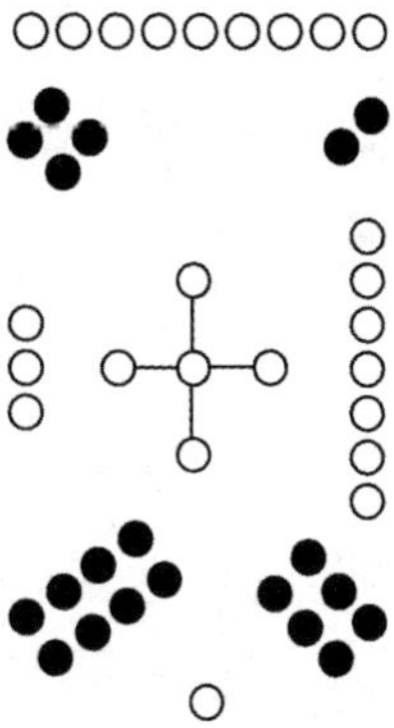

禹則《洛書》

二　敬用五事　七　明用稽疑　六　乂用三德

九　嚮用五福　威用六極　五　建用皇極　一　五行

四　協用五紀　三　農用八政　八　念用庶徵

九疇並義

㊁本事者有得失　㊆稽於占者有吉凶　㊅人質有中正、剛柔、善惡

㊈人生有厚薄美惡之或異　㊄皇極　㊀天氣有陰陽、生克、盛衰

㊃天運有象數遲速之不齊　㊂施於政者有是非　㊇感於天者有休咎

文憲王子曰：「河圖、洛書相表裏。故一六、二七、三八、四九皆並位。於是九疇之義相比而應。」

武王勝殷，殺受，立武庚，以箕子歸，作《洪範》。洪範　惟十有三祀，王訪于箕子。王

乃言曰：「嗚呼！箕子。惟天陰騭下民，相協厥居，我不知其彝倫攸敘。」

箕子乃言曰：「我聞在昔，鯀陻洪水，汩陳其五行。帝乃震怒，不畀洪範九疇，彝倫攸斁。鯀則殛死，禹乃嗣興，天乃錫禹洪範九疇，彝倫攸敘。

「初一曰五行，次二曰敬用五事，次三曰農用八政，次四曰協用五紀，次五曰建用皇極，次六曰乂用三德，次七曰明用稽疑，次八曰念用庶徵，次九曰嚮用五福，威用六極。**表注**

次第

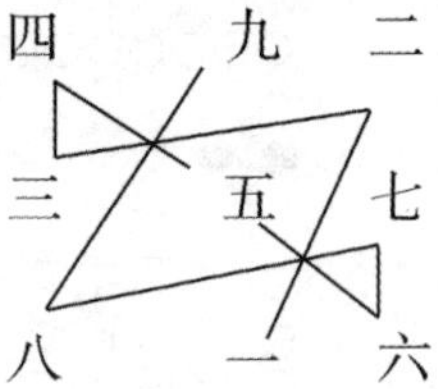

次第非九宮本義，經文借次第歷數之爾。朱子以「初一」、「次二」等字自爲讀。然皇極居五。前四宮，皇所以建天下之極；後四宮，皇極所以審天下之變。則次第亦一義。今陰陽術數家皆用之。

表注 皇極、標準、六極、六窮同文異義。或曰「六極」當作「殛」。

「一五行：一曰水，二曰火，三曰木，四曰金，五曰土。水曰潤下，火曰炎上，木曰曲直，金曰從革，土爰稼穡。潤下作鹹，炎上作苦，曲直作酸，從革作辛，稼穡作甘。**表注** 五行造化之大用，而獨言其性味者，以切於民用言也。

「二五事：**表注** 今石經「五行」上無「一」字，「五事」無「二」字。下同。一曰貌，二曰言，三曰視，四曰聽，五曰思。**表注** 五事之目，其序全體五行，其功妙感庶徵。皇之所以爲極者本此。貌曰恭，言曰從，視曰明，聽曰聰，思曰睿。表注 五事之則。恭作肅，從作乂，明作哲，聰作謀，睿作聖。表注 五事之功。

「三八政：一曰食，二曰貨，三曰祀，四曰司空，五曰司徒，六曰司寇，七曰賓，八曰師。表注 食、貨、祀，王道之始。刑者，聖人之不得已，故司寇居三官之後；兵者，聖人大不得已，故師居八政之末。

「四五紀：一曰歲，二曰月，三曰日，四曰星辰，五曰曆數。

「五皇極：皇建其有極。表注 朱子曰：「皇者，君之稱；極者，至極之義，標準之名也。」斂時五福，用敷錫厥庶民，惟時厥庶民于汝極。錫汝保極。凡厥庶民無有淫朋，人無有比德，惟皇作極。凡厥庶民有猷，有爲有守，汝則念之。不協于極，不罹于咎，皇則受之。而康而色，曰：『予攸好德。』汝則錫之福，時人斯其惟皇之極。無虐煢獨而畏高明。人之有能有爲，使羞其行，而邦其昌。凡厥正人，既富方穀，表注 人有不幸而貧弱煢獨者，當扶之；有幸而榮貴者，當抑之。人之有才者，必使進於德行；人之趍正者，亦必先有以養之。汝弗能使有好于而家，時人斯其辜。于其無好德，汝雖錫之福，其作汝用咎。表注 五福傳文。自「斂時五福」止「用咎」，乃九五福之傳。舊以其有「汝極」、「作極」等語，誤屬於此。八𤰞皆與皇極相關，箕子舉一隅以發之爾。大意言人君體天治民，當以天之福福之，使之仁壽安富，知所向方，然後可以望其協極。若其救死不贍，奚暇禮義？所謂「汝弗能使有好于而家，時人斯其辜」也。第二節「凡厥」以下，言人知所好德而不習於非德，必人君立之標準也。第三節「凡厥」以下，言民之好德者，與未有德而不爲惡者，與革面而自言好德者，皆當念之、受之、錫之福，則時人斯其惟皇之極矣！**表注** 五福以好德居四，而傳則以好德爲重。蓋五福皆係於天，而人之所可勉者，惟好德而已。又錫福雖係於人主，而人主所可錫者亦惟富而已。❶無偏無陂，遵王之義；無有作好，遵王之道；無有作惡，遵王之路；無偏無黨，王道蕩蕩；無黨無偏，王道平平；無反無側，王道正直。**表注** 王義、王道、王路，即皇極所以爲教；蕩蕩、平平、正直，即皇極所以爲體。反覆互文以贊詠形容之爾。雖指民之協極而言，然皇極四方八面、公平正大，體段於此可見。會其有極，歸其有極。**表注** 皇極經文。傅子駿曰：「此章乃古書韻語，與箕子前後書文不同。」王文憲是之。上接「皇建有極」之下，爲皇極經文，箕子傳文。曰：皇極之敷言，是彝是訓，于帝其訓。凡厥庶民，極之敷言，是訓是行，以近天子之光。曰：天子作民父母，以爲天下王。

「六，三德：一曰正直，二曰剛克，三曰柔克。平康正直，彊弗友剛克，燮友柔克。沈潛剛克，高明柔克。惟辟作福，惟辟作威，惟辟玉食。臣無有作福作威玉食。臣之有作福作威玉食，其害于而家，凶于而國。人用側頗僻，民用僭忒。**表注** 五福、六極總傳，錯簡。作福作威，所謂「向用五福，威用六極」也。「玉食」者，人主之福。臣而作威福、僭玉食則凶害，而「頗僻」、「僭忒」皆

---

❶「人」，原無，今據宋本補。

歸于六極矣。

「七稽疑：擇建立卜筮人，乃命卜筮。表注 曰雨，曰霽，表注 霽。今文作濟。古文作⿰氵亝。曰蒙，曰驛，表注 驛。古文作圛。曰克，曰貞，曰悔，表注 悔。《説文》作𠧪。卦之不變者，以内爲貞，外爲𠧪；變者，以本卦爲貞，之卦爲𠧪。凡七。卜五，占用二，衍忒。表注 兆有定體，卦有定辭，自其有變動之差，而天下之至變生焉。故善卜筮者，必自其差忒而推衍之。立時人作卜筮。三人占，則從二人之言。汝則有大疑，謀及乃心，謀及卿士，謀及庶人，謀及卜筮。表注 盡人謀，然後以卜筮決之。汝則從，龜從，筮從，卿士從，庶民從，是之謂大同。身其康彊，子孫其逢吉。汝則從，龜從，筮從，卿士逆，庶民逆，吉。卿士從，龜從，筮從，汝則逆，庶民逆，吉。庶民從，龜從，筮從，汝則逆，卿士逆，吉。汝則從，龜從，筮逆，卿士逆，庶民逆，作内吉，作外凶。龜筮共違于人，用静吉，用作凶。表注 龜、筮常與人謀相參。古人以龜先筮，蓋龜兆一成，所應久遠。筮應在一時，而時日推遷，又須更筮，故有「筮短龜長」之説。然龜則僭信皆卜，若易則惟忠信之事應，否則有戒，不爲小人謀。故自文王、周、孔以來，惟以易訓。〇人謀能料可否，若氣數推移則惟龜、筮知之，故共違于人。雖人謀皆從，未可爲也。

「八庶徵：表注 皇極居中，八疇還相爲體用。此以五事庶徵之感應，蓋舉一隅以示例，餘可類推。曰雨，曰暘，曰燠，曰寒，曰風，曰時。五者來備，各以其敘，庶草蕃廡。一極備，凶；一極無，凶。曰休徵。曰肅，時雨若。曰乂，時暘若。曰晢，時燠若。曰謀，時寒若。曰聖，時風若。曰咎徵。曰狂，恒雨若。曰僭，恒暘若。曰豫，恒燠若。曰急，恒寒若。曰蒙，恒風若。**表注** 五紀傳文。東坡蘇氏、無垢張氏、石林葉氏、容齋洪氏皆曰此章當爲五紀之傳。曰：王省惟歲，卿士惟月，師尹惟日。歲、月、日、時無易，百穀用成，乂用明，俊民用章，家用平康。日、月、歲、時既易，百穀用不成，乂用昏不明，俊民用微。**表注** 歲、月、日、星之度，具于曆數。箕子於此特以其切於君臣政事者言之，以明調贊之本。家用不寧。庶民惟星，星有好風，星有好雨。日月之行，則有冬有夏。月之從星，則以風雨。

「九五福：一曰壽，二曰富，三曰康寧，四曰攸好德，五曰考終命。**表注** 古者上下有分，非祿無自富者。故五福不言貴，言富則貴可知矣。「攸好德」者，學問之事，而以爲福者，人生而惡弱昏愚者多矣。今其氣稟清明，知德義之美而樂之，豈非福之大者？若使此心昏庸，所好非德，雖壽、富、安逸，所謂飽暖逸居而無教，祗以荒亡戕賊，近於禽獸，何足以爲福哉！ 所以「好德」接「壽」、「富」、「康寧」之後。五福之好德亦猶五行之土、五事之思，而乃居四者，以考終命爲人生之終事，故易居五而以好德居四，所以總壽、富、康寧而以保其考終者也。

「六極：一曰凶、短、折，二曰疾，三曰憂，四曰貧，五曰惡，六曰弱。」表注

武王既勝殷，邦諸侯，班宗彝，作《分器》。

旅　獒《皇王大紀》繫於成王之紀。

西旅獻獒，大保作《旅獒》。旅獒惟克商，遂通道于九夷八蠻。西旅底貢厥獒，大保乃作《旅獒》，用訓于王。曰：「嗚呼！明王慎德，表注 謹德，一篇之要。四夷咸賓。無有遠邇，畢獻方物，惟服食器用。表注 貢物之制。王乃昭德之致于異姓之邦，無替厥服；分寶玉于伯叔之國，時庸展親。表注 受貢所以示諸侯。人不易物，惟德其物。表注 易，以豉反，朱子作換

---

❶「舉」下，宋本有「□文憲□□對□□□□」約十字。

易之易，謂人不足爲物之輕重，❶惟德足以爲物之重。

「德盛不狎侮。狎侮君子，罔以盡人心；狎侮小人，罔以盡其力。表注 玩人。狎侮，病原也。不役耳目，百度惟貞。表注 玩物。役耳目。玩人喪德，玩物喪志。志以道寧，言以道接。表注 不推玩人以及玩物，因玩物以戒喪志，因喪志而言定志之道，因道寧而及知言之效，語雖偶而意相生也。不作無益，害有益，功乃成；不貴異物，賤用物，民乃足。表注 反其玩物。犬馬非其土性不畜，珍禽、奇獸不育于國。不寶遠物，則遠人格；所寶惟賢，則邇人安。表注 反其玩人。上文因玩物而上推玩人之失，以防其原；此段因寶物而歸重寶賢之意，以易其好。

「嗚呼！夙夜罔或不勤。不矜細行，終累大德，爲山九仞，功虧一簣。❷表注 末終謹德之意，言益切密。允迪茲，生民保厥居，惟乃世王。」

巢伯來朝，芮伯作《旅巢命》。

---

❶「人」，宋本作「位」。

❷「功」，原作「巧」，今據宋本改。

金縢

此篇除祝詞外，皆非周公作。《序》文誤。表注 此篇敘事，意多淺晦。程子疑其間不可盡信。

武王有疾，周公作《金縢》。金縢既克商二年，王有疾弗豫。二公曰：「我其爲王穆卜。」表注 穆卜。蔡云「和同以卜」。周公曰：「未可以戚我先王？」公乃自以爲功，表注 「自以爲功」，謂獨以爲己事也。爲三壇，同墠。爲壇於南方，北面，周公立焉。植璧、秉珪，乃告大王、王季、文王。

史乃册，祝曰：「惟爾元孫某，遘厲虐疾。若爾三王是有丕子之責于天，表注 責。朱子云如「責其侍子」之「責」。以旦代某之身！予仁若考，能多材多藝，能事鬼神。乃元孫，不若旦多材多藝，不能事鬼神。乃命于帝庭，敷佑四方，用能定爾子孫于下地。四方之民，罔不祗畏。嗚呼！無墜天之降寶命，我先王亦永有依歸。今我即命于元龜，爾之許我，我其以璧與珪歸俟爾命；爾不許我，我乃屏璧與珪。」表注 周公迫切之意，言不暇文。

乃卜，三龜一習吉。啓籥見書，乃并是吉。公曰：「體！王其罔害。予小子新命于三王，惟永終是圖；兹攸俟，能念予一人。」公歸，乃納册于金縢之匱中。表注 《周禮·占人》「卜篋既事，❶則繫幣以比其命」，注謂書其命龜之事及兆於册，❷繫禮神之幣而合藏焉。是則金縢之匱藏占書之常器，終事納册，亦《周禮·占人》之常職。世俗謂周公始爲此匱納册，以爲他日自驗之地，其説陋矣。**表注** 周公占畢而歸，史納册於匱。**王翼日乃瘳。****表注** 武王十三年克商。十四年有疾，乃瘳。十九年崩。

武王既喪，**表注** 後敘。自「武王既喪」以後，《金縢》後敘。**管叔及其羣弟乃流言於國曰：「公將不利於孺子。」周公乃告二公曰：「我之弗辟，****表注** 我之弗辟。朱子初從注説作「致辟」，晚簡蔡氏從鄭氏《詩》箋作「避」，謂三叔方流言，周公不應以語言故遽興兵誅之。成王方疑，公亦不應不請而自誅之，請亦未必從也。雖聖人存心公平、❸正大，區區嫌疑自不必避。然舜避河南，禹避陽城，故當如此。❹及周公居東二年，成王乃知罪之在管、蔡，故曰「罪人斯得」。履祥案：古文《尚書》凡「君辟」、「刑辟」字皆作「侲」，獨此「辟」作「𨐨」，是必孔壁書本作「避」字也。「辟」諧聲，從之從并，皆屏避之意。**我無以告我先王。」周公居東，二年，則罪人斯得。于後公乃爲詩以貽王，名之曰《鴟鴞》。王亦未敢誚公。****表注** 周公之避，所以必告二公者，以成王尚幼，朝事不可無托也，所以周公在外而朝廷無事。成王雖疑而外不敢誚公，以有二公在爾。**表注** 《鴟鴞》之詩，蓋指武庚既誘管、蔡，必反

---

❶「既」，宋本作「終」。
❷「其」，原作「所」，今據宋本及《周禮》鄭注改。
❸「存」，宋本作「之」。
❹「故」，宋本作「自」。

王室。

秋，大熟，未穫，天大雷電以風。禾盡偃，大木斯拔。邦人大恐。王與大夫盡弁，以啓金縢之書，乃得周公所自以爲功代武王之説。表注　成王君臣遇災，弁服啓金縢之匱，取書以卜。因得卜史昔日所納周公之册。**二公及王乃問諸史與百執事。對曰：「信。噫！公命我勿敢言。」**

王執書以泣，曰：「其勿穆卜！昔公勤勞王家，惟予沖人弗及知。今天動威以彰周公之德，惟朕小子其新逆，表注　新。蔡云當作「親」。鄭《詩》箋云：「成王既得《金縢》之書，親迎周公。」**我國家禮亦宜之。」王出郊，天乃雨，反風，禾則盡起。二公命邦人，凡大木所偃，**表注　大木所偃，謂所仆壇壝、次舍、民居。**盡起而築之。歲則大熟。**

大誥

表注　案：武王入殷，受已自焚，遂命其子武庚後商祀，而使管叔、蔡叔、霍叔監之。及武王崩，成王幼，周公秉政，武庚陰有復殷之意。❶三叔爲其所誘，流言以撼周公。周公居東。其後成王悟，迎周公以歸。三叔遂及武庚以叛。蓋武庚非三叔不足以間周，而三叔非武庚不足以動衆。《大誥》之書專言黜殷而不言三叔，實以武庚聲勢甚熾，然亦不忍言三叔之事也。

❶「復殷」，宋本作「窺覦」。

武王崩，三監及淮夷叛。周公相成王，將黜殷，作《大誥》。大誥王若曰：「猷！表注 猷。古文作「繇」，前後同。《周書》道語多曰「猷」。大誥爾多邦，越爾御事。弗弔！表注 弗弔，不幸。天降割于我家不少延。表注 首敘事變之來。洪惟我幼沖人，嗣無疆大歷服。弗造哲迪民康，矧曰其有能格知天命。表注 謙言幼愚，未能上測天意。

「已！表注 已。《周書》斷辭多曰「已」。予惟小子若涉淵水，予惟往求朕攸濟敷賁敷，表注 下「敷」字衍。前人受命，表注 但是不可不爲，以廣前烈。茲不忘大功。予不敢閉于天降威，用寧王遺我大寶龜，紹天明。表注 用寶龜以介紹天明。

「即命曰：『有大艱于西土，西土人亦不静，越茲蠢。』表注 述命龜之辭。殷小腆，誕敢紀其敘。天降威，知我國有疵，民不康，曰：『予復！』反鄙我周邦。今蠢今翼日，民獻有十夫予翼，以于敉寧武圖功。我有大事休？朕卜并吉。表注 卜吉。決上文未能格知天命。肆予告我友邦君、越尹氏、庶士、御事曰：『予得吉卜，予惟以爾庶邦于伐殷逋播臣。』表注 以吉卜告邦君、御事，以之東征。爾庶邦君、越庶士、御事，罔不反曰：『艱大。』表注 述邦君、御事之言。艱大。民不静，亦惟在王宫邦君室。越予小子考翼，不可征，王害不違卜。表注 述考翼之言。違卜。表注 考翼，父老敬事之人，猶云老成也。表注 已前皆敘述之語。

「肆予沖人永思艱，曰：嗚呼！允蠢鰥寡哀哉！予造天役，遺大投艱于朕身。表注此答「艱大」之言。**越予沖人不卬自恤。義爾邦君，越爾多士、尹氏、御事，綏予曰：『無毖于恤，不可不成乃寧考圖功。』**表注 正望邦君、御事相勉。**已！惟予小子，不敢替上帝命。天休于寧王，興我小邦周，寧王惟卜用，克綏受茲命。今天其相民，矧亦惟卜用？嗚呼！天明畏，弼我丕丕基！」**表注 此答「違卜」之言。武王承天以卜，今日亦以卜承天。表注 朱子嘗疑《大誥》一篇，當時欲聳動天下，而其大意不過謂周家辛苦創此基業，我後人不可不成就之，又專歸於卜，❶殊不可曉。履祥案：此篇特一時與西方諸侯因及御事，陳伐叛之義，以大誥天下，猶《大誓》專在黜殷，誓名「大誓」，此亦黜殷，故名「大誥」爾。蓋當時武庚挾殷畿之頑民，三監又各挾其國之衆，其艱難之勢誠大也。故羣臣有「艱大」之説，❷有「違卜」之請，意欲閉境自守耳。惟釋其「艱大」之疑與其「違卜」之説，反覆言之，使確有可信。而其專歸於卜者，❸蓋證天命，以決其疑也。

王曰：「爾惟舊人，爾丕克遠省，表注 重釋「艱大」之語。下同。天意。**爾知寧王若勤哉！天閟毖我成功所，予不敢不極卒寧王圖事。肆予大化誘我友邦君，天棐忱辭，其考我民，予**

---

❶「不過謂周家」至「成就之又」，原作「慮天下有向背之萌陳大道以誥戒之勸人勉力用心而」，今據宋本及《朱子語類》卷七十九改。

❷「挾殷畿之頑民」至「誠大也故」，宋本作「之勢内連三監外連淮奄自陝以東大抵皆震故諸侯」。

❸「惟釋其」至「可信而」，宋本作「所以篇中反覆告語以天意示之釋其艱大與違卜之意」。

曷其不于前寧人圖功攸終？表注 民心所欲。承上文言天非諄諄有可信之辭，考之我民爾。天亦惟用勤毖我民，若有疾，表注 民心所惡。予曷敢不于前寧人攸受休畢？」

王曰：「若昔朕其逝，朕言艱日思若考作室，既底法，厥子乃弗肯堂，矧肯構？厥父菑，厥子乃弗肯播，矧肯穫？厥考翼其肯曰：予有後弗棄基。肆予曷敢不越卬敉寧王大命？若兄考，乃有友伐厥子，民養其勸弗救？」表注 堂構之喻，❶責之吾身；伐救之喻，責邦君御事。「民養」謂厮養之人。

王曰：「嗚呼！肆哉，爾庶邦君、越爾御事，爽邦由哲，亦惟十人迪知上帝命，表注 十人。蔡氏謂「亂臣十人」。❷謂周家開國之初皆由哲人。其時亂臣十人能迪知天命於難諶之中，其時邦君、御事不敢違上所制。今此作難之人，近相攻於我室爾，乃不知天命之不變易乎？越天棐忱，爾時罔敢易法！矧今天降戾于周邦？惟大艱人，誕鄰胥伐于厥室，爾亦不知天命不易？予永念曰：天惟喪殷，若穡夫，予曷敢不終朕畝？天亦惟休于前寧人，予曷其極卜？敢弗于從率寧人有指疆土？矧今卜并吉？肆朕誕以爾東征。天命不僭，卜陳惟若茲！」表注 終釋違卜之語。天命。❸

---

❶「構」，原作「播」，今據金華本及經文改。

❷「氏」，原作「云」，宋本作「人」，今據《通鑑前編》、《書經注》改。

❸此條下，宋本尚有兩條：「二棐字，匪通。」「僭，古文作替。」

微子之命 表注

微子者，帝乙庶長子也。帝乙欲立之，太史執不可。❶及紂無道，微子數諫，不聽，遂去之。❷武王克殷之後，❸表商容閭，❹釋箕子囚，封比干墓。恩禮殆遍而未及微子者，時微子遁于荒野。❺及殺武庚，乃立微子於宋，❻爲殷後，以賓于周。此其命書也。

成王既黜殷命，殺武庚，命微子啓代殷後，作《微子之命》。微子之命王若曰：「猷！殷王元子。惟稽古崇德象賢，統承先王，修其禮物，作賓于王家，與國咸休，永世無窮。

「嗚呼！乃祖成湯，克齊聖廣淵，皇天眷佑，誕受厥命。撫民以寬，除其邪虐。功加于時，德垂後裔。 表注 崇德。上述成湯，下嘉微子，中間更不言受亡、武庚滅之事。蓋微子所不忍聞，周家亦不忍言也。

「爾惟踐修厥猷， 表注 象賢。**舊有令聞。恪慎克孝，肅恭神人。予嘉乃德，曰篤不忘。**

---

❶「可」下，宋本有「卒立受」三字。

❷「及紂」至「去之」，宋本作「及受無□□且忌之微子遂遯于荒野」。

❸「武王克殷之後」，宋本作「武王入殷」。

❹「表」，宋本作「式」。

❺「者」至「荒野」，宋本作「以其遁去未之獲也」。

❻「殺武庚乃立」，宋本作「武庚叛成王周公誅之遂封」。

上帝時歆，下民祗協，庸建爾于上公，尹茲東夏。**表注** 東夏地大人衆，封而不忌。周之德、微子之賢俱可見也。

「欽哉！往敷乃訓。慎乃服命，率由典常，以蕃王室。弘乃烈祖，律乃有民，永綏厥位，毗予一人。世世享德，萬邦作式，俾我有周無斁。嗚呼！往哉惟休！無替朕命。」**表注** 應首章之意，勉之，期之。

唐叔得禾，異畝同穎，獻諸天子。王命唐叔歸周公于東，作《歸禾》。

周公既得命禾，旅天子之命，作《嘉禾》。

康誥

表注 武王封康叔之書，《小序》誤。

成王既伐管叔、蔡叔，以殷餘民封康叔，作《康誥》、《酒誥》、《梓材》。**表注** 《梓材》亦誤序於此。此敘，蘇氏謂《洛誥》之錯簡。朱子從之。案：此敘《洛誥》亦未協，當是《梓材》之敘。詳辨于《梓材》、《召誥》之首。**表注** 武王母弟自周公外，惟康叔爲賢。武王克殷，分其故地，朝歌以東封康叔，❶其西

---

❶「地朝歌」，宋本作「都」。

北爲武庚地。及武庚叛，❶成王、周公征之，遷其民，以其故地遺民益封康叔，爲衛君。蓋地相比近。❷《漢書》言周公善康叔不從管、❸蔡之亂，是也。《小序》以此爲成王書，蓋篇首錯簡，誤以《酒誥》、《梓材》冠《康誥》之首，□□□□□□❹《大誥》、《金縢》之前。**康誥惟三月哉生魄，周公初基，作新大邑于東國洛，四方民大和會，侯、甸、男邦、采、衛，百工播民和，見士于周。周公咸勤，乃洪大誥治。**

王若曰：「孟侯，朕其弟小子封。惟乃丕顯考文王，克明德慎罰，不敢侮鰥寡，庸庸，祗祗，威威，顯民。用肇造我區夏，越我一二邦以修。我西土惟時怙冒，聞于上帝，帝休，天乃大命文王殪戎殷。誕受厥命越厥邦厥民，惟時敘，乃寡兄勖。肆汝小子封在茲東土。」表注 明德謹罰。蔡云一篇大意。此章推原文王德業以致克殷，而有天下。寡兄，武王自謂也。肆，朱子云「忽遂」之意。言康叔忽遂有此東土也。

王曰：「嗚呼！封，汝念哉！今民將在祗遹乃文考，紹聞衣德言，往敷求于殷先哲王

---

❶「其西北爲武庚地及」，宋本作「爲諸侯之長此篇其命書也其後三監」。

❷「爲衛君蓋地相比近」，宋本作「焉史記云康叔後扞祿父之亂」。

❸「言」，宋本作「云」。

❹「誤以酒誥」至「□□□□□□」，宋本作「□□之爾自胡氏文（按當作「大」）紀始繫之武王之紀朱子是之蔡氏謂當在」。

用保乂民。汝丕遠惟商耇成人，宅心知訓。別求聞由古先哲王，用康保民。弘于天，若德裕乃身，不廢在王命！」**表注** 明德。此章欲康叔本之家學，參之國俗之舊，又別求之古先，所以廣其性天，動有餘用。「保乂」、「知訓」、「康乂」更互成文，皆謂治化耳。

王曰：「嗚呼！小子封恫瘝乃身，敬哉！天畏棐忱，民情大可見，小人難保。**表注** 天威可畏，以其命匪可信；民情可見，以其小人難保。往盡乃心，無康好逸豫，乃其乂民。我聞曰：『怨不在大，亦不在小，惠不惠，懋不懋。』**表注** 怨豈在明？不見是圖，怨不在大也。與其寡怨，孰若無怨？怨不在小也。在於能惠人所不及惠，勉人所不能勉，則小大之怨俱無矣。已！汝惟小子，乃服惟弘王應保殷民，亦惟助王宅天命，作新民。」

王曰：「嗚呼！封，敬明乃罰。人有小罪，非眚，乃惟終，自作不典，式爾，有厥罪小，乃不可不殺。乃有大罪，非終，乃惟眚災，適爾，既道極厥辜，時乃不可殺。」**表注** 謹罰。

王曰：「嗚呼！封，有敘，時乃大明服，惟民其勑懋和。若有疾，惟民其畢棄咎，若保赤子，惟民其康乂。**表注** 有敘，謂爲政自有次第，必大明智足以服人，則民勑勉於和，所謂大畏民志也。以去疾之心去惡，則民皆自棄其咎，所謂無諸己而後非諸人也。以愛赤子之心愛民，則惟民其康乂，所謂心誠求之者也。非汝封刑人殺人，無或刑人殺人。非汝封又曰劓刵人，無或劓刵人。」

王曰：「外事，汝陳時臬，司師茲殷罰有倫。」又曰：「要囚，服念五六日，至于旬時，丕蔽要囚。」**表注** 外事，獄之未成，未達于康叔者，此有司之事也；要囚，獄之已成，已達于康叔者，此則康叔之事也。事在有司，但當示之準的，法其例格；事在康叔，則一成而不可變。故必詳審，久之而後斷焉。○臬，《說文》「準的」。

王曰：「汝陳時臬事，罰蔽殷彝。用其義刑義殺，勿庸以次汝封。**表注** 次。遷就之意。《荀子》作「即」。乃汝盡遜，曰：時敘，惟曰未有遜事。已！汝惟小子，未其有若汝封之心。朕心朕德惟乃知。凡民自得罪，寇攘、姦宄，殺越人于貨，暋不畏死，罔弗憝。」

王曰：「封，元惡大憝，矧惟不孝、不友。子弗祗服厥父事，大傷厥考心；于父不能字厥子，**表注** 字，古文作「孶」。乃疾厥子；于弟弗念天顯，乃弗克恭厥兄；兄亦不念鞠子哀，大不友于弟。**表注** 刑殺非吾本心，皆民自作罪惡，爲人心所同惡爾。然民之罪有大於此者，凡不孝、不慈、不友、不恭者是。惟弔茲，不于我政人得罪，天惟與我民彝大泯亂。曰：乃其速由文王作罰刑，茲無赦。不率大戛，**表注** 然不率之罪又有大可擊伐者，凡爲臣而不忠者是。**表注** 戛，《說文》「戟」也，擊伐之義。矧惟外庶子訓人。惟厥正人、越小臣諸節，乃別播敷。造民大譽，弗念、弗庸，瘝厥君；時乃引惡，惟朕憝。已！汝乃其速由茲義率殺。亦惟君惟長，不能厥家人，越厥小臣外正。惟威惟虐，大放王命。乃非德用乂，**表注** 君長之罪。勉康叔。臣者，民之表。故責民之不孝恭，其大又在責臣之不忠。君長者，臣之表。故責臣之不忠，則爲君長者又不可不自責而盡其道也。汝亦罔不克敬典。

乃由裕民，惟文王之敬忌。乃裕民曰：『我惟有及。』則予一人以懌。」

王曰：「封，爽惟民迪吉康，我時其惟殷先哲王德，用康乂民作求。**表注** 求，配也，對也。如《詩》「好求」之「求」。矧今民，罔迪不適；不迪，則罔政在厥邦。」

王曰：「封，予惟不可不監，告汝德之說于罰之行。今惟民不靜，未戾厥心，迪屢未同，爽惟天其罰殛我，我其不怨。惟厥罪無在大，亦無在多，矧曰其尚顯聞于天？」**表注** 武王自責之意。前責之民，因責之臣；責之臣，因責之康叔。此二章武王又反之身而自責焉。篇中一節，上一節。

王曰：**表注** 蔡云此下勉其不用罰而用德。「嗚呼！封，敬哉！無作怨，勿用非謀非彝，蔽時忱。丕則敏德，用康乃心，顧乃德，遠乃猷，裕乃以民寧，不汝瑕殄。」

王曰：「嗚呼！肆汝小子封。惟命不于常，汝念哉！無我殄享，明乃服命，高乃聽，用康乂民。」

王若曰：「往哉！封，勿替敬典，聽朕告汝，乃以殷民世享。」

酒誥

表注 此篇亦武王書，與《康誥》同。

酒誥王若曰：「明大命于妹邦。**表注** 明大命于妹邦，令康叔明大命化商。乃穆考文王，肇國在西土。厥誥毖庶邦庶士，越少正御事，朝夕曰：『祀茲酒。』**表注** 述文王教西土之大命。

表注 諸侯。羣臣。**惟天降命，肇我民惟元祀。天降威，我民用大亂喪德，亦罔非酒惟行。越小大邦用喪，亦罔非酒惟辜。**

「文王誥教小子、有正有事無彝酒。越庶國飲惟祀，德將無醉。 **表注** 教小子及庶國。**惟曰：我民迪小子，惟土物愛，厥心臧，** **表注** 又使民自教小子。**聰聽祖考之彝訓，越小大德！小子惟一。**

「妹土， **表注** 此下教妹土之大命。**嗣爾股肱，純其藝黍稷，奔走事厥考厥長。肇牽車牛遠服賈，用孝養厥父母。厥父母慶，自洗腆致用酒。** **表注** 教妹土之民。謂妹土之民繼此以後，手足專於種藝，走事父兄，服乘遠賈，以養父母。喜慶則用酒。

「庶士、有正，越庶伯君子，其爾典聽朕教！爾大克羞耇惟君，爾乃飲食醉飽。 **表注** 教妹土之臣。羞耇惟君，謂薦羞于老與羞于君所也。案《儀禮》，君燕其臣，凡羞于君者，皆士也。此謂惟養老與燕于公所則可飲酒，饋祀禮畢則可飲酒。〇惟，與也。《書》中歷舉之辭皆曰「惟」。上文「惟曰」，下文「畏相惟御事」，《禹貢》「羽、毛惟木」，《武成》「重民五教，惟食喪祭」，皆是訓「與」。**丕惟曰：爾克永觀省，作稽中德。爾尚克羞饋祀，爾乃自介用逸。茲乃允惟王正事之臣，茲亦惟天若元德，永不忘在王家。」**

王曰：「封，我西土棐徂，邦君、御事、小子，尚克用文王教，不腆于酒。故我至于今，克

受殷之命。」表注 此下誥康叔。棐徂，非遠也。前章命康叔述文王西土之教以教妹邦，故此章又總言以明證之，謂我西土非已往遠事也。其邦君、御事、小子，尚克用文王教，不腆于酒。

王曰：「封，我聞惟曰：表注 「我聞惟曰」云云，謂成湯畏上天之明命，畏小民之難保，經德於己而秉哲以用人。垂統如此，故自湯而下至于帝乙，雖歷世久遠，而皆能成其君道，畏敬相臣與御事之人，然匪外爲恭也，實不敢自暇逸，況敢崇飲乎？此章皆言商先王爲君之事，越在內外服，始言諸臣。舊說惟御事以下爲言臣事者，非也。「惟」訓「與」，解見上文。○君不敢飲，臣不惟不敢，亦不暇飲。『在昔殷先哲王，迪畏天顯小民，經德秉哲。自成湯咸至于帝乙，成王畏相惟御事，厥棐有恭，不敢自暇自逸，矧曰其敢崇飲？表注 此述商先王不飲之德。越在外服，侯、甸、男、衛邦伯；越在內服，百僚、庶尹、惟亞、惟服、宗工，越百姓里居，罔敢湎于酒。表注 商先臣不飲之俗。不惟不敢，亦不暇，惟助成王德顯，越尹人祗辟。』我聞亦惟曰：『在今後嗣王酣身，厥命罔顯于民，祗保越怨不易。誕惟厥縱淫泆于非彝，用燕喪威儀，民罔不盡傷心。惟荒腆于酒，不惟自息乃逸。厥心疾很，不克畏死。辜在商邑，越殷國滅無罹。弗惟德馨香祀登聞于天，誕惟民怨，庶羣自酒，腥聞在上。表注 「弗惟」明德馨香之登聞，「誕惟」怨氣沈湎之腥聞。故天降喪于殷，罔愛于殷，惟逸。天非虐，惟民自速辜。』」表注 此述商後王飲酒之禍。及其臣民羣飲之辜。表注 商亡。

王曰：「封，予不惟若兹多誥。古人有言曰：『人無於水監，當於民監。』今惟殷墜厥命，我其可不大監，撫于時！表注 以商爲監。**予惟曰：**表注 此下勉康叔誥毖商之遺臣、諸侯達官之長，及康叔之臣、國之三卿，以及康叔之身，皆當剛制于酒。**汝劼毖殷獻臣，侯、甸、男、衛。矧太史友、内史友、越獻臣百宗工，矧惟爾事，服休服采。矧惟若疇，圻父薄違，農父若保，宏父定辟。矧汝剛制于酒！**表注 侯、甸、男、衛，殷畿内外舊邦諸侯也。康叔孟侯，實使長之，固當劼毖之也。受爲淫酗，諸侯羣臣習以成風。故康叔治殷，武王專以酒爲誥。❶ 然名爲「獻臣」者，則固賢矣，亦在誥毖之數。何也？ 習俗移人，概或不免。如兩晉清談風流，雖諸名勝不能免者，況燕飲之習，士大夫皆所易流。是以不但誥毖獻臣，且併康叔之臣，以及康叔之身，亦與有剛制之戒。管、蔡唯不能謹，遂爲武庚所醉，卒陷於惡，豈不甚可畏也！ **厥或誥曰：羣飲，汝勿佚。盡執拘以歸于周，予其殺。**表注 禁殷民之飲。防亂。 **又惟殷之迪諸臣惟工，乃湎于酒，勿庸殺之，姑惟教之，有斯明享。乃不用我教辭，惟我一人弗恤，弗蠲乃事，時同于殺。」**表注 禁殷臣之飲。

王曰：「封，汝典聽朕毖，勿辯乃司民湎于酒。」表注 不治臣之湎酒，則民皆湎酒矣。

❶「武王」，宋本作「而」。

梓　材惟三月哉生魄，周公初基作新大邑于東國洛。四方民大和會。侯、甸、男邦、采、衛百工播民和，見士于周。周公咸勤，乃洪大誥治。表注 此篇周公營洛，道王德意，以諭諸侯之書。其敘誤冠《康誥》。所謂「洪大誥治」者，以前有《大誥》，故此名「梓材」。案《大傳》，今文當有「周公曰」而無「封」字。

梓材王曰：「封，以厥庶民暨厥臣達大家，以厥臣達王，惟邦君，汝若恒。表注 首勉邦君通上下之情，及爲邦君喻卿大夫之語。

「越曰：我有師師。司徒、司馬、司空、尹旅，曰：『予罔厲殺人。』亦厥君先敬勞，肆徂厥敬勞！表注 又勉邦君率先勞來其民。❶

「肆往姦宄，殺人歷人，宥。肆亦見厥君事，表注 「見」疑作「爲」。**戕敗人，宥。**表注 宥罪戾。

「王啓監，厥亂爲民。曰：『無胥戕，無胥虐，至于敬寡，表注 「敬寡」疑作「矜寡」。**至于屬**

❶「率」，金華本作「幸」。

婦，合由以容。』表注 述「王啓監」之言，戒其厲虐。表注 《傳》曰：「成王合諸侯，城成周，爲東都。」諸侯之禮，君行師從。師師者，一師之長，三卿是也。卿行旅從。尹旅者，一旅之長，卿之副也。古者有大興作，則司徒帥徒庶，司空畫土疆，司馬以軍法治之。罔厲殺人，不欲以軍法治也。姦宄殺人，其所連歷之人，及爲公家事傷人者，皆入于罪隸。❶ 今既服此大役，皆赦爲良民，孤寡之子在役者與舂槀臣妾者，皆優恤之。

「王其效邦君越御事，厥命曷以？引養引恬。表注 述王教邦君在於養恬。**自古王若茲監，罔攸辟！**表注 古若茲監，罔攸辟。

「惟曰：若稽田，既勤敷菑，惟其陳修爲厥疆畎。表注 前是「周公咸勤」，後是「洪大誥治」。**若作室家，**表注 宅洛之議。**既勤垣墉，惟其塗塈茨。若作梓材，既勤樸斲，惟其塗丹雘。今王惟曰：先王既勤用明德，懷爲夾，庶邦享，作兄弟方來。**表注 繼志述事，以文太平。述王之言，爲庶邦朝貢之地。自「惟曰」以後，「既」字多。**亦既用明德，后式典，集庶邦丕享。**表注 下文述王之意，爲化殷之計。**皇天既付中國民越厥疆土于先王，肆王惟德用，和懌先後迷民，用懌先王受命。**

❶「罪」，原作「繇」，今據宋本改。

「已！若茲監，惟曰：欲至于萬年惟王，子子孫孫永保民。」表注 若茲監，永保民。表注《梓材》，伏生今文作周公教伯禽之書，孔安國古文作成王誥康叔之書。王介甫、吴才老、朱子、蔡氏皆疑之。吴才老斷自「王啓監」以下，似《洛誥》文。蔡氏斷自「今王惟曰」以下，人臣告君之辭。今案：此書即《康誥》之敘，所謂「惟三月」云云「乃洪大誥治」者，即《召誥》之敘，所謂周公用書，命侯、甸、男邦伯者也。本與《多士》篇同列，今躐於《召誥》之前，又誤亞於《康誥》、《酒誥》之後。故其《序》誤冠《康誥》之首，而首句又誤衍《酒誥》之尾而曰封也。且蘇氏既以《康誥》之敘爲《洛誥》之敘，而吴氏又以《梓材》之文似《洛誥》之文，朱子皆嘗是之。則是前儒之意，皆以此爲營洛之書矣。今以《康誥》之敘冠《梓材》之書，則前半篇即周公咸勤之事，後半篇即「洪大誥治」之文。「集庶邦」一節，則營東都爲四方朝貢道里之均。「先後迷民」一節，乃毖殷遷洛，密邇王室之化。似復古書之舊云。

召誥

成王在豐，欲宅洛邑。使召公先相宅，作《召誥》。表注 敘。召誥惟二月既望，越六日乙未，王朝步自周，則至于豐。

惟太保先周公相宅。表注 召公至洛。越若來三月惟丙午朏。越三日戊申，太保朝至于洛，卜宅。厥既得卜則經營。越三日庚戌，太保乃以庶殷攻位于洛汭。越五日甲寅，位成。若翼日乙卯，周公朝至于洛，表注 周公至洛。則達觀于新邑營。越三日丁巳，用牲于郊，牛二。越翼日戊午，乃社于新邑，牛一、羊一、豕一。越七日甲子，周公乃朝用書命庶殷、侯、甸、男邦伯。**表注** 「用書命庶殷」，即《多士》之書所謂「惟三月，周公初于新邑洛，用告商王士」者也。「侯、甸、男邦伯」亦必有書。其敘逸出于《康誥》，所謂「惟三月，初基」云云「乃洪大誥治」者，其書即《梓材》之篇。 厥既命殷庶，庶殷丕作。

太保乃以庶邦冢君出，取幣，乃復入，錫周公，曰：**表注** 誥。周公至洛，以王命命庶殷、喻諸侯。召公將陳戒于王，亦因公以達。「拜手稽首，旅王若公。誥告庶殷越自乃御事。嗚呼！皇天上帝，改厥元子茲大國殷之命。惟王受命，無疆惟休，亦無疆惟恤。**表注** 化商本於自治。嗚呼！曷其奈何弗敬？**表注** 一篇大意。休、恤。敬。

「天既遐終大邦殷之命，茲殷多先哲王在天，越厥後王後民，茲服厥命。**表注** 監殷之休。厥終，智藏瘝在。夫知保抱攜持厥婦子以哀籲天，徂厥亡出執。**表注** 監殷之恤。

「嗚呼！天亦哀于四方民，其眷命用懋。**表注** 天哀民而眷周，其命方懋。王其疾敬德！**表注** 敬德。王當「疾敬德」以保之。

「相古先民有夏，天迪從子保，面稽天若，今時既墜厥命。今相有殷，天迪格保，面稽天若，今時既墜厥命。**表注** 監二代之休之恤。今沖子嗣，則無遺壽耇，**表注** 敬德之事。敬老。曰其稽我古人之德，矧曰：其有能稽謀自天！

「嗚呼！有王雖小，元子哉！其丕能諴于小民今休。表注 敬民。王不敢後用顧畏于民碞。王來紹上帝，自服于土中。

「旦曰：『其作大邑，其自時配皇天，毖祀于上下，其自時中乂。王厥有成命，治民今休。』表注 宅洛。今日之休。

「王先服殷御事，比介于我有周御事，節性，惟日其邁。表注 化商。今日之恤。王敬作所，不可不敬德。表注 敬德。

「我不可不監于有夏，亦不可不監于有殷。表注 監二代之休、恤。我不敢知曰：有夏服天命，惟有歷年。我不敢知曰：不其延，惟不敬厥德，乃早墜厥命。我不敢知曰：有殷受天命，惟有歷年。我不敢知曰：不其延，惟不敬厥德，乃早墜厥命。表注 我不敢測知其存亡之故，惟不敬德，所以墜命。

「今王嗣受厥命，我亦惟茲二國命嗣若功。表注 今王繼二代而受天命，當繼其所以有功者，不可跡其所以亡也。

「王乃初服。嗚呼！若生子，罔不在厥初生，自貽哲命。今天其命哲，命吉凶，命歷年。知今我初服，宅新邑，肆惟王其疾敬德！表注 宅洛之初。「其」、「知」二字相應，謂天其命休邪、否邪不可知，我所知者，宅洛之初，惟「疾敬德」，以德保天而已。王其德之用，祈天永命。表注 此下戒之勉之，要在敬民。

「其惟王勿以小民淫用非彝，亦敢殄戮用乂民，若有功。其惟王位在德元。小民乃惟刑用于天下，越王顯。上下勤恤，**表注** 此書旅王若公，所以有上下勤恤之語。其曰：我受天命，丕若有夏歷年，式勿替有殷歷年，欲王以小民受天永命。」

拜手稽首，曰：「予小臣，敢以王之讎民百君子越友民，保受王威命明德。王末有成命，王亦顯。我非敢勤，惟恭奉幣，用供王能祈天永命。」**表注** 末章旅王之辭。

洛誥

召公既相宅，周公往營成周，使來告卜，作《洛誥》。洛誥周公拜手稽首曰：「朕復子明辟。王如弗敢及天基命定命，予乃胤保大相東土，其基作民明辟。予惟乙卯，朝至于洛師。我卜河朔黎水，我乃卜澗水東、瀍水西，惟洛食。我又卜瀍水東，亦惟洛食。伻來以圖及獻卜。」**表注** 首章周公至洛，伻來獻圖卜之辭。復，反命也，一云告也，如「願有復」、「有復於王」之「復」。舊云卜黎，卜澗東、瀍西爲卜王城，卜瀍東爲卜下都。案：召公戊申至洛卜宅，則王城已卜，得卜經營，則卜之已吉。後七日，周公至，達觀新邑營，不應又改卜也。意者，召公卜王城，周公卜下都，皆惟洛食，則是洛邑之地利於君亦利於民也。

王拜手稽首，曰：「公不敢不敬天之休，來相宅，其作周匹休！公既定宅，伻來，來視予卜，休恒吉。我二人共貞。公其以予萬億年敬天之休！」表注 成王答謝周公之辭。拜手稽首誨言。

周公曰：「王肇稱殷禮，祀于新邑，咸秩無文。予齊百工，伻從王于周。表注 周公勉成王以宅洛之事。表注 朱子曰：「自此以後漸不可曉。蓋不知何時。」予惟曰：『庶有事。』今王即命曰：『記功，宗以功作元祀。』惟命曰：『汝受命篤弼，丕視功載，乃汝其悉自教工。』表注 御羣臣。孺子其朋，孺子其朋，其往！表注 「朋」謂友之也。《後漢書》引此作「其朋其朋」。又作「慎其往」。無若火始燄燄，表注 燄，小明也。「火始燄燄」，其所以彰灼者，次第不可遏也。人主以小明自用，則機熟而日熾矣。厥攸灼敘弗其絕。厥若彝及撫事，如予惟以在周工往新邑。表注 「予齊百工，伻從王于周」與「惟以在周工往新邑」等語，當是周公率百官迎王於周，以往洛之辭。伻嚮即有僚，明作有功，表注 「明作」，振勵之中，有忠厚、寬大之意。惇大成裕，汝永有辭。」

公曰：「已！汝惟沖子惟終。汝其敬識百辟享，亦識其有不享。表注 御諸侯。享多儀，儀不及物，惟曰不享。惟不役志于享，凡民惟曰不享，惟事其爽侮。乃惟孺子頒朕不暇，聽朕教汝于棐民彝。表注 棐，輔。下同。汝乃是不蘉，乃時惟不永哉！篤敘乃正父罔不若予，不敢廢乃命。汝往敬哉！茲予其明農哉！彼裕我民，無遠用戾。」表注 施政化。

王若曰：「公明保予沖子。公稱丕顯德，以予小子揚文、武烈，奉答天命，和恒四方民，居師。惇宗將禮，稱秩元祀，咸秩無文。惟公德明，光于上下，勤施于四方。旁作穆穆迓衡，不迷文、武勤教，予沖子夙夜毖祀。」表注 此成王答周公前章「祀于新邑」及「教工」、「撫事」、「明作」、「惇大」等語。

王曰：「公功棐迪篤，罔不若時。」表注 此成王答周公後章之言與明農之請。

王曰：「公，予小子其退即辟于周，命公後。四方迪亂，未定于宗禮，亦未克敉公功。迪將其後，監我士師工，誕保文、武受民，亂爲四輔。」表注 此成王在新邑將歸周，命周公留後治洛之辭。

王曰：「公定，予往已。公功肅將祇歡，公無困哉！我惟無斁其康事，公勿替刑，四方其世享。」表注 朱子曰：「此正與公訣而歸之言。」困哉，《漢書》作「困我」。

周公拜手稽首，曰：表注 此周公許王留洛之辭，且君臣相勉。「王命予來，承保乃文祖受命民，越乃光烈考武王，弘朕恭。孺子來相宅，其大惇典殷獻民，亂爲四方新辟，作周恭先。曰：『其自時中乂，萬邦咸休，惟王有成績。』予旦以多子越御事，篤前人成烈，答其師，作周孚先。考朕昭子刑，乃單文祖德。表注 成王雖歸宗周，然建洛邑爲東都，則朝覲會同政令皆於此。故公勉王之言云爾。伻來毖殷，乃命寧予以秬鬯二卣。曰：『明禋，拜手稽首休享。』予不敢宿，則禋于文王、武王。表注 此又述成王命留之禮，而周公以告文、武。惠篤敘，無有遘自疾，萬

年厭于乃德，殷乃引考。王伻殷乃承敘，萬年其永觀朕子懷德。」 表注 成王既留周公於洛，又使人以留公之意告殷民，而以秬鬯綏寧。周公辭曰：「明禋，拜手稽首休享。」蓋以享禮禮公也，周公不敢當，故不敢宿。宿，肅也。則以此秬鬯禋于文、武，而爲成王祈福，曰：惠徹篤厚繼敘之福，使王不值疾癘，子孫萬年飫飽文、武之德，殷民亦長有化成之效。王其使殷民承順治敘，雖萬年之遠，其永觀懷德。此蓋祈化商之福以歸成王也。

戊辰，王在新邑，烝祭歲，文王騂牛一，武王騂牛一。王命作册，逸祝册，惟告周公其後。 表注 成王祭告文、武，以周公留後治洛。成王在洛或久，戊辰祭告爾。**王賓殺禋，咸格，王入太室，祼。** 表注 告文、武之册。**王命周公後，作册逸誥，在十有二月。** 表注 命周公之册。**惟周公誕保文、武受命，惟七年。** 表注 《召誥》、《洛誥》相爲首尾。惟《洛誥》所紀若無倫次，有周公至洛，使告圖卜，往復之辭；有周公歸周，迎王往洛，對答之辭；有成王在洛，留周公于後而歸之辭；有周公爲王留洛，相勉敘述之辭。辭從其辭，事從其事，各以類附。然無往來先後之敘，蓋其日月必已具在繫年之史，故此篇事辭各以類附，不嫌於亂雜。但其間亦必有缺文、錯簡，皆伏生口授之訛，而孔氏又以所聞伏生之書爲定，以此致誤。

多　士遷殷在踐奄之後，命誥在作洛之初。《序》誤。表注　此篇即《召誥》敘所謂「三月甲子周公乃朝，用書命庶殷」者也。上原天命，推夏、商取亡之故，商、周受命之由。前後相證，釋其頑，示其意，平其怨懼，折其驕覬，辨其敬肆，期其居洛安久之計。「厥既命殷庶，庶殷丕作」矣。

成周既成，遷殷頑民，周公以王命誥，作《多士》。多士惟三月，周公初于新邑洛，用告商王士。王若曰：「爾殷遺多士！弗弔，旻天大降喪于殷。我有周佑命，將天明威，致王罰，勑殷命終于帝。肆爾多士！非我小國敢弋殷命。惟天不畀允罔固亂，弼我，我其敢求位？表注　天亡殷命，周以革殷。殷取亡之故。**惟帝不畀，惟我下民秉爲，惟天明畏。**表注　以形體謂之天，以主宰謂之帝，一意而互文爾。非我敢取殷，天之不畀殷者，以其允罔固亂也；非我敢求位，帝之不畀殷者，人心之所欲爲，則天明威以罰之也。**我聞曰：『上帝引逸。』有夏不適逸，則惟帝降格，嚮于時夏。弗克庸帝，大淫泆有辭。惟時天罔念聞，厥惟廢元命，降致罰。**表注　夏取亡之故。**乃命爾先祖成湯革夏，俊民甸四方。**表注　天亡夏命，商以革夏。**自成湯至于帝乙，罔不明德恤祀。**表注　商之所以盛。明德。**亦惟天丕建保乂有殷，殷王亦罔敢失帝，罔不配天其澤。在今後嗣王，誕罔顯于天，矧曰其有聽念于先王勤家？誕淫厥泆，罔顧于天顯民祇，惟時**

上帝不保，降若茲大喪。表注 受之所以亡。不明厥德。 惟天不畀不明厥德，凡四方小大邦喪，罔非有辭于罰。」表注 天之亡人國，未有無其故者。

王若曰：「爾殷多士，今惟我周王丕靈承帝事，有命曰：『割殷，告勑于帝。』表注 周承天以割殷。 惟我事不貳適，惟爾王家我適。 予其曰惟爾洪無度，我不爾動，自乃邑。表注 殷民爲亂。「予其曰」猶云「予豈意謂」。 予亦念天即于殷大戾，肆不正。」表注 天厭殷。

王曰：「猷！ 告爾多士，予惟時其遷居西爾，非我一人奉德不康寧，時惟天命。表注 遷殷民，亦天意。 無違，朕不敢有後，無我怨。表注 解其怨懼。 惟爾知惟殷先人有册有典，殷革夏命，今爾又曰：『夏迪簡在王庭，有服在百僚。』予一人惟聽用德，肆予敢求爾于天邑商。予惟率肆矜爾，非予罪，時惟天命。」表注 折其覬望。

王曰：「多士，昔朕來自奄，予大降爾四國民命。表注 此節《多方》篇所謂「王來自奄，我惟大降爾四國民命」者。《多方》宜在前。 我乃明致天罰，移爾遐逖，比事臣我宗多遜。」表注 不殺而遷之。

王曰：「告爾殷多士，今予惟不爾殺，予惟時命有申。表注 不殺而教之。 今朕作大邑于茲洛，予惟四方罔攸賓，亦惟爾多士攸服奔走，臣我多遜。表注 此命以作洛之役，固惟四方賓貢之都，亦惟殷民服習之地。表注 鎬京遠在西偏，四方道里不均，無所於賓貢，所以作大邑于茲洛，亦惟爾多士其服奔走之役焉。其習禮遜之風焉。**表注** 昔攻位先用庶殷，今併爲其不都悠久之規。❶上文「臣我宗」，猶臣我所置官長也。今「臣我多遜」，則都邑之民，即臣王室。**爾乃尚有爾土，爾乃尚寧幹止。爾克敬，天惟畀矜爾；爾不克敬，爾不啻不有爾土，予亦致天之罰于爾躬！今爾惟時宅爾邑，繼爾居，爾厥有幹有年于茲洛。爾小子乃興，從爾遷。」**

王曰： **表注** 「王曰」之下必有闕文。**又曰：「時予，乃或言爾攸居。」**

無逸古文「亡佾」。**表注** 胡氏《大紀》謂《無逸》爲周公絶筆。考於《君奭》、《立政》、《洛誥》諸篇，於成王皆有「沖孺」之稱，此篇不然，故知其最後也。

周公作《無逸》。無逸 **表注** 人主者，小民之主，而所處則安逸之地，易縱於逸。無逸者，謂其不縱於酒色、湛樂與遊觀、田獵之娱也。君子所以無逸者，必其先知稼穡之艱難，故處安逸之地，則知小人之依，所以能體恤小民，不自縱逸，故能致小人之無怨，亦足以介吾身之壽康。人主而不先知稼穡之艱難，則處安逸之地，不知小人之依，但知縱一身之欲。夫不知小人之依則下致民怨，但知縱一身之欲則享年不永。此一篇大意也。

周公曰：「嗚呼！君子所其無逸。先知稼穡之艱難，乃逸，則知小人之依。相小人，厥

❶「不」，宋本作「下」。

父母勤勞稼穡，厥子乃不知稼穡之艱難，乃逸，乃諺既誕，否則侮厥父母曰：『昔之人無聞知。』」

周公曰：「嗚呼！ 我聞曰：昔在殷王中宗，嚴恭寅畏天命自度，治民祗懼，不敢荒寧。肆中宗之享國七十有五年。**表注** 中宗之無逸。中宗惟能敬，故於小人稼穡之艱難不待見而知之。

「其在高宗，時舊勞于外，爰暨小人。作其即位，乃或亮陰，三年不言。其惟不言，言乃雍。不敢荒寧，嘉靖殷邦。至于小大，無時或怨。**表注** 無小人之怨。肆高宗之享國五十有九年。**表注** 高宗之無逸。先知稼穡之艱難。

「其在祖甲，不義惟王，舊爲小人。作其即位，爰知小人之依，能保惠于庶民，不敢侮鰥寡。**表注** 知小人之依。肆祖甲之享國三十有三年。**表注** 祖甲之無逸。先知稼穡之艱難。

「自時厥後立王，生則逸，生則逸，不知稼穡之艱難，不聞小人之勞，惟耽樂之從。自時厥後，亦罔或克壽。**表注** 商後王之逸。惟不知稼穡之艱難，故不能無逸；惟不能無逸，故「罔或克壽」。❶ 或十年，或七八年，或五六年，或四三年。」**表注** 三君以無逸而壽，後王以耽樂而夭。蓋酒色淫泆之娱，田獵馳騁之樂，皆傷生之具也。或疑其間世主亦有耽樂而不夭者，曰：耽樂而不夭，此稟受之偶厖者爾。然

---

❶「罔」，原作「同」，今據宋本、金華本及經文改。

而釀成禍亂，其害更甚於不壽者矣。「耽」古文作「湛」。

周公曰：「嗚呼！厥亦惟我周太王、王季，克自抑畏。**表注** 周先王之無逸。文王卑服，即康功田功。徽柔懿恭，懷保小民，惠鮮鰥寡。自朝至于日中昃，不遑暇食，用咸和萬民。文王不敢盤于遊田，以庶邦惟正之供。文王受命惟中身，厥享國五十年。」**表注** 文王之無逸。

「即康功田功」，則不待知稼穡之艱難；懷保小民，則不但知小人之依。蓋三宗守成之賢主，文王創業之聖君，所以不同。

周公曰：「嗚呼！繼自今嗣王，則其無淫于觀、于逸、于遊、于田，以萬民惟正之供。無皇曰：『今日耽樂。』乃非民攸訓，非天攸若，時人丕則有愆。無若殷王受之迷亂酗于酒德哉！」**表注** 嗣王之無逸。今日耽樂，即是病源。此隙一開，終致迷溺。

周公曰：「嗚呼！我聞曰：『古之人，猶胥訓告，胥保惠，胥教誨，民無或胥譸張爲幻。』此厥不聽人乃訓之，乃變亂先王之正刑，至于小大。民否則厥心違怨，否則厥口詛祝。」**表注** 小人怨咨之由。

周公曰：「嗚呼！自殷王中宗及高宗及祖甲及我周文王，茲四人迪哲。厥或告之曰：『小人怨汝詈汝。』**表注** 小人之怨。則皇自敬德。厥愆，曰『朕之愆』，允若時，不啻不敢含怒。**表注** 自責之得。此厥不聽，人乃或譸張爲幻曰：『小人怨汝詈汝。』則信之。則若時，不永念厥辟，不寬綽厥心，亂罰無罪，殺無辜。怨有同，是叢于厥身！」**表注** 責人之失。

周公曰：「嗚呼！嗣王若監于茲！」表注　此篇七發端，皆曰「嗚呼」，警戒之意蓋切。❶真周公垂歿丁寧之書也！表注　一「嗚呼」，言人主必先知稼穡之艱難，故處安逸之地，知小人之依而無逸。然稼穡艱難，雖小人子弟猶有不知者，何況人主？此所當戒也。二「嗚呼」，援商君先知小人稼穡之艱難，故其治民無逸，亦保壽考。商後王不知稼穡艱難，故耽樂之從，亦罔或壽。三「嗚呼」，敘我周無逸之家法，文王尤憂勤。四「嗚呼」，勉成王繼無逸之政，防逸樂之流。五「嗚呼」，戒所以致小人之怨。六「嗚呼」，言小人之怨。責己者，所以弭怨；責人者，祇以重怨。七「嗚呼」，丁寧以終之。

君奭

表注　此篇《皇王大紀》繫于成王元年。蓋成王幼沖，周公與召公共秉政，而召公辭，周公勉而留之。

召公爲保，周公爲師，相成王，爲左右。召公不説，周公作《君奭》。君奭周公若曰：「君奭！弗弔天降喪于殷，殷既墜厥命，我有周既受。我不敢知曰：厥基永孚于休？若天棐忱，我亦不敢知曰：其終出于不祥？嗚呼！君已曰時我，我亦不敢寧于上帝命，弗永遠念天威。越我民罔尤違，惟人在我後嗣子孫，大弗克恭上下，遏佚前人光，在家不知。天命不易，天難諶。乃其墜命，弗克經歷嗣前人恭明德。在今予小子旦，非克有正，迪惟前人光，

❶「蓋」，原作「益」，今據宋本改。

施于我沖子。又曰：『天不可信。』我道惟寧王德延，天不庸釋于文王受命。」表注 首章謂不幸天喪殷，殷既自墜厥命，我周既受矣，我不知周之基業永孚于休乎？若天匪可信，我亦不知其終於不祥乎？君因已嘗曰是其責在我耳，故我亦不敢安於天命，而不長念墜命之可畏。於我民無違之日，與人在後嗣者，弗克敬天民，墜失前人光烈，而云我已退老於家，不與知也。天命固不易，受已受天命，固亦難信。然所以墜命者，則以不能經久繼續前人恭明之德爾。故「今予小子旦」，雖不能別有所正，惟欲開蹈前人恭明之德，施于沖子之身，此乃保天之本也。

公曰：表注 此章承上章引商爲證。「君奭！我聞在昔成湯既受命，時則有若伊尹，格于皇天。在太甲，時則有若保衡。在太戊，時則有若伊陟、臣扈，格于上帝，巫咸乂王家。在祖乙，時則有若巫賢。在武丁，時則有若甘盤。表注 商六臣皆相初政者。率惟茲有陳，表注 惟茲。指六臣。下同。保乂有殷，故殷禮陟配天，多歷年所。天惟純佑命，則商實百姓、王人罔不秉德，表注 内百姓。故家遺族。王人。朝臣，小臣其屬。明恤小臣，屏侯甸，矧咸奔走。表注 外屏侯甸。惟茲惟德稱，用乂厥辟，故一人有事于四方，若卜筮罔不是孚。」表注 此章承上章，以商六臣保天命爲法。表注 伊尹佐湯創王業，而太甲初年，政出伊尹。若伊陟、臣扈、巫咸、巫賢、甘盤，皆商世德舊臣，相嗣王初政。周公歷數諸賢，特以發明嗣守之初，必有世德受托之臣，以釋召公之疑而留之。至于武丁之相，不言傅説而舉甘盤，蓋甘盤初年之師保，傅説後進之賢相。此篇當成王初年，勉留召公，故但歷舉世德受托之臣，是以及甘盤而遺傳説爾。説者不考其時，故不得其所言之意。

公曰：「君奭！天壽平格，保乂有殷，有殷嗣天滅威。今汝永念，則有固命，厥亂明我新造邦。」

公曰：「君奭！在昔上帝割申勸寧王之德，表注 割，音曷。**其集大命于厥躬。惟文王尚克修和我有夏，亦惟有若虢叔，有若閎夭，有若散宜生，有若泰顛，有若南宮括。」又曰：「無能往來，茲迪彝教，文王蔑德降于國人。亦惟純佑秉德，迪知天威。乃惟時昭文王，迪見冒，聞于上帝。惟時受有殷命哉！武王，惟茲四人尚迪有禄。後暨武王，誕將天威，咸劉厥敵。惟茲四人昭武王惟冒，丕單稱德。**表注 或謂太公歷相文、武，世德之臣莫重焉。此言四人，而不及太公，何也？蓋太公其時尚在也。聖賢之意，録死勉生，相期於無窮。其不生頌太公之功，意蓋如此。表注 「割申勸」，傳記引此作「厥亂勸」，又作「周由觀」。案：「周」字似害，「割」從害而多刀，聲亦近似，當作害，音曷，何也。言上帝何爲而申勸武王之德，集大命于其身哉？惟文王能修和諸夏，亦惟有虢叔等五臣助之往來導達。德化又能純一，佑助秉持其德，實知天命之可畏。乃惟時昭明文王，迪導其德，見冒于民，升聞于天。惟時受有殷命。至武王時，虢叔死矣，而四人者尚在禄位。後及武王共伐商受，又昭武王之德冒於天下，而天下頌之。此上帝所以申勸武王而集大命也。**今在予小子旦，若游大川，予往暨汝奭其濟。小子同未在位，誕無我責。收罔勖不及，耇造德不降，我則鳴鳥不聞，矧曰其有能格？」**表注 此章承上章，因言文王四臣歷相武王，以勉召公。

公曰：「嗚呼！君肆其監于茲！表注 茲。指上章商六臣、周五人。**我受命無疆惟休，亦大惟艱。告君乃猷裕，我不以後人迷。」**表注 此節疑有缺誤。

公曰：「前人敷乃心，乃悉命汝，作汝民極。曰：『汝明勖偶王，在亶乘茲大命，惟文王德，丕承無疆之恤。』」表注 此章述武王顧託之命。

公曰：「君！告汝，朕允保奭，其汝克敬，以予監于殷喪大否，肆念我天威。予不允惟若茲誥。表注 「朕允」、「予不允」二字相應，謂我所信者，保奭必能敬德，與予監殷之墜命，念周之天威爾。予固不信至於如此費辭。**予惟曰：『襄我二人，汝有合哉？』言曰：『在時二人。』天休滋至，惟時二人弗戡。其汝克敬德，明我俊民，在讓後人于丕時。嗚呼！篤棐時二人？我式克至于今日休，我咸成文王功于不怠。丕冒海隅出日，罔不率俾。」**表注 此節釋召公所以欲去之意。「予惟曰」輔成王業者，「我二人」耳。汝亦固嘗同此意，曰「在是二人」矣，而顧謂「天休滋至，惟我二人」，懼弗克戡。蓋人臣秉政，忌盈滿也。然此則在於益敬其德，明揚賢俊，以擬其後。他日推遜後人于丕盛之時可耳。嗚呼！篤前人成烈者，匪我二人乎？我等幸已致今日之休，❶我等當共成文王之功，不自止息。大冒覆于海隅出日之地，咸順使令可也。觀此詞意，周公固已以東方爲慮矣。

---

❶「致」，宋本作「至」。

公曰：「君予不惠若兹多誥，予惟用閔于天越民。」

公曰：「嗚呼！君！惟乃知民，德亦罔不能厥初，惟其終。祗若兹，往敬用治！」表注 勉召公終事就職之言。

蔡仲之命

蔡叔既没，王命蔡仲踐諸侯位，表注 蔡仲之封，《皇王大紀》在成王八年。作《蔡仲之命》。

蔡仲之命惟周公位冢宰，正百工，表注 周公「位冢宰，正百工」，即古者百官總己以聽冢宰之禮也。若《明堂位》、《荀子》、《漢志》所言，可謂誣矣。羣叔流言。

乃致辟管叔于商，囚蔡叔于郭鄰，以車七乘，降霍叔于庶人，三年不齒。

蔡仲克庸祗德，周公以爲卿士。叔卒，乃命諸王邦之蔡。王若曰：「小子胡！惟爾率德改行，克慎厥猷，肆予命爾侯于東土，往即乃封，敬哉！表注 蔡仲之改行，周公之所深幸也。爾尚蓋前人之愆，惟忠惟孝。爾乃邁迹自身，克勤無怠，以垂憲乃後。率乃祖文王之彝訓，無若爾考之違王命！表注 勉人子以改父之惡，言足矣，而曰「改行」，曰「蓋衍」，又曰「毋若爾考之違王命」，幸之深，故憂之切，憂之切，故言之詳。周家閔管、蔡之失道，不容再有親親之變也。皇天無親，惟德是輔；民心無常，惟惠之懷。爲善不同，同歸于治；爲惡不同，同歸于亂。爾其戒哉！

慎厥初，惟厥終，終以不困；不惟厥終，終以困窮。懋乃攸績，睦乃四鄰，以蕃王室，以和兄弟，康濟小民。率自中，無作聰明亂舊章；詳乃視聽，罔以側言改厥度。則予一人汝嘉。」

表注　此下又推廣告戒之。天人之向背靡常，善惡之事幾亦衆。凡不善之爲，皆足以爲亂。非但不爲蔡叔之所爲，亦非但如今日之所爲而止也。❶「中」者，無過不及。「舊章」、「厥度」皆是物也。「作聰明」者，以己見亂之，「以側言」者，用人言改之。此必因蔡仲之失而戒之爾。

王曰：「嗚呼！小子胡，汝往哉！無荒棄朕命！」表注　此篇爲蔡仲而作，故敘止言流言事，而不及啓商事。他書可以互見。違王命者，流言之後。成王既知周公之德，必有戒諭之命，而管、蔡卒挾武庚以叛也。又此云羣叔流言，則三叔罪均，《傳》稱管、蔡啓商，則管、蔡罪重。《金縢》稱管叔及其羣弟，《孟子》稱「管叔以殷叛」，則管叔罪又重。此致辟、囚降所以不同。然《逸周書》稱管叔縊。致辟者，書其罪以戮其尸也。親親之恩，本所不忍，因其死而致辟焉，正王法也；因其生而囚降之，全私恩也。

成王東伐淮夷，遂踐奄，作《成王政》。

成王既踐奄，將遷其君於蒲姑，周公告召公，作《將蒲姑》。

---

❶「止」，原作「亡」，今據宋本、金華本改。

多方

表注 《多方》敘云「王來自奄」，書云「我惟大降爾四國民命」，而《多士》之書曰「昔朕來自奄，我惟大降爾四國民命」，則《多方》在《多士》諸篇之前也。故《皇王大紀》繫《多方》於前，《多士》於後。又疑其間章有差互，以其俱有洛邑之云也。履祥案：周公初年秉政，既而羣叔流言，周公居東二年。成王悟，而迎公以歸。歸而三叔竟挾武庚以叛。於是東征，三年踐奄，則東征之最後也。踐奄而歸，降四國殷民之命，遷之洛邑。歸于宗周，作《多方》之誥。於是制禮作樂，明年遂營洛邑爲東都，作《多士》篇，定殷民焉。是則《多方》作於東征之歸，《多士》作於宅洛之始。計古者事時前後必已具於繫年之史，而《書》則每事自爲首尾，未必諸篇相爲次第也。《周書》大率如此，然或諸篇本有次第，而孔、伏亂之歟？

成王歸自奄，在宗周，誥庶邦，作《多方》。多方 **表注** 方，古文作「匚」。 **惟五月丁亥，王來自奄，至于宗周。周公曰：王若曰：** **表注** 《大誥》、《多方》、《多士》諸篇，皆周公代王言也，而《多方》之首獨書「周公曰『王若曰』」。古書無費辭，發例而已。 **猷！告爾四國多方，惟爾殷侯尹民。** **表注** 四國者，三監、武庚國內臣民。多方者，若淮、夷、徐、戎、奄新服之國，變置之君，與凡東諸侯，嘗顧望兩端，或嘗動於亂者。殷侯，武庚也。 **我惟大降爾命，爾罔不知。洪惟圖天之命，弗永寅念于祀。**

表注 首言武庚之亂。圖天之命。

「惟帝降格于夏。有夏誕厥逸，不肯感言于民，乃大淫昏，不克終日勸于帝之迪，乃爾攸聞厥圖帝之命，不克開于民之麗，乃大降罰，崇亂有夏。因甲于内亂，不克靈承于旅，罔丕惟進之恭，洪舒于民。**表注** 以桀證受。亦惟有夏之民叨懫日欽，劓割夏邑，天惟時求民主，乃大降顯休命于成湯，刑殄有夏。**表注** 以湯證。

「惟天不畀純，乃惟以爾多方之義民不克永于多享；惟夏之恭多士，大不克明保享于民，乃胥惟虐于民，至于百爲大不克開。**表注** 此言夏桀之失民，而夏所崇用之多士亦不爲致罪。蓋引之以責殷之多士也。

「乃惟成湯克以爾多方簡代夏作民主。慎厥麗乃勸，厥民刑用勸。以至于帝乙，罔不明德慎罰，亦克用勸。要囚殄戮多罪，亦克用勸。開釋無辜，亦克用勸。**表注** 敘商之盛。商先王之於民，其鼓舞不倦如此。今至于爾辟，弗克以爾多方享天之命，嗚呼！」**表注** 歎受之亡。受繼世以有多方，不能以之享天命，忽然而亡，是可歎也。故「嗚呼」以終之。舊以「嗚呼」冠下文者，非。

「王若曰：誥告爾多方，非天庸釋有夏，非天庸釋有殷，乃惟爾辟，以爾多方大淫圖天之命，屑有辭。乃惟有夏，圖厥政，不集于享，天降時喪，有邦閒之。**表注** 夏有以取亡，故天降喪。

「乃惟爾商後王，逸厥逸，圖厥政不蠲烝，天惟降時喪。**表注** 殷有以取亡，故天降喪。**表注** 此章承上章，對舉夏、商之亡。武庚不知天命去留之故。

「惟聖罔念作狂，惟狂克念作聖。 表注 朱子、林謙之謂「聖」、「狂」二句最分明，下文便不可曉。**天惟五年須暇之子孫，誕作民主，罔可念聽。** 表注 「五年」必有所指，然亦天道一變之節。聖人與天爲一，必前此欲伐商，而又遲之以待其能變。或更立令主而終不可念聽。**天惟求爾多方，大動以威，開厥顧天。惟爾多方，罔堪顧之。**

「惟我周王靈承于旅，克堪用德，惟典神天。天惟式教我用休，簡畀殷命，尹爾多方。今我曷敢多誥，我惟大降爾四國民命。爾曷不忱裕之于爾多方？爾曷不夾介乂我周王享天之命？今爾尚宅爾宅，畋爾田，爾曷不惠王熙天之命？ 表注 商既不可念聽，多方又罔堪顧，惟我周足以承天，故天命尹爾多方。前日猶未定之天，今日乃已定之天。故下文責其非望之圖。此章獨責四國民從武庚以叛。

「爾乃迪屢不静，爾心未愛。爾乃不大宅天命，爾乃屑播天命，爾乃自作不典，圖忱于正。

「我惟時其教告之，我惟時其戰要囚之，至于再，至于三。乃有不用我降爾命，我乃其大罰殛之！ 表注 教告之，謂東征之前文告之也。戰要囚之，謂東征之時俘囚之，然不殺也。至再至三而爾不用命，故遷殛之。〇此即《多士》篇所謂「時其遷居西爾，非我奉德不康寧」者，所謂「昔朕來自奄」云云「移爾遐逖」者也。**非我有周秉德不康寧，乃惟爾自速辜！**

「王曰：嗚呼！猷！告爾有方多士，暨殷多士。今爾奔走臣我監，五祀，越惟有胥伯小大多正，爾罔不克臬。表注 「王曰」以下，告遷洛之官士也。有方多士者，三國之遺臣。殷多士者，武庚之遺臣。胥伯小大多正，則周所置治教之職也。臬，的也。今爾多士臣我三監以叛，於今五年，至此則當以王官爲準的也。一云「五祀」連下句，謂五年所置胥伯多正以監四國民也。蓋踐奄遷洛事在成王五年。自作不和，爾惟和哉！爾室不睦，爾惟和哉！爾邑克明，爾惟克勤乃事。爾尚不忌于凶德，表注 忌。古文作「⿱亓言」，即「諅」字，亦作「諆」，欺也。戒其反爲凶德之人所欺誘。亦則以穆穆在乃位，克閱于乃邑，謀介。爾乃自時洛邑，尚永力畋爾田，天惟畀矜爾。我有周惟其大介賚爾，迪簡在王庭，尚爾事，有服在大僚。

「王曰：表注 此章又告多方。嗚呼！多士。表注 章首「多士」當作「多方」，謂多方或復大遠王命，亦將遷之。蓋警之。爾不克勸忱我命，爾亦則惟不克享，凡民惟曰不享。爾乃惟逸惟頗，大遠王命，則惟爾多方探天之威，我則致天之罰，離逖爾土。

「王曰：我不惟多誥，我惟祗告爾命。又曰：時惟爾初，不克敬于和，則無我怨。」

立政 表注 《立政》一篇，前儒以其誤次諸篇之後，謂是周公絶筆，非也。是亦初年之書也。其曰「孺子王」，則成王尚幼也。其敘官名與今《周官》官名不同，時猶舊制也。曰「詰爾戎兵」，❶則其時東方未盡奠也。故《皇王大紀》繫之成王四年。

周公作《立政》。立政 **周公若曰：「拜手稽首，告嗣天子王矣。」用咸戒于王曰：「王左右常伯、常任、準人、綴衣、虎賁。」**

周公曰：「嗚呼！休茲，知恤鮮哉！古之人迪惟有夏，乃有室大競，籲俊尊上帝，迪知忱恂于九德之行。乃敢告教厥后曰：『拜手稽首后矣！』曰：『宅乃事，宅乃牧，宅乃準，茲惟后矣。謀面用，丕訓德，則乃宅人。』

「茲乃三宅無義民。 表注 夏后用人之法。「九德」本皋陶所陳知人之目，有夏君臣世守以爲取人之法。「三宅」亦夏諸大臣之總名，商、周亦世守之。職名雖各不同，而掌事、掌民、掌法，事任則猶故也。故篇中歷述三代任大臣皆以「三宅」言之。**桀德惟乃弗作往任，是惟暴德罔後。** 表注 桀用人之失。

---

❶「兵」，原作「者」，今據宋本改。

「亦越成湯陟，丕釐上帝之耿命，乃用三有宅，克即宅，曰三有俊，克即俊。嚴惟丕式，克用三宅三俊，其在商邑，用協于厥邑，其在四方，用丕式見德。表注 商用人之法。表注 天之明命示此意而已。而湯則丕以推其大規，釐以理其條目，「嚴惟丕式」，則「丕釐」之用嚴密也。丕式，大法也，言湯之治天下既事制曲防以定天下之大法，而又能用「三宅三俊」以行之。故近者用協，而四方雖遠，亦莫不於「丕式」之中見聖人之德意焉。

「嗚呼！其在受德暋，惟羞刑暴德之人同于厥邦，乃惟庶習逸德之人同于厥政。表注 受用人之失。**帝欽罰之，乃伻我有夏，式商受命，奄甸萬姓。**

「亦越文王、武王，克知三有宅心，灼見三有俊心，以敬事上帝，立民長伯。立政：任人、準夫、牧，作三事：虎賁、綴衣、趣馬小尹，左右攜僕、百司庶府；大都小伯、藝人、表臣百司；太史、尹伯、庶常吉士；司徒、司馬、司空、亞旅；夷、微、盧烝；三亳阪尹。表注 文、武用人之法。表注 此章連舉文、武時事，其官未必皆文王之官，其人則皆文王所儲之人。

「文王惟克厥宅心，乃克立茲常事司牧人。以克俊有德。表注 文王。用人之本。**文王罔攸兼于庶言、庶獄、庶慎，惟有司之牧夫，是訓用違。庶獄、庶慎，文王罔敢知于茲。**表注 庶言，號令也；庶獄，刑獄也；庶慎，法禁也。謂之「庶」，固非其大者。若大號令、大刑獄、大法禁，則非有司所敢事，亦非文王所敢諉。至其庶常細事，則惟有司惟牧夫是從是否，文王不以身兼之。或於「庶言」猶有所與，蓋號令雖小，教化所關。若庶獄、庶慎，文王則罔敢知于兹矣。表注 用人之體。

「亦越武王，率惟敉功，不敢替厥義德，率惟謀從容德，以並受此丕丕基。」表注 武王。文王用人之法得人之多，武王率而行之爾。表注 此章以下勉成王。

「嗚呼！孺子王矣！繼自今我其立政，立事、準人、牧夫，我其克灼知厥若，丕乃俾亂。表注 用人之法。相我受民，和我庶獄、庶慎，時則勿有間之。自一話一言，我則末惟成德之彦，以乂我受民。表注 用人之體。庶獄、庶慎、庶言，「一話一言」是。

「嗚呼！予旦已受人之徽言，咸告孺子王矣。繼自今文子文孫，其勿誤于庶獄、庶慎，表注 「誤」者，以身兼之，事煩力寡，易於致誤。惟正是乂之。

「自古商人亦越我周文王立政，立事、牧夫、準人，則克宅之，克由繹之，兹乃俾乂。表注 總上文用人之法。

「國則罔有立政用憸人，不訓于德，是罔顯在厥世。繼自今立政，其勿以憸人，其惟吉士，用勱相我國家。表注 戒憸人。表注 用吉士。

「今文子文孫，孺子王矣！其勿誤于庶獄，表注 庶獄。承上文再三丁寧，尤重於獄。惟有司之牧夫。其克詰爾戎兵，以陟禹之迹，方行天下，至于海表，罔有不服。表注 古人詰兵，蓋有國之常政。軍伍藏於井甸，陣法講於蒐狩，射御習於鄉學，巡邊四征寓於巡狩會同，但恐守文之主或自廢弛爾。❶況其時淮、奄未盡平，故周公言及之。○聖人疆理天下，華夷異宜，各有界限。故禹迹之舊，中國世守之。一有玷缺，則中國之禍終有不可度者。後世石晉事可見。**以覲文王之耿光，以揚武王之大烈。**

表注 守中國。推言立政之大。

「嗚呼！繼自今後王立政，其惟克用常人。」

周公若曰：「太史！司寇蘇公式敬爾由獄，以長我王國。茲式有慎，以列用中罰。」

表注 周公因言謹獄有司之事，又於王前即蘇公謹獄之事，命太史書之，以爲司獄之法。

周官

成王既黜殷命，滅淮夷，還歸在豐，作《周官》。周官惟周王撫萬邦，巡侯甸，四征弗庭，綏厥兆民。六服羣辟罔不承德，歸于宗周，董正治官。 表注 敘。「征弗庭」謂東征黜殷、伐淮、踐奄也。「歸宗周」即《多方》所謂「王來自奄，至于宗周」也。董正治官，至是外患既平。制作禮樂，始定周官之制。此篇頒其大綱，其詳則《周禮》續定焉。

王曰：「若昔大猷，制治于未亂，保邦于未危。」 表注 誥「王曰」以下述置官立制之綱。「制治」、

❶ 「守」，原作「空」，今據宋本、金華本改。

「保邦」二句，古語；所以制治、保邦者，則在於建官定制，得人以爲之。故下文詳焉。曰唐虞稽古，建官惟百。內有百揆、四岳，外有州牧、侯伯。庶政惟和，萬國咸寧。夏商官倍，亦克用乂。明王立政，不惟其官，惟其人。

「今予小子，祗勤于德，夙夜不逮。仰惟前代時若，訓迪厥官。

「立太師、太傅、太保，兹惟三公。表注 三公。論道經邦，燮理陰陽，官不必備，惟其人。少師、少傅、少保，曰三孤。表注 三孤。三公之貳，然非其屬，故曰孤。貳公弘化，寅亮天地，弼予一人。冢宰，掌邦治，統百官，均四海。司徒，掌邦教，敷五典，擾兆民。表注 司徒，徒，衆也。擾愛而勞之，使馴習也。王者慮人徒之衆逸居無教，則流爲不善，既敷五典以教之，至凡夫家徒役頒事任民，保受教糾，征役考比，皆擾而習之，使馴熟也。宗伯，掌邦禮，治神人，和上下。表注 宗伯不言司，蓋所掌者禮，禮莫重於祭，祭莫切於宗廟，不敢言司，尊宗廟且崇禮也。❶「上下」者，尊卑貴賤之等，儀和則不僭不逼，各安其分，有序則和也。司馬，掌邦政，統六師，平邦國。司寇，掌邦禁，詰姦慝，刑暴亂。表注 司寇，刑官也。不曰刑而曰禁，禁，止也，書法於木以示之，止人之爲惡也。王者制刑示民，以禁於未

---

❶「且」，宋本作「而」。

然。❶ 至於用刑，則不得已也。司空，掌邦土，居四民，時地利。**表注** 司空，掌空土之官也。分畫空土，以待臣之受封，士之受禄，農之受田，工之受肆，賈之受廛也。凡土之未授者，司空主之；既授，則屬之司徒、司馬。六卿分職，各率其屬，以倡九牧，阜成兆民。**表注** 六卿。冢宰無所不統，以下各有所司。

表注 周公既定六卿之制，至其屬所掌，則六卿詳定焉。

「六年五服一朝。又六年，王乃時巡，考制度于四岳。❷ 諸侯各朝于方岳，大明黜陟。」

王曰：**表注** 此「王曰」以下，訓教戒勑之訓。前章，法也；此章，法外意也。無此意，雖有政不行焉。「嗚呼！凡我有官君子，欽乃攸司，慎乃出令，令出惟行，弗惟反。以公滅私，民其允懷。

「學古入官，議事以制，政乃不迷。其爾典常作之師，無以利口亂厥官。蓄疑敗謀，怠忽荒政。**表注** 謹政令。不學牆面，莅事惟煩。**表注** 務學問。

「戒爾卿士，功崇惟志，業廣惟勤，惟克果斷，乃罔後艱。**表注** 勉事功。位不期驕，禄不期侈，恭儉惟德！無載爾僞，作德心逸日休，作僞心勞日拙。居寵思危，罔不惟畏，弗畏入畏。**表注** 守禄位。推賢讓能，庶官乃和，不和政厖。舉能其官，惟爾之能；稱匪其人，惟爾

---

❶「以」，宋本作「蓋」。

❷「岳」，原作「兵」，今據宋本改。

不任。」表注 舉賢才。

王曰：「嗚呼！三事暨大夫，敬爾有官，亂爾有政，以佑乃辟，永康兆民，萬邦惟無斁。」

表注 總。

成王既伐東夷，肅慎來賀。王俾榮伯作《賄肅慎之命》。

周公在豐，將没，欲葬成周。公薨，成王葬于畢，告周公，作《亳姑》。

君陳 古文「冏敕」。

周公既没，命君陳分正東郊成周，作《君陳》。君陳王若曰：「君陳！惟爾令德孝恭。惟孝，友于兄弟，克施有政。命汝尹兹東郊，敬哉！表注 以君陳之賢尹東郊。

「昔周公師保萬民，民懷其德。往慎乃司！兹率厥常，懋昭周公之訓，表注 循行周公之政教。惟民其乂。表注 師，教。保，安。德。昭，訓。率，常。周公以德師保萬民，民方思之。君陳但循其治，明其訓，不待别有作爲也。

「我聞曰：至治馨香，感于神明。黍稷非馨，明德惟馨。表注 明德至治。吕氏曰：此周公精微之訓。爾尚式時周公之猷訓，惟日孜孜，無敢逸豫！凡人未見聖，若不克見；既見聖，亦不克由聖。爾其戒哉！表注 勉君陳以明德之事。

「爾惟風，下民惟草。圖厥政，莫或不艱；有廢有興，出入自爾師虞，庶言同則繹。**表注** 勉君陳以至治之事。

「爾有嘉謀嘉猷，則入告爾后于内，爾乃順之于外，曰：『斯謀斯猷，惟我后之德。』**表注** 因師虞之説，述君陳有善稱君之素行。 嗚呼！ 臣人咸若時，惟良顯哉！」

王曰：「君陳！ 爾惟弘周公丕訓！ 無依勢作威，無倚法以削。**表注** 訓、法。弘周公之訓以訓民，不可執周公之法以責民。蓋立法特以禁民，而用法又必有寬，制從容於法之外者。 寬而有制，從容以和。殷民在辟，予曰辟，爾惟勿辟；予曰宥，爾惟勿宥，惟厥中。有弗若于汝政，弗化于汝訓，辟以止辟，乃辟。狃于姦宄，敗常亂俗，三細不宥。**表注** 上文述君陳有善稱君之行，此又勉之執法揆理，勿徇上意。○終上文辟宥之意。因「不宥」之云，又繼之以容忍。不徒在辟宥之用，又必有激勸之機。已上至治。

「爾無忿疾于頑，無求備于一夫。必有忍，其乃有濟；有容，德乃大。

「簡厥修，亦簡其或不修；進厥良，以率其或不良。

「惟民生厚，因物有遷，違上所命，從厥攸好。爾克敬典在德，時乃罔不變。**表注** 以明德之效終勉之。 允升于大猷，惟予一人膺受多福，其爾之休，終有辭於永世。」

顧命

成王將崩，命召公、畢公率諸侯相康王，作《顧命》。表注　《顧命》。成王其時年四十有九。古人多壽，故前此未及言嗣立之事。

顧命　惟四月哉生魄，王不懌。甲子，王乃洮頮水。相被冕服，憑玉几。乃同召太保奭、芮伯、彤伯、畢公、衛侯、毛公、師氏、虎臣、百尹、御事。

王曰：「嗚呼！疾大漸惟幾。病日臻，既彌留，恐不獲誓言嗣。茲予審訓命汝。昔君文王、武王，宣重光，奠麗陳教則肄，肄不違，用克達殷集大命。在後之侗，敬迓天威，嗣守文、武大訓，無敢昏逾。今天降疾，殆弗興弗悟。爾尚明時朕言，用敬保元子釗，弘濟于艱難，柔遠能邇，安勸小大庶邦。思夫人自亂于威儀，爾無以釗冒貢于非幾。」表注　成王在位四十年，天下已太平。然先王終而嗣王立，乃一時艱難之運。前日成王幼沖，親罹其禍，此《顧命》所爲作也。

茲既受命，還，出綴衣于庭。

越翼日乙丑，王崩。太保命仲桓、南宮毛俾爰齊侯呂伋，以二干戈、虎賁百人，逆子釗于南門之外。延入翼室，恤宅宗。丁卯，命作册度。表注　王崩。治喪大事，傳顧命亦大事，故崩之三日，即命作册度。癸酉，殯之明日也。殯前以送死爲重，既殯以行顧命爲重。

越七日癸酉，伯相命士須材。狄設黼扆綴衣。牖間南嚮，敷重篾席、黼純，華玉仍几。

西序東嚮，敷重厎席、綴純，文貝仍几。東序西嚮，敷重豐席、畫純，雕玉仍几。西夾南嚮，敷重筍席、玄粉純，漆仍几。**表注** 傳顧命。牖間，成王平日朝羣臣覲諸侯之位。西序，朝夕聽政之位。東序，平日養老享羣臣之坐。西夾，燕親屬之坐。越玉五重，陳寶。赤刀、大訓、弘璧、琬琰，在西序。大玉、夷玉、天球、河圖，在東序。胤之舞衣、大貝、鼖鼓，在西房。兑之戈、和之弓、垂之竹矢，在東房。大輅在賓階面，綴輅在阼階面，先輅在左塾之前，次輅在右塾之前。二人雀弁執惠，立于畢門之内。四人綦弁，執戈上刃，夾兩階戺。一人冕，執劉，**表注** 冕，古文並作「絻」。立于東堂。一人冕，執鉞，立于西堂。一人冕，執戣，立于東垂。一人冕，執瞿，立于西垂。一人冕，執鋭，**表注** 鋭，古文作「鈗」，音允。立于側階。**表注**

路寢圖。用朱子釋宮參定。

王麻冕黼裳，由賓階隮。**表注** 此甲子顧命，别勑康王之語，史前後互見爾。惟有此命，故康王冕服見諸侯，行顧命也。卿士、邦君麻冕蟻裳，入即位。太保、太史、太宗皆麻冕彤裳。太保承介圭，上宗奉同、瑁，由阼階隮。太史秉書，由賓階隮，御王册命。曰：「皇后憑玉几，道揚末命，命汝嗣訓，臨君周邦，率循大卞，表注 卞。《説文》、《字林》大小篆無「卞」字，即「弁」字也。燮和天下，用答揚文、武之光訓。」

王再拜，興，答曰：「眇眇予末小子，其能而亂四方，以敬忌天威！」乃受同、瑁，王三宿、三祭、三咤。表注 受顧命。咤，古文「詫」。宅，古文「厇」。當並作咤，歎也。親殁而受顧命，固不敢死。其親禮視祭而不哭，然歎咤則不可遏也。上宗曰：「饗！」太保受同，降，盥以異同，秉璋以酢。授宗人同，拜。王答拜。太保受同，祭、嚌、宅，授宗人同，拜。王答拜。太保降，收。表注 行顧命。蘇氏譏之，以爲非禮。朱子曰：「天子諸侯之禮，與士庶人不同。故孟子有『吾未之學』之語，蓋謂此類爾。易世傳授，國之大事，王侯以國爲家，雖先君之喪，猶以爲己私服也。」諸侯出廟門俟。

康王之誥

康王既尸天子，遂誥諸侯，作《康王之誥》。康王之誥　王出在應門之內，太保率西方諸侯入應門左，畢公率東方諸侯入應門右，皆布乘黃朱。賓稱奉圭兼幣，曰：「一二臣衛，敢執壤奠。」皆再拜稽首。王義嗣德答拜。

太保暨芮伯咸進相揖。皆再拜稽首。曰：「敢敬告天子，皇天改大邦殷之命，惟周文、武，誕受羑若，表注 羑，古文作「姜」。案《説文》，即「誘」字也。「羑若」謂天之陰誘助順也。舊諸説皆不考。克恤西土。惟新陟王，畢協賞罰，戡定厥功，用敷遺後人休。今王敬之哉！張皇六師，表注 「六師」謂天子六軍，猶云萬乘爾。「張皇六師」即云振天子之職也。然武備亦承平易弛之事，諸公既言受命戡定之功，故於此又特言之。張，不弛其備；皇，不輕其事也。無壞我高祖寡命！」

王若曰：「庶邦侯甸男衛！惟予一人釗報誥，昔君文、武，丕平富，不務咎，底至齊信，用昭明于天下。表注 誥。「底至」者，發己自盡，必欲至其極。「齊信」者，隨事所處，無不當其實。程子云：「循物無違謂信。」則亦有熊羆之士，不二心之臣，保乂王家，用端命于上帝。皇天用訓厥道，付畀四方。乃命建侯樹屏，在我後之人。今予一二伯父，尚胥暨顧綏爾先公之臣服于先王。雖爾身在外，乃心罔不在王室，用奉恤厥若，無遺鞠子，羞！」表注 諸侯言文、武及新陟王，而康王惟言文、武，蓋未忍言成王之事。又諸侯皆文王勳舊，武王所封，此方求助，故惟舉文、武封建之意以感之。

羣公既皆聽命，相揖趨出。王釋冕，反喪服。

畢命

康王命作册畢，分居里，成周郊，作《畢命》。畢命惟十有二年，六月庚午朏。越三日壬申，王朝步自宗周至于豐，以成周之衆，命畢公保釐東郊。表注 保釐東郊，安全之，疏理之。商民自其染紂之化，於是有淫放之習；自其鼓武庚之亂，於是有思商之心。周公之時，化紂之習既深，思商之念又起；君陳之時，思商之念始釋，化紂之習未除。是以當周公之時，反覆特甚，故遷之、教之。當君陳之時，不善尚多，猶每兼容之。至畢公之時，世變風移，老死少長，不善者浸少矣。然而猶有不善者在，正當分別之。分別之則善者衆，不善者孤。乃所以使之同歸於善也。君陳於周公，子弟也；畢公於周公，伯仲也。非君陳之孝恭謹良，則不能恪遵循襲，以行周公之政；非畢公之重德元老，則不能調齊因革，以終化成之功。前後之時不同，由革之政亦異，❶而云叶心同底于道者，蓋此心所處各止於所當然之則也。

王若曰：「嗚呼！父師，惟文王、武王敷大德于天下，用克受殷命。惟周公左右先王，綏定厥家，毖殷頑民，遷于洛邑，密邇王室，式化厥訓。**表注** 推本遷殷之意。既歷三紀，世變風移，四方無虞，予一人以寧。道有升降，政由俗革，不臧厥臧，民罔攸勸。**表注** 治道旌別之宜。畢公賢德，必能體道之用。惟公懋德，克勤小物，弼亮四世，正色率下，罔不祗師言。嘉績多于先王，予小子垂拱仰成。」

王曰：「嗚呼！父師！今予祗命公以周公之事，往哉！旌別淑慝，表厥宅里，彰善癉惡，樹之風聲。**表注** 釐。弗率訓典，殊厥井疆，俾克畏慕。申畫郊圻，慎固封守，以康四海。**表注** 保。非徒殊別，必有教化之道。下詳陳其事。❷

---

❶「由」，原作「甘」，今據宋本改。

❷「詳」，原作「評」，今據宋本、金華本改。

「政貴有恒，辭尚體要，不惟好異。商俗靡靡，利口惟賢，餘風未殄，公其念哉！表注 利口。化之以政令之簡静。我聞曰：『世禄之家，鮮克由禮。以蕩陵德，實悖天道。敝化奢麗，萬世同流。』茲殷庶士，席寵惟舊，怙侈滅義，服美于人。驕淫矜侉，將由惡終。雖收放心，閑之惟艱。資富能訓，惟以永年。惟德惟義，時乃大訓。不由古訓，于何其訓？」表注 驕奢。化之以德，乂之成法。

王曰：「嗚呼！父師！邦之安危，惟茲殷士。表注 人心，畿甸之根本。不剛不柔，厥德允修。惟周公克慎厥始，惟君陳克和厥中，惟公克成厥終。三后協心，同底于道，道洽政治，澤潤生民。四夷左衽，罔不咸賴，予小子永膺多福。表注 畿甸，華夷之根本。上文「康四海」同。公其惟時成周建無窮之基，亦有無窮之聞。子孫訓其成式惟乂。表注 推保釐之效。

「嗚呼！罔曰弗克，惟既厥心，罔曰民寡，惟慎厥事。表注 終警戒之辭。欽若先王成烈，以休于前政！」表注 畢公重德，固不待戒。然古者君臣相與警戒，未嘗以盛德廢。推畢公克勤小物之心，則或以商民之難化爲憂；推畢公多嘉之績，則或以商民之寡少而忽。故兩戒之。休于前政，成終也。周公、君陳道固已盡，而商民未盡化，是尚有餘憾也。成終則無餘憾矣。此之謂「休于前政」。

君　牙

古文「冏雅」。**表注** 穆王初年方新之書。

穆王命君牙爲周大司徒，作《君牙》。君牙王若曰：「嗚呼！君牙！惟乃祖乃父，世篤忠貞，服勞王家，厥有成績，紀于太常。**表注** 原君牙世德之舊。

「惟予小子，嗣守文、武、成、康遺緒，亦惟先王之臣，克左右亂四方，心之憂危，若蹈虎尾，涉于春冰。**表注** 敘嗣守求助之心。

「今命爾予翼，作股肱心膂，纘乃舊服，無忝祖考！**表注** 命君牙爲助，以繼其世德。

「弘敷五典，式和民則，爾身克正，罔敢弗正。民心罔中，惟爾之中。**表注** 司徒之職。教。

「夏暑雨，小民惟曰怨咨。冬祁寒，小民亦惟曰怨咨。厥惟艱哉！思其艱以圖其易，民乃寧。**表注** 養。司徒掌教，而土地人民之數，辨其土宜以相民宅，知其利害以阜人民，凡蕃育養民之利，皆掌之。「艱」者，寒飢之衆也；「易」者，衣食之圖也。

「嗚呼！丕顯哉，文王謨！丕承哉，武王烈！啓佑我後人，咸以正罔缺。爾惟敬明乃訓，用奉若于先王，對揚文、武之光命，追配于前人。」**表注** 文、武之道。能使嗣守文、武之道，則可追配祖父之功。

王若曰：「君牙！乃惟由先正舊典時式，民之治亂在茲。率乃祖考之攸行，昭乃辟之有乂。」表注 總。

冏命

表注 《冏命》，蓋穆王悔過之書也。穆王立於昭王不返之後。初年憂危，資助勳舊，中間境順心易。史傳稱其得造父八駿之御，欲肆其心，周行天下，外有徐方之警而亟反，內有祈招之詩而克終。今讀其書曰「無良」，曰「繩愆糾繆」，曰「格其非心」，皆欲改其過之言也，特命太御申戒明切。若巧佞，若側媚，若迪上非典，玩其辭氣，殆出於懲創之深，第未知其自治之勇如何耳。

穆王命伯冏爲周大僕正，作《冏命》。冏命王若曰：「伯冏！惟予弗克于德，嗣先人宅丕后，怵惕惟厲，中夜以興，思免厥愆。

「昔在文、武，聰明齊聖，小大之臣，咸懷忠良。其侍御僕從罔匪正人，以旦夕承弼厥辟，出入起居，罔有不欽，發號施令，罔有不臧。下民祗若，萬邦咸休。表注 推原文、武之聖，亦有臣僕之助。

「惟予一人無良，實賴左右前後有位之士，匡其不及。繩愆糾繆，格其非心，俾克紹先烈。表注 求助寡過，以紹文、武。

「今予命汝作大正，正于羣僕侍御之臣。表注 命伯冏爲太御。懋乃后德，交修不逮。

表注 修主德。慎簡乃僚，無以巧言令色，便辟側媚，其惟吉士。表注 擇僕臣。僕臣正，厥后克正；僕臣諛，厥后自聖。后德惟臣，不德惟臣。表注 僕臣之正、佞，乃主德之成、虧。爾無昵于憸人，充耳目之官，迪上以非先王之典。表注 防僕臣以淫巧蕩上心。非人其吉，惟貨其吉。若時瘝厥官，惟爾大弗克祗厥辟，惟予汝辜。」表注 戒僕正以賄賂進僕臣。

王曰：「嗚呼！欽哉！永弼乃后于彝憲。」表注 總。

呂刑

經傳引此篇多作「甫刑」。蓋吕國一名甫，猶邾之爲鄒也。表注 《吕刑》，穆王晚年之書也。自昭王南征不復，周綱陵夷。穆王在位日久，中更荒廢。雖能自克，然風俗日下，情僞日滋。晚年命吕侯爲大司寇，重修刑法。史謂甫侯言於王而修之也，故曰「吕刑」。作爲誥命，頒之天下焉。大抵增墨、劓之條，以盡天下之惡；減宫刑、大辟之條，以逭犯死之衆。刑繁而輕，蓋衰世之意也。然穆王老於世故，備知獄事曲折之詳，其哀矜惻怛之心，謹審慈祥之念，尚可法也。

吕命穆王，訓夏贖刑，作《吕刑》。吕刑惟吕命，王享國百年，耄荒，度作刑以詰四方。

王曰：「若古有訓，蚩尤惟始作亂，延及于平民，罔不寇賊鴟義。姦宄奪攘，矯虔。表注 矯，正也；虔，劉也。謂奸惡寇攘者，須制刑以矯正、虔劉之。二字自一句，上下似有缺文。

「苗民弗用靈，制以刑，惟作五虐之刑曰法，殺戮無辜，爰始淫爲劓、刵、椓、黥。表注黥。古文「剠」。**越兹麗刑并制，罔差有辭。民興胥漸泯泯棼棼，罔中于信，以覆詛盟。虐威庶戮，方告無辜于上。**表注 原制刑之始。黄帝因蚩尤之亂而制刑，帝堯因苗民之亂而制刑。表注 自蚩尤爲亂，而後民有鴟義、姦宄、寇攘之習。聖人始制刑以矯正、虔劉之。及苗民以刑爲虐，罔差有辭，而民無所訴，於是又有詛祝、諂瀆、禱禳之習。

「上帝監民，罔有馨香德，刑發聞惟腥。皇帝哀矜庶戮之不辜，報虐以威，遏絶苗民，無世在下，表注 聖人絶有苗之虐民。**乃命重黎，絶地天通，罔有降格。**表注 禁民俗之瀆神。**羣后之逮在下，明明棐常，鰥寡無蓋。皇帝清問下民。鰥寡有辭于苗。**表注 當時有苗貪暴之習，與其民妖誕之風，浸已亂華，民多患之。**德威惟畏，德明惟明。**

「乃命三后恤功于民。表注 聖人以德爲刑，使知所畏；以德明民，使無不明命。三后士皆德明、德威之事。**伯夷降典，折民惟刑；禹平水土，主名山川；稷降播種，農殖嘉穀。三后成功，惟殷于民。**

「士制百姓于刑之中，以教祗德。穆穆在上，明明在下，灼于四方，罔不惟德之勤。表注 德明惟明。**故乃明于刑之中，率乂于民棐彝。**表注 德威惟畏。表注 二「棐」字，匪也。威、畏，古文並作「㽙」，折挽而反之也。「主」如「東蒙主」之主。凡名山川，各使邦國主其祀，俾民不瀆。**典獄非訖于威，惟訖于富。**表注 「惟訖」之「惟」，與也，謂唐虞之典獄者，非但絶於威勢之請托與絶于貨賄之賂遺而已，真能以敬自將，以理自畏，身無擇言，上體天德，所以享祀無窮。蓋民之司命，死則祀于理官，子孫享國，宗祀不絕。**敬忌，罔有擇言在身。惟克天德，自作元命，配享在下。」**

王曰：「嗟！四方司政典獄，非爾惟作天牧？今爾何監？非時伯夷播刑之迪？其今爾何懲？惟時苗民匪察于獄之麗，罔擇吉人觀于五刑之中，惟時庶威奪貨，斷制五刑，以亂無辜。表注 其「今爾何」，引下文。所當監者，唐虞典刑之道；所當懲者，苗民濫刑之禍。言伯夷而不言士，古者憲章無二，出禮則入刑。**上帝不蠲，降咎于苗，苗民無辭于罰，乃絕厥世。」**表注 此章總上章之意，以勉典獄之官。

王曰：表注 此下訓刑。告諸侯。**「嗚呼！念之哉！伯父、伯兄、仲叔、季弟、幼子、童孫，皆聽朕言，庶有格命。今爾罔不由慰日勤，爾罔或戒不勤，天齊于民，俾我一日，非終惟終，在人。爾尚敬逆天命，以奉我一人！雖畏勿畏，雖休勿休，惟敬五刑，以成三德。**表注 獄事情辭之煩，雖可畏而勿以爲畏。得情聽斷之暇，雖可休而勿以爲休。惟勤而已。正刑，所以成剛德；疑赦，所以成柔德；中正，所以成正直之德。**一人有慶，兆民賴之，其寧惟永。」**表注 心。首勉之以體天勤政，莫大於刑。

王曰：「吁！來有邦有土，告爾祥刑，在今爾安百姓，何擇非人？何敬非刑？何度非及？表注 及，連及也。當及而及，所以證獄；不當及而及，則延及無辜矣。**兩造具備，師聽五辭；**

五辭簡孚，正于五刑；五刑不簡，正于五罰；五罰不服，正于五過。五過之疵，惟官，惟反，惟內，惟貨，惟來。其罪惟均，其審克之！表注 法。衆聽獄辭所當。五刑。五罰。五過。防其失出之私。五刑之疑有赦，五罰之疑有赦，其審克之！表注 五刑之疑赦，五罰。五罰之疑赦，五過。簡孚有衆，惟貌有稽。無簡不聽，具嚴天威。墨辟疑赦，其罰百鍰，閱實其罪。劓辟疑赦，其罰惟倍，閱實其罪。剕辟疑赦，其罰倍差，閱實其罪。宮辟疑赦，其罰六百鍰，❶閱實其罪。大辟疑赦，其罰千鍰，閱實其罪。表注 五罰之等。即五刑之疑赦。閱實其罪。則五罰之疑赦。墨罰之屬千，劓罰之屬千，剕罰之屬五百，宮罰之屬三百，大辟之罰其屬二百。表注 《周禮》五辟各五百，而此墨、劓之屬各千。大辟，減舊三百；宮辟，減二百。然則穆王非惟制贖刑之法，又制輕刑之法矣。五刑之屬三千。上下比罪，無僭亂辭，勿用不行，惟察惟法，其審克之！表注 五刑之宜。上刑適輕，下服；下刑適重，上服。輕重諸罰有權。表注 五罰之權。

「刑罰世輕世重，惟齊非齊，有倫有要。罰懲非死，人極于病。非佞折獄，惟良折獄，罔非在中。察辭于差，非從惟從。哀敬折獄，明啓刑書胥占，咸庶中正。其刑其罰，其審克之！獄成而孚，輸而孚。其刑上備，有并兩刑。」表注 申言折獄之方，所以審刑罰之當。專告獄官，

❶「百」，原作「自」，今據宋本、金華本改。

察辭于差，此古今聽獄之要訣也。從，猶律，言承也。凡詞之非實者必有差，故察詞者必於其差而察之，則因之不承者承矣。然既得其情，則當以哀矜之意、敬謹之心折之。○獄成而得其實，然後輸其實於上，備述其情辭。有兩造各有所犯，則併兩刑上之，不可以勝負而有所偏也。

王曰：「嗚呼！敬之哉！官伯族姓，朕言多懼。朕敬于刑，有德惟刑。今天相民，作配在下，明清于單辭。民之亂，罔不中聽獄之兩辭，無或私家于獄之兩辭！獄貨非寶，惟府辜功，報以庶尤。永畏惟罰，非天不中，惟人在命。天罰不極，庶民罔有令政在于天下。」表注此章專告獄官。勉其以德明刑。明單詞。中兩詞。戒其鬻獄致禍。

王曰：「嗚呼！嗣孫，今往何監？非德于民之中，尚明聽之哉！哲人惟刑，無疆之辭，屬于五極，咸中有慶。受王嘉師，監于兹祥刑！」表注總篇内之意，終勉之。

文侯之命

表注東遷之書。吕氏之説得之。

平王錫晉文侯秬鬯圭瓚，作《文侯之命》。文侯之命王若曰：「父義和！表注文侯名仇，師服以爲替。❶此云「義和」，必改名或字也。父，猶尚父。丕顯文、武，克慎明德，昭升于上，敷聞在下，惟時上帝集厥命于文王。表注文、武之德。亦惟先正克左右昭事厥辟，越小大謀猷罔

❶「替」，據文義疑當作「異」。

不率從，肆先祖懷在位。表注 先正之助犬戎之難。

「嗚呼！閔予小子嗣，造天丕愆。表注 造。古文作「艁」。注作「遭」。殄資澤于下民，侵戎，我國家純。

「即我御事，罔或耆壽俊在厥服，予則罔克。表注 朝無壽俊之臣，已無克亂之略。曰：『惟祖惟父，其伊恤朕躬。』表注 求助。嗚呼！有績予一人永綏在位。

「父義和！汝克昭乃顯祖，汝肇刑文、武，用會紹乃辟，追孝于前文人，汝多修扞我于艱，若汝，予嘉。」表注 文侯之功。當時衛、鄭、秦皆以兵來捄，此云「用會」，則是文侯倡義糾合之也。此所以特有嘉錫之命。

王曰：「父義和，其歸視爾師，寧爾邦。表注 歸晉。無復王室之事。用賚爾秬鬯一卣，彤弓一，彤矢百，盧弓一，盧矢百，馬四匹。表注 賚錫。已行報功之典。

「父往哉！柔遠能邇，惠康小民，無荒寧。簡恤爾都，用成爾顯德。」表注 治晉。無復讎興復之望。表注 初，幽王娶申后，生太子宜臼。及伐褒，得褒姒，嬖，生伯服。黜申后於申，廢宜臼。幽王無道，天下叛之。申與鄫召犬戎，寇周弑幽王。晉文侯會鄭、衛、秦兵，入救迎宜臼，立之，是爲平王。東遷洛邑，命秦爲諸侯，使自取岐、邠之地。爵衛武公爲公。以鄭武公申姻，使秉周政。作此篇錫命晉侯之歸，無復報讎興復之規矣。辭命典章雖猶存舊，然志卑氣弱，其所以爲東周乎？自是《書》亡，《春秋》作矣。

費　誓

表注 《費誓》蓋武庚之亂，所謂淮夷叛是也。徂茲淮夷，而徐戎並起，伯禽應之，規模次第整齊，嚴肅，非惟全魯，其於王師，實有犄角之功焉。**表注** 諸侯之書。凡二篇。

魯侯伯禽宅曲阜，徐夷並興，東郊不開，作《費誓》。費誓公曰："嗟！人無譁，聽命。徂茲淮夷、徐戎並興。善敹乃甲冑，敿乃干，無敢弗弔！備乃弓矢，鍛乃戈矛，❶礪乃鋒刃，無敢不善！**表注** 甲冑、干。自衛之具。善戰，先自衛。弓矢。禦遠之兵。戈矛。接戰之兵。鋒刃。擊刺之兵。今惟淫舍牿牛馬，杜乃擭，敜乃穽，無敢傷牿。牿之傷，汝則有常刑。**表注** 車馬。放牧。嚴部伍。馬牛其風，臣妾逋逃，**表注** 臣妾，軍中奴婢薪炊者。戎車甲士三，徒七十二，外有餘子二十五人，即臣妾也。勿敢越逐。祗復之，我商賚汝。乃越逐不復，汝則有常刑。無敢寇攘，踰垣牆，竊馬牛，誘臣妾，汝則有常刑。**表注** 禁剽剠。

「甲戌，我惟征徐戎。**表注** 征徐戎。翦淮夷之翼。峙乃糗糧，**表注** 糗糧。無敢不逮，汝則有大刑！魯人三郊三遂，峙乃楨榦。甲戌，我惟築，**表注** 築費城。遏淮夷之衝。無敢不供，汝則有無餘刑，非殺。魯人三郊三遂，峙乃芻茭，**表注** 楨榦，芻茭，征築同日。無敢不多，汝則有

---

❶「戈」，原作「伐」，今據宋本、金華本改。

大刑。」

秦誓

秦穆公伐鄭，晉襄公帥師敗諸崤。還歸，作《秦誓》。表注 《史記》穆公之誓在封殽尸之後，《秦記》不燒，當得其實。《序》文誤爾。

秦誓公曰：「嗟！我士！聽無譁！予誓告汝羣言之首。古人有言曰：『民訖自若是多盤。責人斯無難，惟受責俾如流，是惟艱哉！』我心之憂，日月逾邁，若弗云來！表注 穆公引古人之言，意主受責。盤，其病源，如盤樂怠傲之盤，人惟「多盤」，所以樂放憚檢，喜邪忌正，不能受責。「我心之憂」三句接「多盤」之戒。惟古之謀人，則曰未就予忌，表注 「古之謀人」而忌之，此受責之難。惟今之謀人，姑將以爲親。表注 「今之謀人」之親此「多盤」，故受責之反。雖則云然，尚猷詢茲黃髮，則罔所愆。番番良士，旅力既愆，我尚有之。仡仡勇夫，射御不違，我尚不欲。表注 穆公將以從古之謀人。古、今謀人猶云前輩、❶後輩。❷良士，古謀人之

---

❶「云」，原作「去」，今據宋配本、金華本改。

❷「輩」下，宋配本有「也」字。

類；勇夫，今謀人之類。今謀人之中又有巧佞、明辨之人，❶尤易移人，尤所當戒。**惟截截善諞言，俾君子易辭，我皇多有之！昧昧我思之，如有一介臣，斷斷猗無他技，其心休休焉，其如有容。人之有技，若己有之。人之彥聖，其心好之，不啻如自其口出，是能容之。以保我子孫黎民，亦職有利哉！**表注 因上文古謀人、❷良士而思好賢樂善之人。蓋兼有受責如流之美。此賢相之量也，君子之所以聚國家之福，穆公慨想形容，殊有意味。

「人之有技，冒疾以惡之。人之彥聖而違之，俾不達。是不能容。以不能保我子孫黎民，亦曰殆哉！表注 反上文而言蔽賢、忌才之人，不但責人無難而已，善類之所以，散國家之禍。

「邦之杌隉，曰由一人；邦之榮懷，亦尚一人之慶。」表注

古之謀人 黃髮。	良士	一介能容之人	利	榮懷
今之謀人	勇夫	善諞 不能容之人	殆	杌隉

表注 總言善惡、安危以終之，所以思得善人。表注 此篇，秦穆公晚年悔過之書也。秦、晉交兵之故，本末具見《左氏傳》，而不言作誓之事。《書序》誤云殽敗還歸之作，惟《史記》載誓辭於取王官及郊封殽尸之

---

❶「明辨之人」，宋配本無此四字。

❷「古」下，宋配本有「之」字。

後。穆公自是師不復東矣。此篇老成懲艾之言，極爲真切。穆公平日貪利功，於五伯爲末，而晚年之悔若此，蓋髣髴乎王者之意象焉。但所欠剛明之力，而尚有悠緩之意。所望於人者大，而所以自爲者或尚小。此所以爲穆公歟？

《儒藏》精華編選刊已出書目

閩中理學淵源考
木鐘集
群經平議
三魚堂文集　外集
上海博物館藏楚竹書十九種校釋
尚書集注音疏
尚書全解
詩本義
詩經世本古義
詩毛氏傳疏
詩三家義集疏
書疑　東坡書傳　尚書表注
書傳大全
四書集編
四書蒙引

四書纂疏
宋名臣言行録
孫明復先生小集　春秋尊王發微
文定集
五峰集　胡子知言
小學集註
孝經大全
孝經注解　温公易説　司馬氏書儀　家範
性理大全書
𦐖經室集
伊川擊壤集
儀禮集釋
儀禮圖
儀禮章句
易漢學

游定夫先生集
御選明臣奏議
周易口義　洪範口義
周易姚氏學